Carsten Wittmaack

# Zwergenalarm

## Das Handbuch für werdende und gewordene Väter



Schwarzkopf & Schwarzkopf

# Inhalt

## Phase 2: Das Kind ist da!

*Bloß keine Panik, das haben schon ganz andere gemeistert*

## Phase 3: Mit Zwerg den Alltag meistern.

*Vater werden ist nicht schwer, Vater sein dagegen …*

# Auf ein Wort

Keine Frage, kaum ein Ereignis – wenn es überhaupt eines gibt – verändert das Leben eines Menschen so sehr wie die Geburt des eigenen Kindes. Und ebenso unbestritten gibt es Fachliteratur zum Thema Geburt wie Sand am Meer. Nur – jeder Vater wird es bestätigen können – dreht sich in diesen Büchern nahezu alles stets um die Mama. Presswehen, Steißlage, Mutterpsychosen. Kein Thema rund um die werdende oder gewordene Mama, das nicht in allen Facetten beleuchtet und be- beziehungsweise zerredet wird. Und wir Papas? Wir können uns auf Hunderten von Seiten ein paar Krumen zusammensuchen, mit denen wir etwas anfangen können.

Nichts gegen Mutterstolz und Muttersorgen aller Art, aber Männer sind nun einmal rationaler als Frauen – und vor allem fauler. Viel fauler! Wir wollen kurz und knackig und, wenn möglich, auch noch unterhaltend serviert bekommen, was wir denn so alles wissen müssen, wenn sich Nachwuchs angekündigt hat. Amniozentese und Chorionzottenbiopsie interessieren uns nun wirklich – vorsichtig ausgedrückt – bestenfalls peripher, und pränatale Chirurgie und Rückenmarkspritzen gegen den Wehenschmerz treiben uns höchstens die Schweißperlen auf die Stirn. Nein, was wir wollen, das sind Fakten, Fakten, Fakten, leserlich verpackt und so zusammengestellt, dass wir uns nicht mühselig durch sinnlose Kapitel kämpfen müssen, die nur Zeit kosten und unsere in dieser Phase ohnehin schon schwer angeschlagenen Nerven weiter zum Vibrieren bringen.

Also muss ein neues Buch her, geschrieben von einem »frischen« Vater für alle anderen Männer, die sich ernsthaft mit dem Gedanken tragen, Nachwuchs in diese Welt zu setzen. Und wenn die werdende Mama mal wieder das Gefühl hat, dass er sich nicht genügend auf das Großereignis vorbereitet, dann ist dieses Buch natürlich genau das richtige Geschenk für den ignoranten Göttergatten, Freund oder Lebensabschnittsgefährten, der mal wieder so gar nicht verstehen kann, warum sich bei ihr plötzlich 24 Stunden am Tag alles um den Bauch dreht, der doch auch ohne großes weiteres Zutun wächst und wächst und wächst.

Dieses Buch präsentiert Erfahrungen, Tipps und Fakten rund um das Thema Geburt, aber bitte schön nicht bierernst verpackt. Wir Männer sind nun einmal primitive Wesen, und wenn wir uns mal gerade nicht schlagen oder mit kräftigen Zügen Bierkrüge leeren, dann lachen wir am liebsten. Und genau das soll dieses Buch erreichen: Die Geburt als etwas verstehen zu lernen, das Spaß macht; schließlich geht es hier nicht um das Eintrichtern nüchternsten Lehrstoffes, sondern um das Tollste, was einem Menschen passieren kann: Ein Kind kommt zur Welt.

## Phase 1:

# Auf dem Weg zum Papa-Dasein

### Wie er sich nicht als fünftes Rad am Wagen fühlt

## Das fängt ja gut an!

Jedes Vater-Sein fängt an – ja, womit eigentlich? Mit der Geburt des Kindes? Mit der Zeugung? Oder noch früher, mit der Entscheidung für ein Kind? »Vater werden ist nicht schwer, Vater sein dagegen sehr«, sagt der Volksmund. Doch für immer mehr Männer ist schon der Weg zum Papa-Werden hart erkämpft. Eine Beziehung, die auf wackeligen Beinen steht, Unfruchtbarkeit oder eine Fehlgeburt. Es gibt so viele Ängste, in die man sich hineinsteigern kann. Dabei heißt es doch, dass sich das angeblich so starke Geschlecht über mögliche Gefahrenquellen wenig bis gar keine Gedanken macht. Beim Thema Geburt sieht es anders aus. Hier werden selbst rustikale Machos rasch zu tiefsinnigen Grüblern.

In der Realität fängt das Papa-Dasein in dem Moment an, in dem sich ein Mann das erste Mal ernsthaft mit dem Thema Kind oder nicht Kind auseinandersetzt. Oder besser: setzen muss. Denn meistens ist es die Frau, die den »richtigen Moment« ins Spiel bringt. Dann fallen Sätze wie »Schatz, ich habe gestern eine sooo niedliche Sendung gesehen«, oder »Liebling, ich würde gern einmal mit dir über etwas wirklich Wichtiges sprechen«. Dem natürlichen Urinstinkt gehorchend, richten sich bei Männern in solchen Momenten spontan die Nackenhaare auf. Gefahr ist in Verzug.

Alle Warnleuchten stehen auf Rot, und das Hirn aktiviert sämtliche zur Verfügung stehenden Zellen. Worum kann es gehen? Welche Forderung wird gleich in wachsweiche Worte verpackt serviert? Ging der gestrige Saufabend mit den Kumpels zu lange? Oder schlimmer: Kriselt es in der Beziehung, ohne dass Mann etwas davon bemerkt hat?

Das Gespräch beginnt dann meist mit Liebesschwüren, manchmal ersetzt auch ein Kuschelabend die Konversation. Irgendwann – Frauen wissen, wie sie Derartiges geschickt in den Fluss ihrer Sätze einbauen – fällt das alles entscheidende Zauberwort: »Kind«. Wobei es ziemlich egal ist, ob sie den direkten Weg einschlägt (»Ich möchte ein Kind von dir«) oder es etwas subtiler sagt (»Ich habe lange über uns nachgedacht. So wie mit dir war es bisher noch mit keinem Mann. Könntest du dir irgendwann vorstellen, dass wir mal zu dritt sind?«). Als Mann weiß man sofort, was die Uhr geschlagen hat. High Noon. Showdown. Das ist der Moment, an dem es ans Eingemachte geht. Das »irgendwann« gilt es zu streichen, denn wenn Frauen sich so weit vorwagen, dann ist der Wunsch bereits so lange in ihnen gereift, dass sie es am liebsten hätten, wenn das Kind gleich morgen vom Storch gebracht werden würde.

Für den Papa in spe gilt es nun, die Fassung zu bewahren. Viele Männer würden vermutlich gern antworten: »Ich kann mir gut vorstellen, irgendwann mit dir ein Kind zu haben.« Doch diesen Fluchtweg gibt es nicht. Die einzigen Antworten, die jetzt zulässig sind, heißen: Ja oder Nein. Der Norddeutsche würde sagen: Butter bei die Fische. Ein Nein könnte eine mittlere Katastrophe auslösen, zumindest aber eine ausgewachsene Beziehungskrise. Denn sie wird fragen, warum Mann nicht will. Ob ihm die Beziehung zu unsicher ist. Ob sie nicht seine Traumfrau ist. Ob er sie nicht mehr liebt. Das volle Programm eben. Außerdem wagen Frauen solch brisante Fragen in der Regel nur, wenn sie sich sicher oder zumindest fast sicher sind, dass er Ja sagen wird.

Für Männer, die auf diese Frage bereits gewartet haben, ist nun der richtige Zeitpunkt gekommen, ihr zu zeigen, wie sehr er sie liebt und dass für ihn ein Herzenswunsch in Erfüllung geht. Für Männer, die am liebsten spontan Nein sagen würden, ist der Zeitpunkt gekommen, mit der Wahrheit rauszurücken – und die wahren Gründe zu nennen. Die meisten Männer jedoch werden in diesem Moment irgendwo im Graubereich pendeln, doch da es kein Jein gibt, ist Improvisationskunst gefragt. Es geht darum, zumindest etwas Bedenkzeit herauszuschlagen. Bloß nicht Ja sagen, um den Hausfrieden zu wahren. Solche »Wunschkinder« werden später oft ihres Lebens nicht froh. Und bei allem Recht auf Egoismus: Ab diesem Moment geht es auch bereits um die Rechte des möglichen neuen Erdenbürgers.

»Schatz, über das Thema habe ich auch schon nachgedacht«, ist eine brauchbare Antwort. Samt der Ergänzung, dass Mann gerade dabei sei, sich mit der Papa-Rolle anzufreunden. Frauen sind darin geübt, Verständnis zu zeigen, und werden seinen Hinweis, über das Thema bereits eigenständig nachgedacht zu haben, bewundernd, zumindest aber anerkennend zur Kenntnis nehmen. Was dann folgt, ist die eigentliche Entscheidungsfindung. Denn irgendwann (meist früher als erwartet) wird sie erneut auf das Thema zu sprechen kommen. Vorher muss er sich klar darüber sein, was er will. Und spätestens jetzt kommen die Ängste und Zweifel. Ist es wirklich der richtige Zeitpunkt? Hierzu nur so viel: Den »richtigen Zeitpunkt« gibt es nicht. Irgendwas passt nie. Die Beziehung, die Karriere, das Alter. Daher lieber fragen: Ist es der falsche Zeitpunkt? Denn wenn hier die Argumente nur so sprudeln, dann ist äußerste Vorsicht geboten.

Wenn das Ja zum Kind schon in greifbarer Nähe ist, sind die nächsten Zweifel ebenfalls nicht weit. Ozonloch, Klimakatastrophe, Terrorismus – darf man in eine solche Welt ein Kind setzen? Zum Glück sind Männer bei universellen Kleinigkeiten dieser Art nicht zimperlich. Die wenigsten denken daran, wie das Leben des Kindes bis zur Rente ablaufen könnte. Was wirklich ein großes Glück ist, schließlich gibt es unzählige Gefahrenmomente, die der Nachwuchs über die Jahre und Jahrzehnte hinweg wird meistern müssen. Doch dann kommt die Angst, die jeder Mann kennt und die ihn bis an die Grenze der Belastbarkeit quälen wird: Kann er überhaupt? Kann er ein Kind zeugen? Zur Beruhigung: Allen Horrormeldungen zum Trotz – meistens kann er. Bei einem Paar dauert es Jahre, beim anderen geht es ratz-fatz. Hierbei gilt: Nur nicht die Geduld verlieren, die Nerven bestmöglich unter Kontrolle halten und fleißig weiter üben.

Wenn sie die Pille absetzt (oder andere, weniger gebräuchlichen Verhütungsmethoden beiseite lässt), dann ist das für beide ein spannender Moment, den Mann nicht unterschätzen sollte. Bis dahin konnte er sich relativ sicher sein, dass die nähere Zukunft genauso aussehen würde wie die nähere Vergangenheit. Ein Leben mit Netz und doppeltem Boden, dem schlimmstenfalls das Ende einer Beziehung drohte, der Verlust des Arbeitsplatzes oder die Schließung der Lieblingskneipe. Doch ab dem Moment, in dem sich seine Gene ungehindert mit denen der Liebsten zusammentun können, wird das Leben zur großen Unbekannten. Ein Tummelplatz der Fragezeichen, auf die niemand im Vorfeld eine Antwort geben kann. Bleiben wir zusammen? Was, wenn nicht? Kommt das Kind gesund zur Welt? Können wir ihm das Leben bieten, das es verdient? Und: Wie sieht unsere Beziehung »danach« aus?

Auf den Punkt gebracht: Alles wird anders. Komplett anders. Aber anders muss nicht schlechter heißen. Wenn ein Paar sich liebt, die Entscheidung für ein Kind gefallen ist und »es« geklappt hat, dann stehen neun spannende Monate ins Haus. Zeit, in der über vieles nachgedacht werden kann. Und eine Zeit, die jede Frau verändert. Nicht nur äußerlich. Aber vor allem äußerlich. Sie wird dick. Gut, »pummelig« klingt liebevoller. Aber die Wahrheit ist: Sie wird dick. Was in der Natur der Sache liegt und schon deshalb eigentlich keiner Erwähnung bedarf. Doch Männer sind nun einmal auf den Sehsinn fixiert und darauf spezialisiert, dumme Scherze im unpassenden Moment zu machen.

Genau hiervor sei an dieser Stelle gewarnt. Denn Frauen mögen es nicht, wenn man ihre Figur kritisiert. Auch nicht während der Schwangerschaft. Also erst das Hirn einschalten, bevor es zu unbedachten Äußerungen kommt.

Wie sich eine werdende Mutter in den neun Monaten auf die Geburt und das Danach vorbereitet, darüber gibt es endlos Literatur. Bei Vätern sieht es ganz anders aus. Hier und da ein Erfahrungsbericht, einige dröge Ratgeber, die vermutlich Fachärzte für Fachärzte geschrieben haben, aber sonst: herzlich wenig. Also muss Mann sich über die Runden quälen und selbst zusehen, was ihm wichtig ist. Die einen flüchten in die Arbeit (nicht ratsam, aber dazu später an anderer Stelle mehr), die anderen tendieren Richtung Scheinschwangerschaft. Diese Protagonisten fühlen sich oft schwangerer, als es eine Frau je sein könnte, und leiden bitterlichst. Wobei der Autor solche Fälle nur aus Kino- und Fernseh-Komödien kennt. Aber immerhin: Es soll sie wirklich geben.

Die meisten Männer versuchen, die Situation vernunftgesteuert zu meistern. Ein nahezu aussichtsloses Vorhaben, da eine Schwangerschaft diverse Momente bietet, die rational nicht zu ergründen sind (auch hierzu später mehr). Dabei ist langes Grübeln über die Aufgabe eines Mannes während der Schwangerschaft gar nicht notwendig. Der Hauptjob eines werdenden Vaters besteht darin, der werdenden Mutter beizustehen. Zumindest sehen es die Frauen so. Männer, die bei aufkommendem Heißhunger ihrer Liebsten mitten in der Nacht keine sauren Gurken ans Bett bringen, die ihr Schwangerschafts-Schnarchen (ja, gibt es wirklich – und kann für monatelangen Schlafentzug sorgen) nicht mit »Macht doch nichts, hör ich gar nicht« schönreden oder ihren Drang, für den Nachwuchs schon in den ersten Schwangerschaftswochen unzählige Hosen und Pullis zu kaufen, wohlwollend ignorieren, werden es schwer haben, unbeschadet den Geburtstermin zu erreichen.

Mann darf sich nichts vormachen: Die meisten Frauen werden während der Schwangerschaft nicht einfacher. Wobei dies eine ausgesucht freundliche Umschreibung ist. Einige mutieren gar zu wahren Furien, die nur noch äußerlich (abgesehen vom Bauchbereich) an die Liebste von einst erinnern. Doch auch hier gilt: So schlimm ist es in der Regel nicht, meist ist das Glücksgefühl bei ihm sogar so groß, dass darüber kleinere Stimmungsschwankungen der werdenden Mutter gar nicht wahrgenommen werden. Und wen es schlimm trifft: Die Zeit geht vorbei. Wenn das Kind erst einmal auf der Welt ist, normalisiert sich der Hormonhaushalt wieder, und die Chancen stehen gut, dass er wieder vom Knecht zum Ehemann oder Liebhaber aufsteigen darf.

Eine der am häufigsten gestellten Fragen in Internet-Foren ist: Wann sollte ich mit meiner Schwangerschaft an die Öffentlichkeit gehen? Die meisten Paare halten es so, dass sie erst nach der zwölften Schwangerschaftswoche ihre Familien und Freunde in ihr Geheimnis einweihen. Der Fötus hat sich dann meist derart gut eingerichtet, dass eine Fehlgeburt unwahrscheinlich wird. Auf die »Ohs« und »Ahs« der Verwandtschaft sollten sich Männer vorab einstellen, denn die Anteilnahme wird aller Voraussicht nach überwältigend sein. Dies ist einer der wenigen Momente, in denen unsere moderne Gesellschaft zeigt, dass ihr Kinder nicht egal sind. Für werdende Väter können diese überbordenden Glücksbekundungen allerdings schnell überhandnehmen. Doch in einen stillen Winkel zurückziehen gilt in diesem Fall nicht. Da muss Mann durch!

Die wertvollsten und schönsten Momente sind in dieser Zeit fraglos die zweisamen. Die meisten Paare erleben die Schwangerschaftsmonate als intensiv und verbindend. Schließlich haben sie und er etwas gemeinsam geschaffen. In ihrem Bauch wächst ein Kind heran, ein kleiner Mensch. Ein Stück von ihr und ihm. Ein Wunder. Das größte Wunder, das diese Welt zu bieten hat. Wenn an dieser Stelle kein Pathos angebracht ist – wann dann? Es kann nicht schaden, wenn Paare sich dieses Wunder immer wieder einmal vor Augen führen und sich auch gegenseitig sagen, dass sie den Augenblick genießen. Vor allem in stressigen Momenten (und davon gibt es in den neun Monaten eine Menge) tut es gut, sich klarzumachen, was wirklich wichtig ist und warum sich alle Mühe lohnt.

Gerade die stillen Stunden abends im Bett eignen sich phantastisch, die gegenseitige Nähe zu spüren. Bereits ab der 15. Schwangerschaftswoche hören Babys die Stimme des Vaters. Es lohnt sich also auch für mundfaule Vertreter der Gattung Mann, frühzeitig mit dem Nachwuchs zu sprechen. Manche Paare schwören darauf, dass der werdende Vater seinem Kind regelmäßig etwas vorsingt. Ob aus dem Kleinen dann später einmal ein Mozart wird oder zumindest die Chance steigt, dass ein neuer Elvis Presley die Welt erblickt, ist nicht wissenschaftlich erwiesen, schaden wird es sicherlich nicht. Da das Baby ab der 15. Woche mithört, ist es spätestens dann an der Zeit, sich einen Kosenamen für den Zwerg zu überlegen. Der Phantasie sind keine Grenzen gesetzt, und letztlich dürfte es dem Kleinen ziemlich gleich sein, wie er genannt wird – Hauptsache, er spürt seine Eltern.

Gegen Ende der Schwangerschaft wird für sie das Leben immer schwieriger. Der Bauch drückt, zerrt, quetscht. Spätestens jetzt ist es für ihn an der Zeit, den Gentleman hervorzukehren. Männer, die ihren Freunden die hochschwangere Liebste als »Dat is meine Olle. Prächtig, wat?« vorstellen, haben aller Erfahrung nach eine kurze Halbwertszeit als Vollzeit-Vater. Türen aufhalten, die Übernahme des Hausputzes sowie des Wocheneinkaufes sollten nun zur Selbstverständlichkeit gehören. Wer seine Schwangerschaft so platziert hat, dass die letzten Monate mit dem Hochsommer kollidieren, dem sei eine Klimaanlage angeraten. Zumindest im Schlafzimmer. Das lindert die Hitzekoller-Gefahr, erleichtert ihr die Kurzatmigkeit und erspart ihm ihr Genörgel, warum es denn gerade dieses Jahr so heiß sei.

Zu guter Letzt noch ein Hinweis, dessen Bedeutung im Alltagswahnsinn schnell untergehen kann: Bei aller Fürsorge sollten sich Männer während der Schwangerschaft keinesfalls selbst aufgeben. Wo die genauen Grenzen zu ziehen sind, muss jeder für sich selbst herausfinden. Wer allerdings das Gefühl hat, als eigenständiger Mensch gar nicht mehr existent zu sein, der muss schleunigst das Maß herunterschrauben. Denn die Aufgaben eines werdenden Vaters enden ja nicht bei der Geburt. Und bei aller Verantwortung, bei allen Pflichten darf Mann nie vergessen: Ohne Spaß wird alles Krampf. Also, liebe Männer: Genießt diese Monate, wer weiß schon, ob ihr sie noch einmal erleben dürft.

### Selbst erlebt …

*Hätte mir jemand vor einigen Jahren gesagt, dass ich heute zweifacher Vater sein würde – ich hätte ihn für verrückt erklärt. Ich als Papa? Meine ganze schöne Unabhängigkeit aufgeben? Für Kinder die Karriere opfern? Wer kann schon so blöd sein! Ich war es. Und bin es nach wie vor gern. Sehr gern sogar. Wenn ich morgens unsere Kleine wecke und mit einem lauten Lachen begrüßt werde, wenn ich unseren Großen aus den Federn kuschele und er sich verschlafen die Augen reibt – dann bin ich glücklich. Und dieses Glück ist ein ganz anderes Glück als das, das einem Geld gibt oder die Gewissheit, auf nichts und niemanden Rücksicht nehmen zu müssen. Dieses Glück ist jedes Opfer wert. Wobei »Opfer« hier ohnehin das verkehrte Wort ist.*

## Der Frust mit der Lust

Die Gefahr schwebt in den Hirnen vieler Männer wie ein Damoklesschwert umher: Wenn Frau oder Freundin schwanger ist, fühlt Mann sich wie ein Hochdrucktopf, der keinen Dampf mehr ablassen kann. Mit einem Satz: Sie will keinen Sex mehr. Doch sind Männer wirklich nicht mehr gefragt, wenn sie ihre biologische Aufgabe erst einmal erfüllt haben? Klar, jeder werdende Vater ist stolz wie Oskar, weil er allen bewiesen hat, dass er nicht nur das Kamasutra beherrscht, sondern auch Nachwuchs zeugen kann. Doch muss ab sofort im Bett wirklich tote Hose herrschen?

In den ersten Wochen, da mag es ja noch gehen. Sie guckt wie gebannt auf ihren Bauch, der einfach nicht schnell genug wachsen will, und der stolze Papa in spe hält ihr andächtig das Händchen. Ist ja auch sein Zwerg, der sich laut Schwangerschaftstest dort eingenistet hat. Und gibt es was Tolleres als einen Mix aus seinen Genen und denen seiner Liebsten? Nein, bestimmt nicht! Also wird getätschelt, gestreichelt, gehofft und gebangt, dass die kommenden neun Monate glatt über die Bühne gehen mögen. Aber nach einiger Zeit ist das Verlangen nicht mehr zu leugnen, dass seine Hormone trotz Schwangerschaft nach einem geregelten Sexualleben schreien.

Das ist der Punkt, an dem es heikel werden kann, denn es gibt Frauen, die haben es nicht gern, wenn »Er« dem Kleinen jetzt zu nah kommt. Kurz: Es kann vorkommen, dass Mann wieder Mann sein will – und sie nur noch den Nachwuchs im Kopf hat. Für einige Frauen scheint es selbstverständlich zu sein, dass ab dem erfolgreichen Zeugungsakt das Bett nur noch zum Schlafen da ist. Zumindest für die kommenden gut neun Monate – plus

Erholungsphase nach der Geburt. Ein Freund von mir musste sogar einen Kinnhaken einstecken, als er es wagte, seiner Gattin in dieser kritischen Phase abends den Po zu tätscheln. Offenbar war der Gedanke an Sex für sie so weit von allem Vorstellbaren entfernt wie der Mond von der Erde. Oder noch weiter. Das ist ein extremes Beispiel, die meisten Frauen haben es auch während der Schwangerschaft gern, wenn sie geküsst, gestreichelt und nach Strich und Faden verwöhnt werden. Nur wenn es mehr sein soll, dann wird häufig geblockt. Wobei bevorzugt die Wegdreh-Variante zum Einsatz kommt.

Wenn sie ihrem Göttergatten abends im Bett gerade noch ein flüchtiges Küsschen erlaubt, um sich danach bis zum nächsten Morgen abzuwenden, dann kann das natürlich daran liegen, dass man sich ohnehin nicht mehr viel zu sagen hat. Wahrscheinlicher ist aber, dass sie einfach seiner Lust durch rechtzeitige Flucht entgehen will. Andere Frauen entwickeln sich während der Schwangerschaft plötzlich zu wahren Leseratten. Die Bücher müssen so verteufelt spannend sein, dass sie erst dann aus der Hand gelegt werden, wenn es Zeit zum Lichtausschalten ist. Wiederum andere Frauen begeistern sich plötzlich für mitternächtliche Fernsehserien, die sie bis dato selbst dann noch strikt ignoriert hatten, wenn auf allen anderen Kanälen nur noch Fußball lief. Daneben gibt es die bekannten Dauerbrenner wie Migräneanfälle, Rückenschmerzen – und neuerdings auch den drückenden Bauch. Wem die eine oder andere Variante bekannt vorkommt, der hat jetzt ein ernsthaftes Problem.

Ob man es nun will oder nicht (Männer wollen es eigentlich nie), aber nun ist Konversation angesagt. Ja, reden! Und schlimmer noch, er muss den Anfang machen. Denn sie wird aller Wahrscheinlichkeit nach nur ein kurzes »Jetzt nicht!« oder »Ich bin müde!« hervorpressen, wenn der Herr des Hauses wieder einmal einen Annäherungsversuch startet. Selbst Frauen, die im

»normalen« Leben quasseln wie ein Wasserfall, werden plötzlich stumm, wenn es darum geht, Männern zu erklären, warum Sex in der Schwangerschaft für sie tabu zu sein scheint. Natürlich könnte man jetzt und hier lang und breit darüber spekulieren, woran das liegen mag, aber mal ganz ehrlich: Was bringt es, über das Innenleben der Frauen nachzugrübeln? Da sind schon ganz andere Philosophen dran gescheitert. Hier gilt es, die Dinge so zu akzeptieren, wie sie sind – und nach Lösungswegen zu suchen.

Wie sagt Mann es ihr? Auf alle Fälle: Mit aller Vorsicht. Und wer glaubt, schon vorsichtig genug zu sein, dem sei geraten: Noch mehr Vorsicht kann nicht schaden. Das Eis ist dünn – jetzt ein falsches Wort, und ein ausgewachsener Ehekrach ist vorprogrammiert. Bloß nicht unverdrossen fragen, was mit ihr los ist und warum sie keine Lust hat. Geschickte Männer geben stattdessen Antworten vor. Hat sie Angst, dass sich der kleine Wurm verletzen könnte, wenn »Er« in sie eindringt (was definitiv nicht der Fall ist. Jeder Frauenarzt wird ihr das gern bestätigen)? Ganz behutsam herantasten an ihre Ängste. Bloß nicht den Eindruck erwecken, kein Verständnis zu haben. Vielleicht könnte man es einmal ganz vorsichtig versuchen? Und zwar so, wie sie es will – und solange sie es will. Sie behält das Kommando, und jeder Versuch wird lieber einmal zu früh abgebrochen als einmal zu spät. Denn dann ist es richtig aus – und »Er« muss für eine lange, lange Zeit ein sehr einsames Leben führen. Wenn er es jedoch richtig anstellt und wenn Mann sich dabei Zeit lässt, stehen die Chancen wirklich gut, dass auch die Schwangerschaft nicht in ein unfreiwilliges Mönchsgelübde führt. Denn dem Spaß im Bett muss eine Schwangerschaft nun wirklich nicht im Weg stehen.

Natürlich gibt es auch das andere Extrem. Sie will – und er nicht. Manche Frauen entdecken in der Schwangerschaft sogar ihre nymphomanische Ader. »Es« ist dann angeblich viel intensiver, und sie erfreuen sich plötzlich nie gekannter Orgasmen.

So sagt man zumindest. Vielleicht hofft Mann es auch nur. Fest steht, dass Frauen während der Schwangerschaft empfindlicher werden. Das gilt nicht nur für die Psyche, sondern für den gesamten Körper. Wer eine Frau an seiner Seite hat, der es genau so ergeht, die also während der Schwangerschaft mehr Sex will als »vorher«, und wer dann auch noch zu den Männern zählt, für die die Schwangerschaft eine Art Fetisch ist, dann herzlichen Glückwunsch! Warum nicht die neue Lust gemeinsam genießen? Dem Nachwuchs wird es bestimmt nicht schaden.

Wer jedoch zu der Sorte Mann gehört, die echte Schwierigkeiten mit Sex während der Schwangerschaft hat, dem sei erst einmal eins ans Herz gelegt: Sie stehen weiß Gott nicht allein da! Glauben Sie bloß nicht, nur Sie hätten Probleme damit, wenn sie ihren Umfang verdoppelt und verdreifacht, während Ihr kleiner Zwerg in ihr wächst und gedeiht. Das Schöne an uns Männern ist doch, dass Klischees eigentlich immer irgendwie greifen. »Was bekommt er denn für einen ersten Eindruck von seinem Papa, wenn ›Er‹ das Erste ist, was er von ihm zu sehen bekommt?« Wer hatte nicht schon einmal diesen Satz im Kopf? Und man darf sich nichts vormachen: Egal wie rank und schlank die Herzensdame vor der Schwangerschaft war, irgendwann ist sie schlicht und ergreifend nur noch dick. Was Mann ihr übrigens um Himmels willen nie sagen sollte. Männer neigen ja dazu, es ab und an mit ihrer plumpen Ehrlichkeit zu übertreiben; wenn dieses Wort rausrutscht, dann ist es aus, und zwar so richtig aus und vorbei. Schwangere sind nicht dick, schon gar nicht fett, sie haben nur einen »niedlichen« Bauch, der immer niedlicher wird, je weiter der Geburtstermin näher rückt.

Egal, wie die Wahrheit verpackt wird: Die Optik einer Frau leidet nun einmal unter einer Schwangerschaft. Und Männer bauen halt einen Großteil ihrer sexuellen Lust über den Sehsinn auf (auch wenn sie tausendmal runterbeten, dass es ihnen nur auf die inneren Werte ankommt). Und wenn sie sich ihr Stillkissen unter den Kopf quetscht, den »niedlichen« Bauch aufs Bett wuchtet und der Zwerg mit ein paar gezielten Stößen gegen die Bauchdecke klarmacht, dass er wach und putzmunter ist, dann ist es eher schon verwunderlich, wenn Mann immer noch Sex will. Wenn »Er« also seinen Dienst nicht nach Vorschrift leistet, dann gibt es gute Gründe – auch wenn Frauen sie nie als solche akzeptieren würden. Was zu einem ernsten Problem werden kann, vor allem, weil Frauen sich in der Schwangerschaft oft selbst nicht gerade attraktiv finden. Sätze wie »Du findest mich hässlich« oder »Ich bin plump wie ein Walfisch« werden fallen, wenn die Liebste merkt, dass der werdende Vater plötzlich sexuell nicht mehr allzeit bereit ist. Aber Achtung: Wenn Frauen solche rhetorischen Spitzfindigkeiten von sich geben, dann erwarten sie ein klares »Nein«. Also bloß nicht ins Stottern geraten, nie nach ausweichenden Antworten suchen oder es gar mit einem »Ja« versuchen. Wer derart wagemutig ist, der muss zwar definitiv nicht mehr mit seiner Liebsten ins Bett, wird aber viel Zeit brauchen, um die häuslichen Wogen wieder zu glätten.

Auch in diesem Fall wird Mann um eine Aussprache nicht herumkommen (kleiner Tipp: Versuchen Sie erst gar nicht, sich mit beharrlichem Schweigen über die Monate zu hangeln. Frauen sind nicht nur sensibler als wir Männer, sie haben auch ausgeprägt feine Antennen für unsere Stimmungslagen. Und Schweigen wird schnell als Desinteresse gedeutet, und nichts ist für eine schwangere Frau schlimmer als die Vorstellung, sie könnte Ihnen egal sein. Aussitzen klappt also nicht. Leider!). Zu bedenken gilt es, dass Frauen sich während der Schwangerschaft in einer psychisch äußerst labilen Phase befinden. Wer schon weint, weil ihm nachts um drei nicht umgehend eine saure Gurke ans Bett gebracht wird, der fühlt sich tief gekränkt, wenn man ihm sagt, dass er sexuell momentan nicht sonderlich anziehend ist. Ein verletztes Selbstwertgefühl kann schnell in wochenlanges Schmollen ausarten, das noch schneller in den Satz »Du liebst mich nicht mehr« mündet. Von da aus ist es dann nicht mehr weit, bis die Beziehung komplett in Frage gestellt wird.

Aber keine Angst. Auch Männer müssen keinesfalls Sex über sich ergehen lassen, den sie gar nicht wollen, nur um den häuslichen Frieden zu wahren. Das Ego der Männer muss in der Schwangerschaft ohnehin schon einiges einstecken, völlig versklaven lassen sollten sie sich nicht. Wieder einmal ist miteinander sprechen angesagt, und nicht erst, wenn die Frau das nächste Mal zeigt, dass sie Lust hat, sondern vorher, am besten in einer Situation, in der sie sich wohlfühlt und kein Zeitdruck herrscht. Männer dürfen ruhig zugeben, dass auch sie sich erst einmal in ihre neue Rolle als werdender Papa hineinfinden müssen. Und es ist voll und ganz okay, zuzugeben, wenn einem der Zwerg beim Sex »psychisch irgendwie im Weg ist«. Zu vermeiden ist dabei aber unbedingt, dass sie sich hässlich oder gar ungeliebt vorkommt, und keinesfalls darf sie denken, nur noch als Mutter gesehen zu werden – und nicht mehr als begehrte Frau und Geliebte. Da Frauen in der Regel auf Verständnis getrimmt sind, wird sie sich alle Mühe geben, die Gefühlslage ihres Liebsten zu verstehen. Und wer die passenden Worte findet, wird sich wahrscheinlich sogar wundern, wie schnell sie bereit sein wird, ihr Verlangen zu zügeln.

Damit zur vierten und letzten Möglichkeit: Er hat keine Lust auf sie, und sie hat keine Lust auf ihn. Paare, die zu diesen Schwangerschafts-Sexmuffeln gehören, dürften kaum Probleme bekommen. Neun langweilige Monate voller Harmonie sind ihnen so gut wie sicher. Bleibt in diesem Fall nur zu hoffen, dass die gegenseitige sexuelle Abneigung nach der Geburt wieder verfliegt. Es soll ja Paare geben, die sich nach ihrem ersten Kind in die verschiedensten Hobbys gestürzt haben, nur um den gemeinsamen Nächten im Ehebett zu entgehen. Was nun wirklich mehr als schade ist, denn selbst in der Schwangerschaft gibt es Sexpraktiken, die richtig Spaß machen …

### Selbst erlebt …

*Es ist ja nicht so, dass sich nur Frauen darüber Gedanken machen, ob sich der Zwerg daran stört, wenn Mama und Papa Sex haben. Als werdender Vater habe auch ich darüber nachgegrübelt, ob die Lehrbücher wirklich Recht haben. »Das Ungeborene stört das nicht«, heißt es dort. Doch wie einhellig der Tenor auch sein mag, Mensch bleibt Mensch, und als solcher neigt man immer dazu zu glauben, sobald es einen selbst betrifft, könnte es anders sein. Ist ja auch letztlich schwer festzustellen, ob das kleine Wesen in Mamas Bauch wirklich nichts gegen den Eindringling hat. Gewagt haben wir es trotzdem, und rausgekommen ist ein quietschvergnügter kleiner Junge ohne Dellen und blaue Flecke. Wie er es psychisch verkraftet hat, weiß natürlich nicht mal er selbst. Aber was ich sagen will: Männer, es ist normal, wenn man sich über so einen Blödsinn Gedanken macht. Wäre eher komisch, wenn nicht …*

## Stellungen, die auch mit Vorbau Spass machen

Wer nicht zu den Sexmuffeln gehört und auch während der Schwangerschaft im Bett (oder sonst wo) auf seine Kosten kommen möchte, der braucht beileibe keine Panik vor den neun Monaten zu haben. Wenn man will, gibt es immer Wege, und »nur« weil ein Baby im Bauch der Liebsten heranwächst, muss sexuell keine tote Hose herrschen. Die Schwangerschaft hat sogar ihre ganz speziellen Vorteile. So ist beispielsweise die Verhütung in dieser Zeit kein Thema. Wo schon ein Zwerg wächst, ist schließlich zeitgleich kein Platz für einen Nachzügler. Mit einem Satz: Ist die Schwangerschaft erst einmal unter Dach und Fach, liebt es sich ganz unbeschwert. Auch Busen-Fetischisten kommen voll auf ihre Kosten. Selbst schmalbrüstige Frauen erreichen während der Schwangerschaft oft stattliche Körbchengrößen. Und Frauen, die ohnehin schon von der Natur verwöhnt sind, erweitern ihren Brustumfang häufig auf Hollywood-Format.

Dumm nur, dass der Körper der Frauen auch in etwas weiter südlich angesiedelten Regionen deutlich zulegt. Der Bauch kann beim Sex tatsächlich zu einem Problem werden – psychisch wie physisch. In den ersten Monaten ist er allerdings noch kein Handicap; bevor sich die ersten Wölbungen abzeichnen, vergehen gut vier Monate, und selbst dann ist der Schwangerschaftsbauch noch lange eher ein Bäuchlein. Anders sieht es in den letzten zwei bis drei Monaten vor der Geburt aus. Erst jetzt lässt sich die Schwangerschaft auch von den bestgeschnittenen Umstandskleidern nicht mehr wegretuschieren. Doch zurück zu den Anfängen. Wenn der Schwangerschaftstest ergeben hat, dass aus dem »Ich und Du« im wahrsten Wortsinn ein »Wir« geworden ist, sind sich Mann und Frau oft gleichermaßen unsicher, wie sie sich im Bett verhalten sollen. Also werden Fachbücher gekauft und gewälzt. Meistens übernimmt sie diesen Part, und weil Männer eher ungern lesen, warten sie gern, bis sie von ihr umfassend informiert werden.

Richtig erforscht ist die Sache wohl noch nicht, wird sie ihm sagen und anfügen, dass hier und da zu lesen steht, dass während der ersten Wochen der Schwangerschaft etwas Zurückhaltung angeraten wird. »Anschließend können wir aber wieder«, wird sie ihren Vortrag abschließen, und er wird vorsichtig nachfragen, was genau denn dann wieder erlaubt sei. »Alles«, wird sie sagen, »alles, was vorher erlaubt war, ist auch dann möglich.« Was ihn spürbar aufatmen lassen wird. Und läuft die Schwangerschaft in normalen Bahnen, bleibt dies in den ersten Monaten auch das einzige Gespräch zum Thema Sex. Denn außer dem Wissen, dass ein Kind im Anmarsch ist, ergeben sich kaum Änderungen zum bekannten Alltagsleben.

Was ihm hingegen frühzeitig auffallen dürfte, ist das zunehmende Kuschelbedürfnis der Liebsten. Denn auch wenn das Kind auf den ersten Ultraschallbildern noch eher einem Außerirdischen gleicht – der Hormonspiegel der Frau fängt quasi über Nacht an, sich zu verändern. Viele Frauen reagieren bereits in den ersten Monaten auffällig intensiv auf Berührungen. Es soll Fälle geben, bei denen nun schon ein flüchtiges Tätscheln von Nacken, Bauch oder Arm zu einem leisen Lust-Seufzer führt. Wobei der Autor gestehen muss, dass er dies am praktischen Beispiel nicht nachweisen kann. Weder wies die eigene Frau derartige Veränderungen auf, noch wüsste er Vergleichbares aus dem Freundeskreis zu berichten. Aber wen es trifft, der wird darüber vermutlich nicht böse sein. Entsprechend verändert sich bei einigen Frauen auch das Verlangen nach Sex. Die Durchblutung der Geschlechtsorgane nimmt während der Schwangerschaft stark zu, entsprechend intensiver erleben die meisten Frauen Berührungen ihrer erogenen Zonen.

Nun muss intensiver nicht unbedingt schöner heißen. Für Frauen, die auf Berührungen schon vorher sehr empfindlich reagiert haben, kann die Schwangerschaft zum Overkill werden. Ein Satz wie »Fass mich bloß nicht an!« kann darauf hindeuten. Natürlich kann es auch bedeuten, dass sie generell in dieser Zeit lieber in Ruhe gelassen werden möchte. Bei Frauen kann so ein Satz ja immer tausend verschiedene Sachen heißen. Es ist also mal wieder Zeit, miteinander zu reden und den Grund zu hinterfragen. Generell gilt: Männer, die während der neun Monate ihre Frauen nicht wiedererkennen oder schlicht nicht wissen, was die Liebste gerade belastet, müssen das Gespräch suchen. Nicht können oder sollten – müssen! Denn der hohe Hormonspiegel sorgt bei ihr auch dafür, dass es Situationen geben wird, in denen sie kurz vor der Explosion zu stehen scheint. Und es liegt an ihm, die Temperatur in solchen Momenten wieder auf Normalmaß herunterzufahren.

Ganz wichtig ist, dass sie spürt, in dieser Zeit nicht mit ihren Ängsten und Sorgen allein zu sein. Frauen lieben es förmlich, wenn sie von ihm besonders aufmerksam behandelt werden. Eine spontane Umarmung hier, eine rote Rose da bewirken wahre Wunder. Und wenn dann noch Sätze fallen wie »Schatz, du machst das wirklich ganz toll« oder »Liebling, ich bin so stolz auf dich«, dann ist der siebte Himmel so nah. Da dürfte auch der nächste romantische Abend nicht mehr lange auf sich warten lassen. Frauen haben fast immer ein tiefes Bedürfnis, unmittelbar etwas von dem zurückzugeben, was sie selbst erfahren haben. Dies gilt im Guten wie im Schlechten. Wer also seine Liebste in dieser schwierigen Zeit mit Missachtung straft, der sollte an die alte Bibel-Weisheit »Auge um Auge, Zahn um Zahn« denken. Wer hingegen zeigt, dass er mitfühlt, wer ihre scheinbar sinnlosen Wutausbrüche als Hormonstau zu deuten vermag, für den kann die Schwangerschaft zu wahren Wonnemonaten werden.

Beim Sex gibt es während der ersten Schwangerschaftsmonate keinen Grund, von den gewohnten Stellungen abzurücken. Wer sich an dem Gedanken stört, dass im Bauch der Liebsten ein Kind heranwächst, der sollte mit ihr offen über seine Ängste sprechen. Ein medizinischer Grund, auf Sex zu verzichten, ist es nicht. Das Baby wird im Uterus von einem dicken Fruchtwasserpolster geschützt und ist generell bei Weitem nicht so fragil, wie es seine Größe zu verraten scheint.

Selbst der nur einige Zentimeter große Zwerg der ersten Schwangerschaftsmonate ist bereits widerstandsfähig und von der Natur gut auf alle Eindringlinge vorbereitet worden. Es gibt Experten, die sagen gar, dass der Winzling es mag, wenn es zum Sex kommt. Denn schließlich kommen dabei auch Mamas Hormone in Wallung, und das spürt der Kleine angeblich als eine Art wohligen Gefühlsschauer.

Komplizierter wird das Sexleben im letzten Drittel der Schwangerschaft. Was einst problemlos passte, entpuppt sich nun als gänzlich unkompatibel. Wer einmal die Missionarsstellung im neunten Monat praktiziert hat, wird wissen, wovon hier die Rede ist. Sie unten und er oben. Das sexuelle Standardprogramm westlicher Industrienationen scheitert nun oft am Vorbau. Der Bauch wird zu einem unüberwindlichen Hindernis, das auch gelenkige Mitmenschen nach Alternativen forschen lässt. Eine mögliche Variante ist schnell gefunden: Sie oben, er unten. Das passt. Und ihr zusätzliches Gewicht ist auch kein ernstes Problem; in Momenten höchster Ekstase, in denen sich Zeit und vor allem Raum aufzulösen scheinen, ohnehin nicht. Geeignet ist auch die Löffelstellung, bei der er sich von hinten an sie schmiegt. Andere Varianten gleichen oft Akrobatik, sind zwar körperlich möglich, sorgen aber kaum für einen Lustgewinn.

Für Paare, die Sex bisher am liebsten im Dunkeln und mit Socken an den Füßen betrieben haben, kann die Schwangerschaft durchaus zur Bewährungsprobe werden. Und dies gleich in zweifacher Weise. Denn erstens ist die Missionarsstellung in der Endphase wirklich ungeeignet, und zweitens müssen sie und er nun zeigen, dass sie gar nicht so verklemmt beziehungsweise beschränkt in ihren Möglichkeiten sind, wollen sie weiterhin ihre Sexualität ausleben. Lernhilfen gibt es wie Sand am Meer. Und: Erotische Literatur ist zu zweit noch spannender als für Allein-Leser, obendrein gibt es wunderbare Werke, in denen Stellungen so vorgestellt werden, dass das gemeinsame Ausprobieren nicht in einem Kraftakt endet, der eher an eine Zirkusprobe erinnert. Wobei gerade in der Schwangerschaft die alte Weisheit gilt: Lachen ausdrücklich erlaubt. Denn wer Neues wagt, der wird auch an Grenzen stoßen. Und die Grenzen im Bett sind oft wirklich komisch. »Nee, so geht das nicht« ist ein Satz, der bei derartigen Wagnissen häufiger fallen wird. Wem das archaische Rein-raus-Spiel irgendwann dennoch zu stressig wird, sei es, weil der Bauch der Liebsten stört, oder die Gedanken an den Nachwuchs nicht aus seinem Kopf verschwinden wollen, dem bieten sich mannigfaltige Alternativen. Das Verblüffende dabei: Bei vielen Paaren ist der Sex bereits derart zur Routine geworden, dass sie gar nicht mehr an ein mögliches Ersatzprogramm denken. »Vorspiel? Ja, gab's mal. Damals, in den Anfängen.« Surprise, surprise! Das Vorspiel gibt es immer noch. Man kann es sogar ausdehnen und zum Match über volle 90 Minuten erweitern. »Selbstbefriedigung? Ist doch nur was für die stillen Momente allein.« Nix da, es geht auch zu zweit, und wer sich traut, dass man ihm dabei zusieht, der kann es beliebig ausbauen. Und dann ist da noch die gute alte Zunge. Genau die, die früher mal Wunder beim Partner bewirkt hat. Ein lauschiger französischer Abend kann selbst eine verregnete Herbstnacht unvergesslich machen.

Auch der Einsatz von Lust steigerndem Spielzeug aller Art ist nicht verboten. Warum nicht einmal einen Vibrator ausprobieren? Wo es den zu kaufen gibt, kann man heutzutage im Notfall an jeder Straßenecke erfragen. Wer jetzt denkt »igittigitt«, der ist schlichtweg selbst schuld. Denn was gibt es Schöneres, als sich gegenseitig zu verwöhnen? Und wann kann man sich als Paar näher sein als beim Sex? Dass man dabei zu dritt ist, muss keinesfalls störend wirken. Viele Paare nutzen die intimen Stunden sogar, um den Zwerg in Mamas Bauch immer wieder durch Streicheleinheiten und gezielte Ansprache mit einzubinden. Möglichkeiten, die sexuellen Bedürfnisse während der Schwangerschaft auszuleben und dabei den Lustgewinn sogar noch zu steigern, gibt es also zuhauf. All das braucht nur etwas Mut, eine Portion Kreativität und das Beiseiteschieben alter Moralvorstellungen.

Wem diese Möglichkeiten dennoch zu exotisch erscheinen: Auch eingefleischte Anhänger der Missionarsstellung, die partout nichts anderes ausprobieren wollen, müssen in den letzten Monaten der Schwangerschaft nicht auf körperliche Nähe verzichten. Das Zauberwort heißt Partnermassage. Wobei nicht immer nur er sie verwöhnen sollte. Denn auch wenn sie fraglos die Hauptlast der »Aktion Kinder kriegen« trägt, bleibt doch auch er ein Mensch aus Fleisch und Blut, der es von Zeit zu Zeit gern hat, wenn sie ihn streichelt und zärtlich berührt. Entsprechende Massage-Anleitungen gibt es unzählige in Buchform, auch im Internet sind entsprechende Seiten zu finden. Man muss sich eben nur aufraffen, dann ist fast alles möglich. Paare, denen selbst das zu viel Arbeit bereitet, sollten allerdings einmal ernsthaft überlegen, ob für sie das Mönchsgelübde nicht die bessere Wahl gewesen wäre.

Nicht wundern sollten sich Männer bei all diesen Varianten der intimen Zweisamkeit, wenn die Liebste ab und an einen Stöhnlaut von sich gibt. Das muss nicht bedeuten, dass sie sich unwohl fühlt, sondern ist zumeist nur den anatomischen Umständen geschuldet. »Ah, dieser blöde Bauch«, wird es dann heißen, wenn sie sich samt Vorbau aufs Bett gewuchtet hat. Oder: »Warte, der Zwerg tritt gerade ganz doll.« Gut dran ist in solchen Momenten, wer sein Schlafzimmer mit Decken und Kissen gepflastert hat. Denn diese Hilfsmittel können für Frauen, die sich nach Sex sehnen, obwohl sie sich kaum bewegen können, zum Rettungsanker werden. Gut geeignet als Stütze sind auch Stillkissen. Wobei diese Art von Burgenbau auf ihn durchaus abturnend wirken kann. Wer erst einmal einen Befestigungswall um seine Liebste auftürmen muss, den sollte es nicht wundern, wenn sein wertvollstes Stück danach nicht recht auf Touren kommt. Hier ist dann Geduld gefragt. Immer daran denken: Es hetzt einen ja keiner.

Paaren, die es traditionell nur unter freiem Himmel treiben, sei an dieser Stelle geraten: Lassen Sie es während der besagten Monate bleiben. Die Schwelle von Mut zu Wagemut ist schmal, und die Beweglichkeit der Liebsten ist beträchtlich eingeschränkt. Die Sache dürfte also zumindest für sie unbequem werden, und die Flucht vor ungebetenen Zuschauern könnte in einem peinlichen Spießrutenlauf enden. Damit dann zu einer letzten Warnung: Es gibt auffällig viele Sexforscher, die versichern, dass Sex im Endstadium der Schwangerschaft vorzeitige Wehen auslösen kann. Zur Vorsicht beim Sex raten die Experten auch, wenn die Schwangerschaft ohnehin nicht reibungslos verläuft. Vor allem bei Blutungen der Schwangeren ist allerhöchste Vorsicht geboten. Wobei dies eine Selbstverständlichkeit sein sollte. Ohnehin gilt ja der Grundsatz: Beim Sex müssen beide auf ihre Kosten kommen. Fühlt sich einer unwohl, ist das Ganze unverzüglich abzubrechen.

## Selbst erlebt ...

*Wenn ich mich zurückerinnere: Es gab in meinem Leben kaum Monate, in denen ich so viel gelacht habe wie während unserer ersten Schwangerschaft. Vor allem beim Thema Sex kamen meine Lachmuskeln voll auf ihre Kosten. Wenn eine Frau im neunten Monat »Stopp!« ruft, weil der Kleine gerade mit gezielten Fußtritten versucht, die Bauchdecke zu durchstoßen, während Mann sein Bestes gibt, oder wenn der Bauch einfach nicht mehr in die richtige Position gerückt werden kann, dann ist das im jeweiligen Moment schlichtweg urkomisch. Eine ganz eigenwillige Art von Komik bergen auch die Momente, in denen man ausprobiert, was überhaupt noch geht. Wer einmal im neunten Monat die Missionarsstellung gewagt hat, der weiß, wie hoch ein Schwangerschaftsbauch sein kann. Und die Löffelstellung mag ja bei anderen Paaren die Lösung aller Probleme sein, bei uns endete sie im Stoßseufzer: »Das passt doch alles nicht mehr!«*

## Zu Hause, unter Wasser – oder lieber Kaiserschnitt?

Für jede werdende Mutter gehört das Wo und Wie zu den elementaren Entscheidungen, die vor einer Geburt zu fällen sind. Die moderne Medizin bietet schier endlos viele Möglichkeiten an, und als werdender Vater steht man der Geschichte zu Beginn noch hilfloser gegenüber.

Hausgeburt oder Krankenhaus? OP-Saal oder Kuschelzimmer? Unter Wasser oder an der frischen Luft? Wie soll er wissen, was für sie das Beste ist? Die Entscheidungsfindung beginnt in der Regel mit der Besichtigung aller in Frage kommender Kliniken. Einige bieten Schnupperabende für Gruppen an, in denen das Fachpersonal in kleinen Hörsälen erklärt, wie bei ihnen entbunden wird. Danach geht es dann auf Hausbesichtigungstour. Die Zimmer, der Kreißsaal, sogar die Anmeldung werden erklärt. In anderen Krankenhäusern gibt es Privataudienzen, bei denen junge Paare einzeln durch die Orte des Geschehens geführt werden.

Paare, die sich mehrere Kliniken angesehen haben, finden es immer wieder erstaunlich, wie unterschiedlich die Konzepte sind. In einem Krankenhaus sieht es aus wie zu Muttis Zeiten. Kleiner Raum, Frauenarztstuhl, weiß getünchte Wände, PVC-Boden – fertig ist der Kreißsaal. Im anderen Krankenhaus gibt es eine Leseecke, moderne Gardinen vor den Fenstern, bunt gestrichene Wände, wohnzimmerartige Plüschatmosphäre. Beides basiert auf einem Konzept, das es vielleicht sogar schriftlich zum Mitnehmen gibt. Und beide Lager werden ihren Weg preisen und zur Vorsicht aufrufen, wenn man nachfragt, warum es einen Ort weiter gänzlich anders zugeht. Die einen werden sagen, dass nur ein steriler Raum auch Sterilität garantiert, und dies sei bei einer Geburt das Wichtigste. Sauber müsse es sein, übersichtlich, der Situation angemessen. Die anderen werden sagen, dass sich die Schwangere in den letzten Minuten und Stunden vor der Geburt vor allem wohlfühlen muss und dass sauber nicht steril heißen müsse.

Kalte Hightech-Atmosphäre oder heimeliges Ambiente? Dies ist die entscheidende Frage für alle, die im Krankenhaus entbinden möchten. Erst danach geht es an die Details. Denn auch die haben es oft in sich, und die meisten werdenden Eltern wissen gar nicht, was heutzutage alles möglich ist. Einige Krankenhäuser erlauben es beispielsweise, die eigene Hebamme mitzubringen. Was schlichtweg den Vorteil hat, dass sich zwischen werdender Mutter und Geburtshelferin bereits eine (oftmals sehr enge) Beziehung aufgebaut hat, in die oft sogar der Vater mit einbezogen worden ist. Andere bestehen darauf, dass nur die in den jeweiligen Häusern fest angestellten Hebammen das Geburtswerk vollbringen dürfen. Hier empfiehlt es sich, zumindest vorab schon einmal mit dem Chefarzt der Geburtsstation zu sprechen, um ihn über die individuellen Vorlieben der Schwangeren zu informieren. Denn jede Frau hat ihre ganz eigenen Vorstellungen, was sie während der Geburt braucht und worauf sie tunlichst verzichten kann. Und auch der werdende Vater hat ein Recht, seine Wünsche zu äußern.

In vielen Kliniken gehört es inzwischen zum Standard, dass das Neugeborene bei seiner Mutter im Zimmer schlafen darf. Einige Häuser bestehen hingegen darauf, dass das Baby nachts in Griffweite einer Krankenschwester bleibt, damit im Notfall sofort die richtigen Maßnahmen eingeleitet werden können. Von Vorteil ist es, wenn ein Krankenhaus über eine integrierte Kinderklinik verfügt, die dann eventuell sogar lebenswichtig werden kann, wenn der Zwerg beispielsweise unterwartet mit einem Herzfehler zur Welt kommt oder wenn sich die Geburt komplizierter gestaltet als gedacht. In diesen Krankenhäusern ist nicht nur das Risiko von Folgeschäden geringer, es schließt auch die Gefahr aus, dass das Kind gleich nach der Geburt in eine andere Klinik verlegt werden muss, wo es besser versorgt werden kann, und die Schwangere schlimmstenfalls allein zurückbleibt. Für Paare ist dies nach der anstrengenden Geburt der Supergau, und vor allem die frisch gebackene Mutter wird unter der Trennung unsäglich leiden. Ganz egal, ob es sich dabei nur um Stunden handelt oder um Tage.

Elementar ist bei einem Krankenhausaufenthalt die Frage, ob die Schwangere privat versichert ist oder gesetzlich. Pflichtversicherte erwartet mit allergrößter Wahrscheinlichkeit das Standardprogramm, also Mehrbettzimmer bei Brot und Wasser. Gut, ganz so schlimm dürfte es nicht werden, doch welcher Luxus möglich ist, erfahren in der Regel nur die Patienten, die privat versichert sind. Das Einzelzimmer und die Chefarztbehandlung gehören für sie zur Selbstverständlichkeit. Einige Krankenhäuser haben extra eine Kraft angestellt, die sich um die Wünsche der Privatversicherten kümmert. Frisches Obst um Mitternacht? Kein Problem. Die *New York Times*? Geht klar. Hoch lebe die Zwei-Klassen-Gesellschaft! Und wohl dem, der dabei auf der richtigen Seite steht. Wer als Privatpatientin gern noch eine zusätzliche Nacht im Schutz der Klinik verbringen möchte, der dürfte bei ihrer Bitte das Wohlwollen des Hauses sicher sein, denn nur Privatpatienten bringen den Kliniken richtig viel Geld. Wer pflichtversichert ist, wird meistens möglichst rasch wieder nach Hause geschickt, denn die Bettenzahl auf der Neugeborenen-Station ist begrenzt, und die Zimmer sind in Stoßzeiten oft überbelegt.

Paare, denen selbst das modernste und liebevollst eingerichtete Krankenhaus zu kalt erscheint, sollten über andere Orte und Wege nachdenken, wo und wie ihr Kind zur Welt kommen kann. Neben der Klinikgeburt gibt es die gute alte Hausgeburt sowie das Geburtshaus. Beide Varianten erleben aktuell einen Boom – allerdings auf niedrigem Niveau. So gibt es zwar immer mehr Paare, die ihre Kinder wie früher in den heimischen vier Wänden bekommen möchten, dennoch entbinden zurzeit nur rund zwei Prozent aller Frauen außerhalb eines Krankenhauses. Bei dieser Prozentzahl bereits von einer Renaissance der Hausgeburt zu sprechen erscheint ein wenig übertrieben. Und nicht jede Schwangere bringt die Voraussetzung für eine Geburt im trauten Heim mit. Von einer Hausgeburt abraten wird ihr der Arzt, wenn das Kind krank ist oder größere Probleme während der Geburt erwartet werden. In diesem Fall müssen sich selbst werdende Mütter, die das Krankenhaus partout meiden wollten, zum Wohle ihrer Kinder den Notwendigkeiten beugen. Am Vater bleibt dabei die Aufgabe hängen, ihr klarzumachen, dass es wirklich keine andere Möglichkeit gibt. Manchmal hilft es dabei, ihr zu sagen, dass das nächste Kind bestimmt zu Hause auf die Welt kommen wird. Denn für Schwangere, die sich für eine Hausgeburt entscheiden, ist der Ort der Geburt oft ein Herzenswunsch, von dem sie sich entsprechend schwer lösen können.

Wenn nichts gegen eine Hausgeburt spricht, muss eine Hebamme gefunden werden, die die entsprechenden Voraussetzungen mitbringt. Nicht alle Geburtshelferinnen sind bereit, Hausgeburten zu begleiten. Doch Frauen, die diesen Weg gehen wollen, werden heutzutage wenig Probleme haben, eine entsprechende Fachfrau zu finden. Wichtig zu wissen ist dabei für sie und ihn, dass außer den werdenden Eltern nur die Hebamme während der Geburt anwesend sein wird. Selbst Frauen mit viel Selbstbewusstsein und Standvermögen sollten sich hinterfragen, ob ihnen das ausreicht. Und vorab sollte auch bei einer Hausgeburt eine Klinik in der Nähe ausgewählt werden, die im Notfall zu Hilfe gerufen werden kann. Zartbesaiteten Männern sei geraten, ihrer Liebsten eindringlich im Vorfeld deutlich zu machen, dass Mann bei der Geburt zum Totalausfall werden könnte. Denn auch eine Hausgeburt bleibt eine blutige Angelegenheit, die mit Schmerzen und oft langen Wartezeiten verbunden ist. In diesen Fällen ist es ratsam, Mutter, Schwiegermutter oder die beste Freundin der Liebsten einzuspannen, damit die Reservebank entsprechend besetzt ist, wenn Mann zusammenklappt.

Relativ neu im Angebot sind die Geburtshäuser, die meistens von mehreren Hebammen geführt werden und zu deren Team immer häufiger auch ein Arzt gehört. Wie bei der Hausgeburt müssen sich Schwangere hier keine Sorgen machen, ob die notwendige Technik bereitsteht. Geburtshäuser befinden sich häufig auf dem gleichen Stand wie moderne Kliniken, setzen dabei aber auf mehr Nestwärme. Die zumeist wohnlich eingerichteten Zimmer sind in der Regel mit Überwachungsgeräten und einem Notfallset für das Baby ausgestattet. Und genau wie bei der Hausgeburt liegt ein weiterer Vorteil auf der Hand: Wenn die Entbindung wie geplant verläuft, dürfen die stolzen Eltern schon rund drei Stunden nach der Geburt mit ihrem Zwerg die ungewohnte Umgebung wieder verlassen. Frauen, die es möchten, können sich anschließend im Wochenbett von einer Hebamme des Geburtshauses betreuen lassen. Ein Angebot, das besonders von Eltern, die ihr erstes Kind bekommen haben, gern in Anspruch genommen wird.

Für Frauen, die nach der Geburt möglichst schnell nach Hause möchten, dabei aber nicht auf die Sicherheit eines Krankenhauses verzichten möchten, gibt es einen dritten Weg: die ambulante Geburt. Dabei wird im Kreißsaal entbunden, danach geht es schnellstmöglich gen Heimat. Voraussetzung ist, dass die Geburt reibungslos verläuft. Augenfälligster Vorteil der ambulanten Geburt ist die verminderte Wochenbettdepression, unter der viele gewordene Mütter leiden. Was das ist? Tja, liebe Männer,

Sie werden es ganz sicher erkennen, wenn ihre Liebste davon befallen wird. Symptome sind beispielsweise plötzliches grundloses Weinen und Versagensängste. Wer sich für Alternativen zur herkömmlichen Klinikgeburt interessiert, sollte sich möglichst frühzeitig und umfangreich informieren. Und ihm muss klar sein, dass eine Frau, die frühzeitig mit dem gemeinsamen Zwerg nach Hause kommt, viel Hilfe braucht. Einige Tage Urlaub können da nicht schaden, denn Neugeborene halten sich höchst selten an die Nachtruhe.

Genau wie es verschiedene Geburtsorte gibt, so gibt es auch verschiedene Möglichkeiten, ein Kind zur Welt zu bringen. Hierbei ins Detail zu gehen würde den Umfang dieses Buches sprengen. Und da wir Männer nun einmal wenig von dicken Wälzern halten und sich die Liebste sicherlich das entsprechende Knowhow ohnehin aneignen wird, sollen hier die unterschiedlichen Varianten nur kurz vorgestellt werden. Schließlich möchte Mann nicht als Ahnungsloser dastehen, wenn sie etwas von Gebärstuhl und Periduralanästhesie (PDA) faselt. Beim Gebärstuhl sitzen Frauen in aufrechter Haltung, was während der Geburt den Vorteil hat, dass die Schwerkraft mithilft, das Kind auf die Welt zu bringen. Wenn Frauen übergroße Angst vor den Geburtsschmerzen haben, können sie sich örtlich betäuben lassen. Bei einer PDA wird der Wirkstoff zwischen zwei Rückenwirbel gespritzt. Auch Akupunktur kann helfen, die Schmerzen zu mindern. Diese Möglichkeit bieten immer mehr Kliniken an. Bleibt die Wassergeburt, bei der das Kind in einer sogenannten Gebär-Badewanne das Licht der Welt erblickt. Statt in die Kälte hinaus geschleudert zu werden, taucht es dabei in 34 bis 36 Grad warmes Wasser ein. Eine sprichwörtlich sanfte Geburt, die viele werdende Mütter als ausgesprochen angenehm empfinden.

## Selbst erlebt …

*Im Gegensatz zu mir ist meine Frau privat versichert. Vor der Geburt unserer beiden Kinder dachte ich immer, dass sich die Behandlung von gesetzlich Versicherten und Privatpatienten nicht groß unterscheiden würde. Seither weiß ich es besser. Als unsere Tochter Finya zur Welt kam, wurde kurzerhand ein voll belegtes Doppelzimmer komplett geräumt. Raus mit den Pflichtversicherten, hinein mit der Privaten. Gleich am ersten Abend klopfte es an der Tür. Herein trat eine junge Dame, bewaffnet mit einem Notizblock und einem Obstkorb. »Darf ich Ihnen den im Namen unseres Krankenhauses überreichen?«, säuselte sie. Während mir vor lauter Sprachlosigkeit der Mund offen stand, wurde meine Frau gefragt, was sie sich sonst noch wünsche. Zeitschriften, einen Bademantel, oder vielleicht etwas Besonderes zu essen? Mit einem »Wenn Sie Fragen haben, rufen Sie einfach nach mir!« entschwand die Privat-Beauftragte wieder. Fehlte nur noch, dass sie meiner Frau eine Krone aufgesetzt hätte.*

## Wenn die Hormone mit dem werdenden Vater Schlitten fahren

Niemand sollte glauben, dass nur der Hormonhaushalt werdender Mütter ins Wanken gerät. Den ersten Hormonschock erleiden werdende Väter bereits in dem Moment, in dem der Schwangerschaftstest offenbart, dass Nachwuchs im Anmarsch ist. Den einen trifft es bei der Arbeit. Das Telefon klingelt, doch statt eines Kunden ist die Liebste dran: »Schatz, es hat geklappt.«

Da Männer in der Regel begriffsstutzig sind, tritt nun eine Pause ein, bis er nachfragt: »Was hat geklappt?« Natürlich hofft Mann in diesem Moment schon, dass sie schwanger ist, doch glauben wird er es erst, wenn sie es ihm sagt. Andere sitzen zu Hause und warten gemeinsam auf die richtige Tönung des Teststreifens. Hier liegt die Tücke oftmals in der Wahrnehmung. Ist das jetzt ein Blau, das da zu sehen ist? Oder doch eher ein mattes Grün? Schwanger oder nicht schwanger können verflixt eng beieinanderliegen. Und schon hier können einem die Hormone einen Streich spielen und den Sehsinn ad absurdum führen.

Wenn endlich auch der Frauenarzt das Ergebnis bestätigt hat und die Schwangerschaft ein unumstößlicher Fakt geworden ist, dann geht der Hormon-Stress erst so richtig los. Ein Kind. Ich werde Vater. Und jetzt? Jetzt beginnt die Grübelei. Es fängt an mit der Beziehung. Sind wir reif für ein Kind? Hält das mit uns überhaupt? Plötzlich werden Dinge hinterfragt, die einem bis dato herzlich egal waren. Der Streit neulich Abend. Hat sie da nicht gedroht zu gehen? Und der letzte Urlaub. Fand sie es nicht ganz furchtbar, immer nur in der Sonne zu liegen? Reicht der gemeinsame Nenner als Basis für eine Familie? Wollte Mann nicht immer frei und ungebunden bleiben? Und wie sind all diese Zweifel in Einklang zu bringen mit dem inneren Glücksgefühl, das einen kaum still sitzen lässt? Männer spüren schnell, dass hier etwas gehörig aus dem Ruder läuft.

Dann sind da die Ängste, die sich um die eigene Person drehen. Stark war Mann, unbezwingbar, unsterblich. Gestern noch. Und heute? Heute wird einem die eigene Vergänglichkeit bewusst. Unfall, Krankheit. Es gibt tausend Wege, zu Tode zu kommen. Und auf einmal kennt man sie alle. Spürte man nicht seit langem schon ein Stechen im Brustbereich? Der letzte Bluttest war auch nicht astrein. Und das Motorrad? Wird umgehend verkauft. Bloß nicht noch mehr unnötige Risiken eingehen. Das Leben ist gefährlich genug. Der Zwerg braucht doch einen Vater, einen Mann, der ihm zeigt, wo es langgeht. Der mit ihm Fußball spielt, ihn Huckepack nimmt, Äpfel aus Nachbars Garten stibitzt und ihn vor allen Gefahren beschützt. Und nun hat Mann plötzlich das Gefühl, dass er selbst jemanden braucht, der auf ihn aufpasst.

Damit noch lange nicht genug der Ängste. Die größten, tiefgreifendsten kommen erst noch – die ums eigene Kind. Was hat man nicht alles schon gehört. Fehlgeburten, Frühchen, Kinder, die ihre ersten Monate im Brutkasten verbringen müssen, Fehlbildungen und, und, und. Was, wenn das eigene Kind behindert zur Welt kommt? Wird man es trotzdem lieben? Und wenn die Liebste eine Fehlgeburt hat: Wird die Beziehung es verkraften? Das Schlimmste bei alldem ist die eigene Hilflosigkeit. Mann fühlt sich ausgeliefert, muss sich ins Schicksal fügen. Dabei steht doch gerade jetzt so viel auf dem Spiel. Für Männer, die es gewohnt sind, die Dinge anzupacken und selbst zu bestimmen, ist dies eine neue Erfahrung, auf die viele von ihnen liebend gern verzichten würden. Dieses unbeschreibliche Gefühlschaos – und das schon jetzt, ganz am Anfang. Dabei liegt doch noch ein wahrer Marathon vor einem …

Ohne Frage: Die Schwangerschaft lässt nicht nur Mütter auf der Gefühls-Achterbahn fahren, auch Väter müssen ihr Leidenspotential unter Beweis stellen. Dabei gilt stets der Grundsatz: Je mehr Gelassenheit er aufbringen kann, desto einfacher wird es für ihn.

Wer sich in seine Ängste hineinsteigert, kann sich derart tief darin verirren, dass der Weg hinaus kaum mehr zu finden ist. Da kann es nicht schaden, wenn sich Männer in regelmäßigen Abständen klarmachen, dass eine Schwangerschaft keine Krankheit ist, sondern ein Grund zur Freude. Und dass statistisch gesehen fast immer alles glattläuft. Gut, Statistiken sollte man nur glauben, wenn man sie selbst gefälscht hat. Doch die Erfahrung lehrt, dass es guttut, ab und an einfach alle Bedenken damit vom Tisch zu wischen. »Läuft doch bisher alles prima« ist ein Satz, der dabei oft Wunder wirkt.

Ebenfalls positiv auf ein geregeltes Gefühlsleben wirken sich Gespräche mit der Partnerin aus. Einige Herren der Schöpfung werden jetzt denken: Oje, nicht schon wieder reden. Doch. Und zwar nicht zu knapp. Denn geteiltes Leid ist in diesem Fall wirklich halbes Leid. Wenn er merkt, dass sie die gleichen Dinge belasten, und wenn sie spürt, dass er während der Schwangerschaft auf keinem anderen Planeten wohnt, dann ist schon viel gewonnen. Vor allem die Ängste um die gemeinsame Zukunft können auf diese Weise auf ein Minimum reduziert werden. »Glaubst du, dass ich ein guter Vater sein werde?« ist eine Frage, die durchaus ihre Berechtigung hat. Ihr wird sie zeigen, dass er weiß, dass sich sein Leben verändern wird. Ihm wird ihr »Ja« ein Stück der verloren gegangenen inneren Ruhe zurückgeben. Und die Zwistigkeiten im letzten Urlaub und der abendliche Streit lösen sich in solchen Gesprächen ganz bestimmt in Luft auf. Denn sie wird ihm sagen, dass sie sich riesig auf das gemeinsame Kind freut und nur mit ihm das Glück zu dritt perfekt ist.

Auch seine Ängste um das Ungeborene wird sie teilen. Vermutlich sogar im Quadrat, denn werdende Mütter entwickeln sich in den neun Monaten zu wahren Großmeisterinnen, wenn es darum geht, in Gedanken mögliche Unglücksmomente durchzuspielen. Jedem Mann sei versichert: Egal, wie schlimm seine Visionen sind, die der Liebsten sind um ein Vielfaches schlimmer. Wenn Männer an Unfälle im Allgemeinen denken, malen sich Frauen konkrete Szenen aus. Kind unterm Laster. Sturz aus dem obersten Stock eines Hochhauses. Die ganze Flasche Pril getrunken. Ähnlich sieht es bei den Krankheiten aus. Wo er sich im Diffusen sorgt, da ist sie schon einen Schritt weiter. Was, wenn das Kleine ohne Arme geboren wird? Oder das Herz pumpt nicht richtig? Oder es muss gleich nach der Geburt operiert werden. Sie wird all diese Varianten längst durchgespielt haben, bevor er sich seine Ängste überhaupt klargemacht hat.

Bleiben die Ängste um die eigene Person. Hier ist Mann gefordert, eigene Wege des Verarbeitens und Verdrängens zu suchen. Denn während Frauen Dinge ausdiskutieren wollen, haben Männer die Gabe, zumindest einige der drängendsten Fragen einfach beiseitezuschieben. Gerade in Zeiten, in denen sich die Probleme häufen und die Psyche nach Luft japst, ist dies ein adäquates Mittel. Schließlich gilt: Es muss nicht immer Tiefenpsychologie sein, die ein Problem löst. Manchmal reicht auch ein Satz wie »Schluss mit dem Blödsinn«, um sich frei zu machen. Vielleicht nicht auf Dauer, aber für den Moment. Und in der Schwangerschaft ist genau dies die Zeiteinheit, die zählt. Bei den Ängsten, die auf diese Weise nicht zu lösen sind, ist Phantasie gefragt. Einige Männer beginnen zu malen, andere greifen zur Gitarre. Wieder andere suchen Rat bei den engsten Freunden. Wichtig ist nur, sich nicht ins sprichwörtliche Schneckenhaus zurückzuziehen. Denn schon Konfuzius wusste: Wohin du auch gehst, dich nimmst du immer mit. Weglaufen vor sich selbst ist also das falsche Rezept.

Wichtig für alle Männer ist das Wissen, dass all diese Ängste und Sorgen absolut normal sind. Wer sich plötzlich über Dinge das Hirn zermartert, die bis dahin so weit entfernt waren wie der Mond von der Erde (oder noch weiter), dem sei versichert, dass bei ihm alles noch vollkommen richtig tickt. Werdende Väter, die sich keinerlei Gedanken um sich, die Partnerin und das Kind machen, sind hingegen entweder gefühlskalt oder schlichtweg saublöd. Allerdings ist dem Autor weder im Freundeskreis noch bei den Recherchen zu diesem Buch ein solcher Fall bekannt geworden. Ganz so einfältig, wie wir Männer oft dargestellt werden, scheinen wir also gar nicht zu sein. Etliche angehende Väter haben hingegen glaubwürdig berichtet, dass sie hin und wieder schon an eine Scheinschwangerschaft dachten, als sich ihre Bäuche vor lauter Sorgen-Machen aufgebläht hatten. Einer, der mit Anfang vierzig nach schier unendlich langer Anlaufzeit das erste Mal Vater wurde, erzählte gar, dass während der Schwangerschaft kaum ein Tag ohne Schmerzen vergangen sei. Nicht bei ihr. Bei ihm. Ganz nach dem Motto: »Man glaubt gar nicht, was einem alles weh tun kann, wenn man mitleidet.«

Männer, die zu einer gewissen Sensibilität neigen, werden schnell merken, dass die neun Monate ihr gesamtes Weltbild verändern. Wo die gemeinsame Zukunft mit der Liebsten bisher lediglich eine Option war, wird sie quasi über Nacht zur einzig möglichen Variablen. Selbst der hingebungsvollste Treueschwur vor dem Traualtar ist nicht ansatzweise vergleichbar mit der Intensität, mit der ein Kind zwei Menschen verbindet. Wobei dies keinesfalls als Ratschlag für Paare gedacht ist, für die die Trennung fast schon beschlossene Sache ist. Denn auch durch ein Kind kann kein Paar kitten, was nicht mehr zu kitten ist. Es kann »lediglich« zusammenschweißen, was sich ohnehin liebt. Dies allerdings in einer Art und Weise, die wahrhaft verblüffend ist. Dieses kleine Wesen, das noch nicht einmal Mamas Bauch verlassen hat und kraft Gesetz somit noch gar kein vollwertiger Mensch ist, schafft es im Handumdrehen, den stärksten Mann zur Strecke zu bringen. Wenn das kein Wunder der Natur ist.

Die allermeisten Männer arrangieren sich schnell mit den Auswirkungen ihres gestörten Hormonhaushaltes. Das neue Leben beginnt schon im Alltagsverhalten. Die Wahrnehmung ändert sich. Wo Mann früher vor allem Augen für knackige Frauenpopos und ausladende Oberweiten hatte, werden jetzt junge Paare mit Kindern begutachtet. Lacht das Kind? Passen die Eltern zusammen? Hat das Kind ein eigenes Zimmer? Welches Spielzeug kaufen die Eltern? Schreien sie ihr Kind an? All das sind Details, die nun ins Blickfeld rücken. Es sind die ersten instinktiven Vorbereitungen auf die spätere Vaterrolle, die Männer nun ganz genau hinschauen lässt. Und schon manifestieren sich die nächsten Fragen in den Köpfen. Werde ich mein Kind jemals schlagen? Haben wir zu Hause genug Platz für drei? Wie werden wir das Kleine erziehen? Ja, liebe Herren: Die hormonelle Schlittenfahrt geht ungebremst weiter. Die Ängste bleiben dieselben, nur die Themen ändern sich.

Die Macht der Hormone scheint nicht nur gewaltig, sie ist es. Während der Schwangerschaft wird dies überdeutlich. Doch Hormone hin, Hormone her: All diese Ängste sind letztlich nur Teil von etwas Großem. Mann wird Vater. Und nur etwas derart Großes kann diese ausgeprägten Ängste hervorrufen. Es gilt, diese Ängste als etwas zu begreifen, das substanziell zu einer Schwangerschaft gehört. Nüchtern betrachtet, sind sie in sich nichts Negatives. Sie dürfen nur nicht ausufern und einen zu Boden drücken. Wer es schafft, die neue Sicht der Dinge als etwas Positives zu begreifen, ist auf dem richtigen Weg. Wer die neue Facette seines Ichs sogar genießen kann, hat den Jackpot geknackt. Ein kleiner Trost für die, die daran noch arbeiten: Nach der Schwangerschaft normalisiert sich die Lage wieder.

## SELBST ERLEBT ...

*Nein, scheinschwanger war ich nie. Nicht direkt zumindest. Schließlich bin ich ein Kopfmensch, und als solcher weiß ich, dass eine Schwangerschaft etwas ganz Natürliches ist, vor dem man keine Angst haben muss. Warum ich trotzdem in den neun Monaten immer mit dem rechten Fuß aufgestanden bin? Na ja, etwas Aberglaube schadet schließlich nie. Warum ich abends oft stundenlang gehorcht habe, ob meine Frau noch atmet? Sorgen macht man sich doch immer, oder? Warum ich mich wie ein Irrwisch gefreut habe, als der Arzt anrief und unsere erste Schwangerschaft bestätigte? Gewisse Zweifel an der eigenen Männlichkeit gehören doch wohl dazu. Warum ich während der ersten Geburt, die bei uns ein Kaiserschnitt war, mit meinem ganz persönlichen Gott gesprochen habe? Etwa, weil ich ein guter Christ bin? Nein, sondern weil eine Schwangerschaft immer zuerst eine Herzensangelegenheit ist, weil die Gefühle den Verstand dominieren. Das ist das eigentliche Geheimnis dieser neun Monate: Sie relativieren, stutzen das eigene Wertesystem zurecht und zeigen einem überdeutlich, dass der Mensch die großen Dinge des Lebens nie wirklich unter Kontrolle haben wird. Nicht einmal sich selbst. Genau das fand und finde ich hochspannend.*

## Gurken und Eis. Wenn der Heisshunger kommt

Neben diversen zuvor unbekannten Ängsten bietet die Zeit der Schwangerschaft auch unzählige Momente der skurrilen Art. Nicht umsonst haben sich bekannte Regisseure in ihren Komödien immer wieder dieses Themas angenommen. Ein Running Gag ist fraglos der Heißhunger auf Gurken und Eis, der Frauen angeblich vorzugsweise gegen Mitternacht befällt. Ungewöhnlich sind derartige Fressattacken tatsächlich nicht. Es kann schon mal vorkommen, dass einem die Liebste des Nachts in die Seite knufft und fragt, ob noch saure Heringe im Kühlschrank sind. Zu überrascht sollte man dann nicht sein, selbst wenn sie bis dahin für Fisch aller Art nur ein Wort übrig hatte: »eklig«. Denn was bis gestern kulinarisch tabu war, wird für einige Schwangere urplötzlich zur Leibspeise. Entsprechend kann er sich fragende Blicke und Kommentare wie »Gurken? Aber die magst du doch gar nicht« getrost sparen. Wenn der kleine Heißhunger kommt, hat er sich schleunigst aus dem Bett zu quälen und den nächsten Rund-um-die-Uhr-Discounter anzusteuern. In dringenden Notfällen tut es auch die Tanke nebenan.

In schieres Erstaunen dürfte Männer die Fähigkeit der Schwangeren versetzen, regelrechte Berge an Essbarem in sich aufzunehmen. In sich reinzustopfen, könnte man auch sagen. Mit einem Gürkchen wird sie sich kaum zufriedengeben, gern darf es jetzt das ganze Glas sein. Seinen fassungslosen Blick wird sie dabei in aller Gelassenheit kontern: »Schatz, ich muss doch jetzt für zwei essen.« Ist ja auch irgendwie richtig, nur: Wie viel von den zwei Kilo Gurken braucht ein gerade mal zehn Zentimeter großer Zwerg? Nachfragen dieser Art sollte er sich allerdings lieber sparen, Schwangere haben es nicht gern, wenn man ihnen das Gefühl gibt, sie könnten zu dick werden. Klar, das ist vollkommen irre, denn ein substantieller Fakt der Schwangerschaft ist ja, dass sie so oder so dick wird. Aber wie schon gesagt: Mit der Ratio ist es in dieser Zeit ohnehin nicht weit her.

Männern, die fürchten, dass ihre Liebste zur Drangtonne mutieren könnte, sei versichert, dass alles halb so wild ist. Ihre Geschmacksnerven sind nur vorübergehend außer Betrieb gesetzt. Dafür kann sie nichts. Gut, er kann dafür auch nichts, aber das ist ihr jetzt herzlich egal. Schon ein winzig kleiner Kugelbauch reicht ihr aus, um den eigenen Aktionsradius auf ein Minimum zu reduzieren. »Kannst du mal eben für mich gehen? Das ist so weit« heißt einer der Standardsätze mitternächtlicher Fressattacken. Dass er schon geschlafen hat – egal. Dass er morgen um sechs Uhr hoch muss? Wer denkt jetzt an so was? Die nächtlichen Einkaufstouren kosten Nerven und steigern den Schlafentzug. Ein Detail, das man auch positiv sehen kann. Schließlich ist es eine gute Übung für die Zeit, die in ein paar Wochen oder Monaten auf ihn zukommen wird. Aber dazu später mehr.

Gewöhnen muss er sich auch an die gelegentlichen kleinen Ausfälle der Schwangeren. Denn der veränderte Hormonhaushalt sorgt bei ihnen für zeitweiligen Hirnstillstand. Na ja, so drastisch darf Mann es wohl nicht ausdrücken, aber hin und wieder deuten spontane Aktionen werdender Mütter darauf hin. Wie sonst ist es zu erklären, wenn sie ihn auf der Arbeit anruft, um zu fragen, wann er endlich nach Hause kommt – morgens, um kurz nach 10 Uhr. Wenn er dann einwendet, doch erst vor zwei Stunden losgefahren zu sein, wird sie mit andächtigem Schweigen antworten. Da ist es dann besser, schnell zu ergänzen, dass man pünktlich um 17 Uhr das Büro verlassen werde. Ohnehin scheinen Schwangere ein (noch) stärkeres Verlangen nach ausgedehnten Telefonaten zu haben. Die besten Freundinnen werden jetzt gern rund um die Uhr in Beschlag genommen, und wenn gerade keine der Damen greifbar ist, muss der Mann, Freund oder Lebensabschnittsgefährte herhalten. Vorzugsweise am Arbeitsplatz. Und am liebsten genau dann, wenn Mann eigentlich wirklich keine Zeit hat. »Schatz, ich fühl mich so schwanger« kann es dann heißen, oder »Liebling, ich hab so schlecht geträumt«. Für ihn heißt es dann, gezielt nach den Albträumen der vergangenen Nacht zu fragen und sie gemeinsam mit ihr zu deuten. Natürlich stets vor dem Hintergrund der Schwangerschaft, denn für sie hat jetzt alles damit zu tun.

Die komischen Momente der Schwangerschaft. Genau wie die Ängste ist auch dies ein weites Feld. Neben den Fressattacken und dem oft unkalkulierbaren Verhalten neigen einige Frauen nun auch dazu, ihr Revier neu abzustecken. Wenn er bis spät in die Nacht Fußball sieht, um dann zu ihr unter die Bettdecke zu huschen, sollte er sich nicht wundern, wenn dort kein Platz mehr frei ist. Generell gilt: Schwangere brauchen viel Platz. Sehr viel Platz sogar. Das Stillkissen dient nun oft schon als Ablage für ein Bein, der Rücken wird mit einem zweiten Kopfkissen in Positur gehalten. Und die Arme müssen offensichtlich stets ausgestreckt in beide Richtungen abstehen, um ihr ein Gefühl von Sicherheit zu geben. Vielleicht wollen Schwangere so auch nur zeigen, dass ein Zwei-Mal-zwei-Meter-Bett schon für sie allein viel zu klein ist. Jedenfalls wird er um sein nächtliches Plätzchen an ihrer Seite kämpfen müssen. Es sei denn, er ist ohnehin bereits vor ihrem Schwangerschafts-Schnarchen ins Gästezimmer geflüchtet.

Dafür wird er nun bei den wenigen verbliebenen Freizeitaktivitäten entschädigt. Da für Schwangere das Alltagsleben von Monat zu Monat anstrengender wird, sind ausgedehnte Kneipentouren schon bald kein geeignetes Vergnügen mehr. Warum hingegen das Shoppen nach wie vor kein Problem zu sein scheint, bleibt wohl ein Geheimnis der Frauen. Jedenfalls reduziert sich nicht nur ihr Aktionsradius, auch für ihn werden die Abende vor dem heimischen Fernseher zunehmen. An dieser Stelle sei gesagt: Alleine weggehen ist keine geeignete Alternative. Sie wird sich von ihm im Stich gelassen fühlen, noch bevor er die Haustür verlassen hat. Also wird zusammen in die Glotze geguckt. Ein Zweitfernseher kann dabei nicht schaden, denn was sie liebt, wird selten sein Fall sein. Doch zurück zum Anfang und damit zur Erklärung, warum er jetzt auch ab und an auf seine Kosten kommt: Schwangere dürfen nicht rauchen und auch keinen Alkohol trinken. Wenn man also tatsächlich mal gemeinsam unterwegs ist, wird sie ihn zurückfahren. Er darf also zulangen. Natürlich nur in Maßen, denn sonst fühlt sie sich schnell ausgegrenzt, was unweigerlich zum Vorwurf führen wird, dass er keine Rücksicht auf sie nimmt. Frauenlogik eben.

Weitaus schwerer zusetzen kann ihr der Verlust des Arbeitsplatzes. Verlust ist natürlich das verkehrte Wort, denn sie ist ja nur vorübergehend außer Dienst gestellt. Doch erstens schlummert in vielen Schwangeren die Angst, den späteren beruflichen Wiedereinstig nicht zu meistern, und zweitens wird der Anerkennungsentzug schnell zum Problem. In der Bank, in der Schule oder wo auch immer, da war sie wer. Da war sie Teil des Ganzen. Da spürte sie, dass sich die Welt ohne sie nicht drehen würde. Nun sitzt sie zu Hause. Und die Welt dreht sich immer noch. Ohne sie. »Ich bin so nutzlos« ist ein Satz, den schwangere Frauen, die zuvor in ihrem Beruf aufgegangen sind, gern in den Raum stellen. Für ihn birgt das versteckte Stolperfallen, die erst einmal erkannt sein wollen. Sie will nun von ihm hören, dass sie nicht nutzlos ist, nie nutzlos sein wird und überhaupt die Allertollste ist. Nicht weniger, aber auch nicht mehr. Nun mit dem Argument zu kommen, dass sie doch später wieder arbeiten gehen könne, zieht nicht (siehe oben). Auch der Hinweis, dass der Zwerg doch viel toller und wichtiger sei, als es die tollste und wichtigste Arbeit je war, ist wenig erfolgversprechend. Der Trick dabei ist folgender: Frauen, die sich nicht nur nutzlos fühlen, sondern es ihm auch noch sagen, wollen leiden. Er soll es nur zur Kenntnis nehmen – und sie ein bisschen betüddeln. Was für Männer, die es gewohnt sind, Problemlösungen zu suchen, ein schier unbegreiflicher Denkansatz ist.

Zurück zu ihm. Auch der werdende Vater entwickelt während der Schwangerschaft den einen oder anderen eigenwilligen Tick. Wer plötzlich beginnt, Tagebuch zu führen, oder sein Tagwerk punktgenau in einem Timer festhält, der steht damit nicht allein. Viele Männer suchen nun nach Wegen, ihren Gedanken freien Lauf zu lassen. Und da das starke Geschlecht nicht gerade Weltmeister im Kommunizieren ist, müssen andere Wege gefunden werden. Wer quatscht schon gern mit seinem besten Kumpel über den letzten Frauenarztbesuch, bei dem festgestellt wurde, dass die Nackenfalte des Zwergs »eventuell, aber das ist sehr unwahrscheinlich« nicht vorschriftsmäßig ausgebildet ist? Welcher Mann schickt an einen anderen Mann E-Mails, in denen es um schwangerschaftsbedingte Probleme in seinem Liebesleben geht? Männer machen so etwas nicht, aber raus muss das, was sie bewegt, irgendwann trotzdem.

Dabei reicht es schon, wenn sie kontinuierlich für Panikschübe sorgt. Dass sie gegen Ende der Schwangerschaft 24 Stunden am Tag zu Hause sitzt, verstärkt das Risiko des Lagerkollers zusätzlich. »Wollen wir nicht doch lieber eine Fruchtwasseruntersuchung machen lassen? Ich habe solche Angst um unseren Zwerg. Wie kannst du nur so ruhig bleiben?« Dass er genauso nervös ist wie sie, wird er ihr nicht zeigen. Männer sind auf Starksein geeicht. Also spielt er seine Rolle, und sie reißt ihn noch tiefer hinein in den Schlamassel. Was soll er jetzt sagen? Dass auch er Angst hat um den Zwerg? Nein, er wird sie nochmals daran erinnern, dass der Arzt sagte, es sei sehr unwahrscheinlich, dass mit der Nackenfalte etwas nicht stimme. Und er wird still weiter leiden. Tief drinnen. Und für sie gut verborgen. Er wird auch akzeptieren, dass sie wegen jeder Kleinigkeit zum Arzt läuft. Seitenstechen hier, ein komischer Geschmack im Mund da, ein Zwerg, der sich einen Tag lang nicht anständig rührt, dort. Alles kann ein Zeichen sein. Ein Hinweis auf das Schlimmste. Oder auf noch Schlimmeres. Er wird jeden Tag von der Arbeit kommen und auf neue Hiobsbotschaften gefasst sein. Wohl dem Paar, das nahe einem Krankenhaus gebaut hat. Da stehen auch am Wochenende die Türen offen, falls sie wieder einmal (zu) tief in sich hineingehorcht hat.

### Selbst erlebt ...

*Nee, mit Gurken hat mich meine Frau nie genervt. Sie hat auch während der Schwangerschaft nicht gefuttert wie ein Scheunendrescher. Entsprechend wenig nahm sie in den ersten Monaten zu. Genau das machte mir Sorgen. Heißhunger auf kulinarische Abartigkeiten? Darauf konnte ich gut verzichten, doch ich fand immer, dass Schwangere weniger auf ihr Gewicht achten sollten und mehr darauf, dass es ihnen und dem Kind gut geht. Aber bei Frauen sind diese Komponenten offenbar aufs Engste miteinander verknüpft. Ohne Wohlfühlgewicht kein Wohlfühlfaktor. So einfach ist das. Und so kompliziert. Auch meine Frau wies immer wieder darauf hin, wie wenig sie bisher nur zugenommen habe. Gefragt habe ich sie danach nie. Es muss ihr also sehr am Herzen gelegen haben. Da unser Arzt jedoch versicherte, dass sich der Zwerg prächtig entwickele, zog ich daraus die Schlussfolgerung, dass ein Wohlfühlgewicht samt entsprechendem Wohlfühlfaktor dem Kind zumindest nicht schadet. Der Rundum-Wohlfühl-Faktor – noch so ein Geheimnis der Frauen.*

## Wie werdende Väter der weiblichen Psychofalle entgehen

Es ist ein Bild wie aus einem Kitschroman: Werdende Mütter, die voller Inbrunst ihren Bauch tätscheln. Hingebungsvoll, selbstversunken, mit sich und der Welt im Reinen. Dumm nur, wenn er daneben sitzt und sich wie das fünfte Rad am Wagen fühlt. Oder beim Frauenarzt, wenn sie das erste Ultraschallfoto vom Zwerg in den Händen hält und ihr vor lauter Stolz die Tränen kommen, während er nur verschwommenes Grau erkennt und bestenfalls einen bohnengroßen E.T. Oder im Alltag, wenn sie sich auf das Brutgeschäft konzentriert und er malochen muss. Einige Männer verkriechen sich dann in den Schmollwinkel, andere rebellieren, und alle versuchen, sich den neuen Gegebenheiten anzupassen. Schließlich wird von einem modernen Vater erwartet, dass er seine Liebste während der Schwangerschaft unterstützt. Nach Leibeskräften. Ohne Unterlass. Und darüber hinaus. Denken zumindest wir Männer. Aber muss Mann der Frau in diesen neun Monaten wirklich jeden Wunsch von den Lippen ablesen? Muss Mann sich klaglos in die Opferrolle fügen?

Das weibliche Glucken-Verhalten ist bekannt. Sie sitzt auf ihrem Ei, er ist nur noch nützliches Beiwerk. Sie lässt sich verwöhnen, bis er mit seinen Kräften am Ende ist. Wer kann einer Schwangeren schon einen Wunsch abschlagen? Genau: niemand. Und was hat er davon? Statt Zuneigung straft sie ihn mit Ausgrenzung. So sieht's doch aus! Oder? Eines ist unbestritten: Männer machen Babys (zumindest helfen sie dabei), Frauen bekommen Babys. Diese natürliche Arbeitsteilung ist selbst von der modernen Medizin bisher nicht aus den Angeln zu heben. Entsprechend einfach hat sie es, sich dem Zwerg nah zu fühlen. Er ist ein Teil von ihr, wächst in ihrem Körper, sie spürt ihn zuerst, oft schon, bevor ein Schwangerschaftstest anschlägt. Männer müssen sich mit der Beobachterposition begnügen, bleiben räumlich außen vor. »Sie ist so nah dran, und ich bin so weit weg« ist eine Tatsache, doch daraus den Schluss abzuleiten, die Frau sei von der Natur begünstigt, ist ein Klischee. Klar: Sie hat den Zwerg stets bei sich. Doch welcher Mann träumt schon davon, den eigenen Nachwuchs 24 Stunden am Tag mit sich rumschleppen zu müssen? Von den Geburtsschmerzen, die unweigerlich irgendwann folgen werden, ganz zu schweigen. Dass Männer keine Babys bekommen können, hat handfeste Gründe.

Und doch gibt es Momente, in denen Mann gern näher dran wäre. Als Teil der werdenden Familie, und nicht nur als Statist, der die Ernährerrolle zu spielen hat. Mittendrin, sozusagen. Wege dorthin gibt es. Zum Beispiel, indem er mit ihr über seine Rolle spricht. Möglichst früh und möglichst oft, denn die männliche Eifersucht kann jede Beziehung killen. Im Handumdrehen. Sie schwärmt vom Baby, erzählt ohne Unterlass, was es alles schon kann und was es gerade macht. Er nickt stumm, weil er denkt, sie erwarte es von ihm, und frisst seine Unzufriedenheit in sich hinein.

Wie lange das gut geht? Meistens nur kurz, manchmal erstaunlich lange, aber das dicke Ende kommt bestimmt. »Ich halte es nicht mehr aus«, wird er dann sagen. Und so richtig losledern. Was ihn alles ankotzt. Dass sie ihn nicht mehr sieht, seit der Zwerg da ist. Dass er sich scheiße fühlt, weil es für ihn nur noch Arbeit, Arbeit, Arbeit gibt. Und sie wird gucken, als stünde ein Fremder vor ihr. »Ich liebe dich doch«, wird sie antworten. Und dass er als Vater genauso ein Teil der werdenden Familie sei wie sie. Und überhaupt: »Warum hast du nicht viel früher was gesagt?« Mit etwas Glück sind die Risse noch zu kitten – und bis zum nächsten Gefühlsausbruch wird dann wieder geschwiegen. Männer sind Spezialisten darin.

Die Schwangerschaft ist ein langer Weg, der ihr und ihm nur dann Spaß machen wird, wenn ihn beide als Paar gemeinsam gehen. Von Beginn an. Werdende Väter sollten nie den Stolz vergessen, den sie empfanden, als sie erfuhren, dass sie Vater werden würden. Ein gelungener Start. Das erste gemeinsame Abendessen in dem Wissen, dass man bald zu dritt sein wird. Am besten beim Stamm-Italiener um die Ecke. Sie stößt mit einem Glas Wasser an, er feiert mit einem Glas Wein. Unvergesslich. Als die Eltern eingeweiht wurden. Das ungläubige Gesicht der Mutter, das anerkennende Schulterklopfen des Vaters. Gänsehaut-Feeling. Danach, fast unmerklich, schleicht sich der Alltag wieder ein. Gepaart mit den ersten Vaterpflichten. Er geht zur Arbeit, sie gibt sich dem Nestbauinstinkt hin. Er kommt abends abgekämpft nach Hause, sehnt sich nach Ruhe und einem Bier vor dem Fernseher. Sie möchte mit ihm über die Farbe des Kinderzimmers sprechen. Er guckt gelangweilt – und spürt, dass sie es ihm übel nimmt. »Ist es ihm etwa egal, wie unser Kind aufwächst?«, denkt sie. »Können wir das nicht in Ruhe am Wochenende besprechen, wenn ich nicht so kaputt bin?«, denkt er.

Die Routine kommt auf leisen Pfoten. Und mit ihr die Gefahr, dass die Freude am Papa-Dasein schwindet. Ganz wichtig ist es jetzt, sich regelmäßig die schönen Momente in Erinnerung zu bringen. Und vor allem das Ziel: »Ich werde Vater.« Ein Mordsziel. Ein echter Achttausender. Männer mögen große Ziele. Doch allein können sie den Berg nicht bezwingen. Es klappt nur gemeinsam mit ihr. Manche Paare gehen dabei geradezu generalstabsmäßig vor. Monat um Monat, Woche um Woche, Tag um Tag werden geplant und verplant. Lange im Voraus. Wer macht wann was? Wem fällt welche Rolle zu? Was will man vermeiden? Papier ist zwar geduldig, und meistens kommt es ohnehin anders, als man denkt, doch schaden kann ein wenig Voraussicht nicht. Dabei geht es weniger um die konkreten Details, die besprochen werden, vielmehr ist es das Sprechen selbst, das Wunder bewirkt. Denn Männer, die mit der Liebsten über die gemeinsame Zukunft philosophieren, werden nicht so leicht in eine Ecke gedrängt, in die sie gar nicht wollen.

»Ich möchte auch etwas von dem Kind haben« ist eine Forderung, die ihm schlichtweg zusteht. Kaum eine Frau dürfte antworten, dass er sich ausschließlich um seinen Job und die Kohle kümmern soll. Die drohende Ernährerrolle ist für viele Väter eine Last, und das Thema muss zu zweit ausdiskutiert werden. Sie wird zumindest eine Zeit lang nicht arbeiten können. Doch es gibt Eltern- und Kindergeld, die helfen, das Loch im Portemonnaie in Grenzen zu halten. Und: Kinder gibt es zwar nicht umsonst, doch zumindest in den ersten Jahren bleibt die finanzielle Mehrbelastung überschaubar. Es ist also schlichtweg Quatsch, wenn er denkt, ab sofort das Doppelte und Dreifache verdienen zu müssen. Wenn es bisher gereicht hat, dann sieht die finanzielle Zukunft zumindest nicht schlecht aus. Es gibt also für ihn keinen Grund, sich in die Arbeit zurückzuziehen. Genau dies ist nämlich oftmals der tiefere Sinn plötzlicher Fleißattacken. Die Arbeit bietet ihm Schutz vor der neuen häuslichen Situation.

Wer sich in die Arbeit flüchtet, weil ihm zu Hause die Dinge über den Kopf wachsen, muss deshalb noch lange kein schlechter Vater sein. Männer lieben das Schwarz-Weiß-Denken, und allzu schnell überfordern sie sich. Ich muss doch alles schaffen. Die Arbeit, die Beziehung, das Kind. Stark sein eben. Auch das ist ausgemachter Blödsinn. Niemand ist immer gut drauf, niemand kann alles, niemand ist unbegrenzt belastbar. Hey, Mann: Charles Bronson und Clint Eastwood in ihren Paraderollen waren nur fiktive Charaktere. Und selbst Dirty Harry hätte die Doppelbelastung als Rächer der Geknechteten und werdender

Vater vermutlich nicht gewuppt. Insofern darf auch das »starke Geschlecht« gern einmal schwach sein und zugeben, wenn die Grenzen des Machbaren erreicht sind. Sie wird es verstehen. Einen auf starken Mann machen und dann zusammenklappen hilft jedenfalls keinem weiter.

Freizeit ist in der Schwangerschaft generell ein wichtiges Thema. So viel Neues stürzt jetzt auf die werdende Kleinfamilie ein. Formulare müssen beantragt werden, die Krankenhausbesichtigung steht an, Windeln und Kleidung wollen gekauft werden und, und, und. Daneben ist all das zu meistern, was vorher auch zu meistern war: Arbeit, die Kontaktpflege zu Familie und Freunden, der Wocheneinkauf. Die freie Zeit wird rasch zu einem wertvollen Gut. Oft beschränkt sie sich nun auf die Wochenenden. Ein Besuch im Zoo, von dem es später heißen wird, dass der Zwerg hier seinen ersten Elefanten »gesehen« hat. Tretbootfahren auf dem Baggersee in der Nachbarstadt. Momente, die einem früher banal erschienen, sind nun auf einmal kostbar. Selten einmal reicht es für einen lauschigen Abend zu zweit. Ein gutes Essen, ein Theaterbesuch (solange ihr Bauch noch mitmacht) oder noch besser ein gemeinsamer Urlaub. Und sei es nur für ein Wochenende. Ausspannen. Die Seele baumeln lassen. Traumhaft. Und wichtig, damit der Energietank nachgefüllt wird.

Die Zauberformel heißt: Zeit füreinander haben. Wem es gelingt, sich Freiräume zu schaffen, der ist auf dem richtigen Weg. Denn je näher die Geburt rückt, desto häufiger fordert der Zwerg sein Recht ein. Elementar sind vor allem die regelmäßigen Vorsorgeuntersuchungen, die die meisten Paare gemeinsam wahrnehmen. Nicht jeder Mann mag das. Vertraut sie sich und den Nachwuchs einer männlichen Koryphäe an, so mag es ihn stören, dass ein anderer Mann seiner Liebsten so nahe kommt (Arzt hin, Arzt her), den anderen gruselt es eher vor der oft klinisch-kalten Atmosphäre eines Untersuchungszimmers. Und doch gibt es diverse Gründe, sie in dieser Situation nicht allein zu lassen. Denn auch für die werdende Mutter ist die Situation neu, zum ersten Mal wird nun weniger sie selbst untersucht als vielmehr das Kind in ihrem Bauch. Auch sind der Arzt oder die Ärztin für ihn die kompetentesten Ansprechpartner, wenn es um Schwangerschaftsfragen geht. Und es tut schlichtweg gut, wenn man von Fachleuten hört, dass es dem Kind gut geht. Dabei gilt: Wohl dem, der einen toleranten Chef hat. Denn die Termine für die Vorsorge liegen häufig während der Arbeitszeit. Und nicht alle Vorgesetzten bringen dafür Verständnis auf, wenn er mit der Bitte kommt, seine Liebste begleiten zu dürfen. Im Fall der Fälle muss er sich Urlaub nehmen – oder notfalls blaumachen. Nein, das ist illegal, den Tipp nimmt der Autor sofort zurück …

### Selbst erlebt …

*Ich bin selbstständig. Was im Alltag heißt, dass ich für alles, was ich verbreche, selbst verantwortlich bin und für meine Arbeitspartner immer erreichbar sein sollte. Selbst und ständig eben. Der Vorteil an dieser Art der freien Arbeitseinteilung: Ich musste nie den Chef fragen, ob er es mir gestattet, meine Frau zu einer Untersuchung zum Frauenarzt zu begleiten. So war ich bei (fast) allen Terminen dabei und habe eine Menge über das medizinisch korrekte Wachstum von Ungeborenen gelernt. Ganz nebenbei habe ich dabei auch begriffen, wie die Beziehung zwischen Mutter und Kind mit den Wochen und Monaten an Intensität zunimmt. Beim ersten Ultraschallbild hieß es noch: »Guck mal, das ist unser Kind.« Dann: »Guck mal, da sind die Arme und die Beine.« Dann: »Guck mal, es ist ein Junge.« Dann: »Guck mal, er lächelt uns zu.« Ich durfte bei diesen Gelegenheiten mit in meine Vaterrolle hineinwachsen – was ich sehr genossen habe.*

## Bloss nicht lachen, wenn erwachsene Frauen ihre Bäuche bemalen

Das Thema wird kommen. Ganz bestimmt. Und bei werdenden Vätern sorgt es selten für Freudensprünge: Schwangerschaftskurse. Früher, also vor dem Jahr 1968, da war die Aufteilung klar: Sie bereitet sich aktiv auf die Schwangerschaft vor, er bleibt zu Hause und stimmt sich bestenfalls innerlich auf die familiäre Zukunft ein. Seit die Rollenverteilungen neu definiert wurden, gilt es als schick, wenn Pärchen gemeinsam zum Kursus erscheinen.

Ganz nach dem Motto: Gemeinsam hechelt es sich besser. Vielleicht glauben Frauen auch, dass es ein Ausdruck von Wir-Gefühl ist, wenn sie ihre Männer mitschleifen. Angehende Papas wissen, dass das nicht stimmt, denn kaum ein männliches Wesen freut sich auf Walgesänge und Beckenbodenübungen – was nichts, aber auch gar nichts mit seinen Gefühlen für seine Liebste zu tun hat. Aber Schwangerschaften sind eine labile Phase im Leben einer Frau, und so ist es ratsam, ihre Bitte, sie zum Kursus zu begleiten, nicht mit einem barschen »Nein« zu beantworten. Mit etwas Glück erwischt der eine oder andere Vater in spe einen geeigneten Moment, seine Abneigung subtiler auszudrücken und auf diese Weise der Bedrohung zu entgehen. Doch die Chance ist groß, dass es anders kommt und der Schwangerschaftskursus im Duett gemeistert werden muss.

Bevor es so weit ist, hat die werdende Mutter längst alle Hebammen der Region angerufen, um herauszufinden, mit wem sie harmoniert. Schließlich möchte sie frühzeitig wissen, wer ihr in den entscheidenden Stunden zur Seite steht. Und ebenso selbstverständlich hat sie »ihre« Geburtshelferin bereits besucht, um mit ihr die genaue Planung abzustimmen und sich Tipps für den geburtsvorbereitenden Marathon zu holen. Und da Hebammen in der Regel Überzeugungstäterinnen sind, gehört zu ihren nützlichen Ratschlägen mit allergrößter Sicherheit auch der Hinweis an die werdende Mutter: »Nehmen Sie Ihren Mann mit zum Schwangerschaftskursus!« Von diesem Moment an dauert es selten lange, bis der angehende Papa in die Planungen mit einbezogen wird: »Liebling, ich habe gerade mit unserer Hebamme telefoniert. In der Familienbildungsstätte beginnt in zwei Wochen ein Vorbereitungskursus, den sie leiten wird. Du kommst doch mit, oder?« Das Fragezeichen ist hierbei nur aus rhetorischen Gründen gesetzt. Wer das weibliche Vokabular nicht allzu gut kennt: Hierbei handelt es sich um eine Feststellung, nicht um eine Bitte. Und wer als Mann jetzt nur einen Piep dagegen sagt, der ist nur noch eine Handbreit von einem ausgewachsenen Ehekrach entfernt. Die richtige Antwort lautet also: »Ja, Schatz, ich komme natürlich mit.« Klar, kaum ein männliches Wesen freut sich darauf, seinen wohlverdienten Feierabend (acht Doppelstunden) in einem stickigen Raum mit einem Dutzend anderer Paare verbringen zu dürfen. Aber Frauen haben für diese Sicht der Dinge selten Verständnis.

Gut davor ist, wer in den kommenden Tagen das drohende Unheil einfach ignoriert. Männer sind schließlich wahre Meister im Verdrängen. Und da es sich ohnehin nicht vermeiden lässt, wäre jedes Aufbäumen verlorene Zeit. Wenn dann der erste Termin ins Haus steht und die werdende Mutter für den Abend bereits dicke Socken und ein extra großes Handtuch eingepackt hat, dann sagt Mann einfach »Prima, Schatz!« – und kein Wort mehr! Der Job des Mannes besteht darin, sich hinters Lenkrad zu klemmen, den Wagen unfallfrei zur Familienbildungsstätte zu chauffieren und sich während der Fahrt geduldig anzuhören, warum so ein Vorbereitungskursus das Wichtigste auf der Welt ist. Dann geht es los. »Zu Beginn möchten wir uns alle erst einmal gegenseitig vorstellen«, sagt die Hebamme, was bei vielen Männern unverzüglich den Fluchtinstinkt aktiviert. Der muss in diesem Fall natürlich unterdrückt werden, stattdessen ist es nun an der Zeit, den anderen Damen und Herren im Raum zu verraten, womit man sein Geld verdient, wie alt man ist und wann der Nachwuchs den Berechnungen zufolge auf die Welt kommen wird. Dann geht der Staffelstab an den linken Nachbarn weiter, und man hört sich geduldig dessen Lebensbeichte an. Es folgt eine theoretische Unterweisung in Fakten, Fakten, Fakten wie Geburtsverlauf oder richtiges Stillen, also Themen, über die jede Schwangere längst Dutzende Bücher gewälzt hat. Bei aller Langeweile: Männer sollten zumindest den Anschein von Interesse erwecken.

In der Regel werden mitten im theoretischen Exkurs immer wieder kurze Pausen eingelegt, in denen sich die Paare sportlich betätigen dürfen. Da der Bauchansatz der Schwangeren schon frühzeitig nicht mehr alle Übungen zulässt, muss Mann darauf gefasst sein, dass das Beckenbodentraining an ihm hängen bleiben könnte. Wenn die Kursleiterin dazu auffordert, den Schließmuskel anzuspannen, ist es ebenso schwer wie ratsam, jeden hörbaren Lacher zu unterdrücken. Gern durchexerziert werden auch diverse Atemübungen. »Wir werden jetzt lernen, bewusst ein- und auszuatmen«, verspricht die Hebamme und fügt gleich an, wie sehr das bewusste Atmen helfen wird, später einmal den Geburtsschmerz unter Kontrolle zu halten. Grundsätzlich unterscheidet die Fachwelt zwischen Bauch- und Brustatmung. Was genau was ist und wie man es in der Praxis umsetzt, wird kaum einen Mann interessieren. Aber wie schon gesagt: immer aufmerksam bleiben und ein interessiertes Gesicht aufsetzen.

Nun ist es Zeit für die abschließenden Entspannungsübungen. Die Kursleiterin drückt auf den Knopf des Kassettenrekorders –

und es erschallen markerschütternde Walgesänge oder wahlweise Meeresrauschen und Vogelgezwitscher. Das ist der Moment, in dem Männer daran denken sollten, dass die erste Doppelstunde gleich vorbei ist und nur noch sieben weitere vor ihnen liegen. Diese Zeit wird genutzt, um erlerntes Wissen zu wiederholen, zu ergänzen und zu vertiefen. Gleiches gilt für die Turnübungen, die tatsächlich zu den Highlights der Stunden werden können, weil sie einem zumindest etwas Bewegung ermöglichen. Wer als Mann darauf hofft, Tipps zu bekommen, wie er die Stunden der Geburt in der Senkrechten übersteht, wird hingegen oft enttäuscht. Mit etwas Pech erwischt man obendrein eine dieser esoterisch angehauchten Hebammen, die fest davon überzeugt sind, dass der Embryo auf Fingerfarbe steht. Die Frauen der Runde müssen dann ihre Kugelbäuche entblößen, und die Kursleiterin verlangt von den Männern, auf die Bäuche der Liebsten lustige Bildchen zu zaubern, um dadurch die tiefe Verbundenheit mit dem Ungeborenen zu demonstrieren. In diesem Fall gilt: Wer jetzt aufsteht und den Dienst an der Frau verweigert, dem kann das niemand verübeln. Für die Folgen übernimmt der Autor allerdings keine Haftung.

Das Fazit ist schnell gezogen: Wer als Mann keinen Hechelkursus besucht, versäumt in der Regel wenig, denn was dort an Wissen vermittelt wird, interessiert zu 99 Prozent nur die werdende Mutter. Warum muss Mann alles über das Stillen wissen? Warum muss Mann sich durch sinnloses Beckenbodentraining lächerlich machen? Und Walgesänge sind etwas wirklich Schönes, aber eben nur, wenn Mann auf einem Boot ist und die Tiere dabei beobachten kann. Hechelkurse sind für Frauen ohne Frage wichtig, sie bereiten sie vor allem emotional ein Stück weit auf die Geburt vor – aber Männer können dabei bestenfalls den Hüfthalter spielen. Schwierig ist nur, das auch der Liebsten zu vermitteln. Doch einen Versuch ist es wert, im Erfolgsfall spart es nicht nur die oftmals doppelte Gebühr, sondern auch reichlich vergeudete Lebenszeit. Und wenn nicht, dann tröstet die Hechel-Probanden vielleicht eine Zahl: Rund 60 Prozent aller Männer begleiten ihre Frau heute zum Vorbereitungskursus.

### Selbst erlebt …

*Meine Frau hat während unserer ersten Schwangerschaft nach der Hälfte der Zeit den Kurs mit mir gemeinsam abgebrochen, weil es uns beiden einfach zu skurril wurde – eine Entscheidung, die sie während der Geburt und in der Zeit danach nie bedauert hat. Während der zweiten Schwangerschaft hat sie zur Auffrischung nochmals einen Kursus besucht, dieses Mal von Beginn an allein. Es war ein Kursus ohne Walgesänge und Bauchmalerei. Viel Neues zum Thema Geburt hat sie auch dabei nicht erfahren, aber sie hat ihn durchgezogen – weil sich die Frauen gut verstanden haben, und wohl auch, weil keine »stänkernden« Männer dabei waren.*

## Die Schlacht um den »richtigen« Namen

Ohne einen eigenen Namen ist der Zwerg bestenfalls eine Nummer. Der Vorname ist ein elementarer Bestandteil der eigenen Existenz. Lebenswichtig, sozusagen. Entsprechend hoch her geht es in der Regel, wenn Eltern sich auf Namenssuche für ihren Nachwuchs begeben. Die Findung ist oft ein langer Prozess, der Blut, Schweiß und Tränen kostet. Entsprechend sinnvoll ist es, ihn möglichst frühzeitig in Angriff zu nehmen. Und, liebe Väter in spe: Nicht entmutigen lassen, wenn die Suche mal wieder in einer Sackgasse endet. Unendlich vielen Leidensgenossen ging es ähnlich, als die Liebste ihre Vorschläge mit einem verächtlichen »Das kann ja wohl nicht dein Ernst sein!« vom Tisch wischte. Und sollte auch nach neun Monaten noch keine Einigung in Sicht sein, bleibt immer noch in Anlehnung an die Serie *Die Dinos* der Ausweg, den Nachwuchs vorläufig schlicht »Kind« oder »Zwerg« zu nennen.

Früher, da war alles einfacher. Es gab ein paar Dutzend urdeutscher Namen wie Max oder Paul, von denen sich die werdenden Eltern einen herauspickten und zu ihrem Favoriten erklärten. Meistens, weil es irgendwo in der Verwandtschaft schon einen Max oder Paul gab. Dann kamen die 68er, und plötzlich schienen Max und Paul zum Aussterben verdammt. Zu deutsch, zu altbacken klangen die Namen der Altvorderen. Man hieß nun Michael oder Carsten. Natürlich Carsten mit C und nicht mit K. K, das war gestern, und damit wollte man nichts mehr zu tun haben. Später wurden dann Pascal und René schick, es folgten Patrick und Dennis. Irgendwie schien damit das Ende der Fahnenstange erreicht, vielleicht schloss sich der Kreis auch nur, und so sind heute wieder Max und Paul topmodern. Wer sich in den Dschungel der Namensfindung begibt, der sollte sich vorher eine Strategie zurechtlegen. Wie wäre es damit, erst einmal nach dem Ausschlussprinzip vorzugehen. Also weg mit allen Namen, die überhaupt nicht in Frage kommen. Chantal klingt ihr zu nuttig? Ab in den Müll damit. Dennis heißen nur Raufbolde? Kommt selbstredend nicht in die engere Wahl. Und Max hieß der Onkel mütterlicherseits, der als Trunkenbold und Weiberheld endete? Geht natürlich gar nicht. Schnell werden die Möglichkeiten weniger, wobei es ratsam ist, je eine Variante für einen Jungen sowie eine für ein Mädchen zu suchen. Zumindest bis klar ist, was da in Mamas Bauch heranwächst. Im Internet gibt es schier endlose Vorschlagslisten, und jede Buchhandlung hält mindestens ein Werk bereit, in dem alle Namen der Welt versammelt zu sein scheinen.

»Da finden wir bestimmt was drin«, wird sie siegessicher sagen. Ihm schwant bereits Böses, weil er ahnt, dass sie sich schon seit Tagen mit dem Thema beschäftigt hat und entsprechend gut vorbereitet in den Nahkampf ziehen wird. »Guck mal, Boris steht auch drin«, wird sie sagen, nachdem sie zielgenau nachgeschlagen hat. Boris, das ist ihr Held der Jugend, das Beckerle, der Rote Baron, der so schön den Schläger schwang. Er hat den tapsigen »Äh«-Sager immer gehasst und würde sein Kind im Fall der Fälle sogar lieber Ivan nennen. Oder Max, nach dem Trunkenbold und Weiberheld. Aber da er keinen Gegenvorschlag in der Hinterhand hat, sagt er nur, dass sie ja noch Zeit haben und lieber noch etwas weiter suchen sollten.

Schick sind zurzeit Doppelnamen. Ann-Kathrin. Lisa-Marie. Björn-Ole. Das geht ja noch. Die Zukunft des Kindes ist allerdings vorherbestimmt, wenn die Eltern es Detlef Finn Franco oder Kim Svetlana Alina nennen. Wenn die Ergebnisse unbedingt ausgewürfelt werden sollen, dann sollte zumindest ein Wurf ausreichen. Die Variante, Mama, Papa sowie der Schwiegermutter je eine Stimme zu geben und dann alles aneinanderzuhängen, ist der falsche Weg. Auch die Aneinanderreihung der Vornamen der besten Freunde oder der beliebtesten Schauspieler gibt selten ein einheitliches Bild. Und dass dadurch die Chancen des Kindes steigen, einmal in die Fußstapfen von Robert Redford, Jack Nicholson oder Leonardo DiCaprio zu treten, ist Nonsens. Mut zur Einfachheit heißt hier das Motto. Es geht schließlich nicht darum, einen Namen zu finden, den die Welt noch nie gehört hat. Zur Beruhigung: Das Kind wird schon einzigartig werden.

En vogue ist es auch, den Nachwuchs über seinen Namen auf die familiären Wurzeln hinzuweisen. Der Ururgroßvater hieß Richard. Wäre das nicht die Lösung? Oder Erbtante Annemarie. Ist doch ein schöner Name, oder? Im letztgenannten Fall ist zumindest der erhoffte praktische Nutzen nicht zu leugnen. Ein wenig Schleimen kann schließlich nie schaden. Doch in der Regel ist diese Art der Namenswahl ein zwar gut gemeinter Akt, von dem die Vorfahren jedoch nichts mehr haben. Und oft müssen die Kinder später drunter leiden. Früher, da hieß man gern Heinrich, Friedobert oder Karl-Heinz. Anders als Max oder Paul haben diese Namen jedoch bisher keine Renaissance erlebt. Und solange ihre Wiedergeburt aussteht, sollte man sich auch nicht zum Vorreiter machen. Lasst die Ahnen in Frieden ruhen, es reicht schon, wenn die Gene weitergegeben werden, es muss nicht auch noch der Name sein.

Ganz einfach wird es für ihn nicht, sein Veto einzulegen, wenn sie dennoch darauf beharrt. Werdende Väter sollten sich ohnehin darauf einstellen, dass bei der Namenswahl die komplette Verwandtschaft ein Wort mitreden möchte. »Mein Lieblingsname war immer Vanessa«, wird die Schwiegermutter sagen. »Quatsch«, wird der Schwiegervater antworten, »das Kind heißt Sophie. Kurz und gut.« Tante Lotte war immer schon für Svenja,

Onkel Peter für Britta, »denn das ist was Reelles«. Für werdende Väter gilt es, diese Angriffe auf ihre Namens-Autonomie schon im Keim zu ersticken. Einmischen verboten. Nix da mit Reinreden. Der Name des Zwergs ist Sache der werdenden Eltern. Es ist schon schwer genug, zwei Meinungen unter einen Hut zu bekommen. »Wir sagen euch Bescheid, wenn wir einen Namen gefunden haben« ist ein brauchbarer Hinweis, um der trauten Familie klarzumachen, wer hier das Sagen hat.

Zurück zum Ausschlussprinzip. Zu altbacken darf der Name nicht sein, tabu sind auch exotische Varianten. Wenn Papa und Mama blond sind, ist es wahrscheinlich, dass das Kind äußerlich in eine ähnliche Richtung gehen wird. Es dennoch Conchita oder Esmeralda zu nennen, wäre schon fast ein Verbrechen gegen die Menschlichkeit. Chantal und Cindy dürften ebenfalls nicht in die engere Wahl kommen. Dies sind Überbleibsel eines zweigeteilten Deutschlands, in dessen östlichem Teil einige Eltern den Traum von der grenzenlosen Freiheit träumten, indem sie ihren Kindern solche Namen gaben, die im Westen nur Schlagersternchen trugen. Man kann das Ausschlusskriterium natürlich auf die Spitze treiben. Die Eltern des Autors verbannten beispielsweise alle einsilbigen Namen, weil aus Bernd und Ralf im Alltag schnell Berni und Ralfi werden können. Diese Koseform fanden sie derart gruselig, dass sie sich am Ende für Carsten entschieden.

Vielen werdenden Eltern ist es wichtig, dass ihr Kind keinen Dutzendnamen trägt. In den Siebzigern hieß oft die halbe Klasse Birgit oder Britta. Wer so etwas miterlebt hat, möchte seinem Kind Ähnliches ersparen. Doch wie schon gesagt: Die Gefahr, bei diesem Vorhaben ins andere Extrem zu verfallen, ist groß. Zu exquisit muss ein Name nicht sein, es ist kein Makel, wenn es ihn bereits gibt und er auch hier und dort bereits einmal vergeben worden ist. Wenn sie also mit Vorschlägen wie Roxus oder Terja ankommt, darf er gern einmal nachfragen, in welchen Albträumen ihr diese Namen begegnet sind. Wenn er dennoch auf Granit beißt, darf er in letzter Instanz noch auf den Standesbeamten hoffen. Denn in Deutschland gibt es – anders als beispielsweise in den USA – keine Namensfreiheit. Soll heißen: Nicht alles, was die werdenden Eltern ausbaldowern, findet Gnade vor dem deutschen Recht. Und am Ende zählt das Wort des Standesbeamten. Wenn er Nein sagt, weil ihm ein Name zu irrwitzig erscheint, wird es richtig schwierig. Allerdings sind die Zeiten vorbei, als schon ein Bjarne oder eine Arantxa den Gesetzeshütern die Nackenhaare zu Berge stehen ließen.

Weil der Standesbeamte derartig viel Einfluss besitzt, ist es übrigens ratsam, mindestens zwei Mal hinzusehen, wenn der Name des Kindes amtlich gemacht wird. Steht auf der Urkunde wirklich Hanna Haubenschön? Oder hat der gute Mann daraus vielleicht in einem Anflug von Kurzsichtigkeit Hannah Hauenschön gemacht? Wenn ja, und fällt es nun nicht auf, steht der neue Name für alle Zeiten wie in Stein gemeißelt. Muss ja nicht sein. Also: unbedingt genau hinsehen. Apropos Hanna Haubenschön: Bei der Wahl des Vornamens kann es nicht schaden, wenn er mit dem Familiennamen klanglich harmoniert. Immer wieder gibt es Eltern, die ihre urdeutschen Familiennamen wie Müller, Schmidt oder Schröder mit südlichem Flair aufpeppen wollen. Daraus entstehen dann Gebilde wie Roxana Eleonor Hintermeier oder Filippo Diego Schultz. Im Ernst: Muss das wirklich sein?

Dabei gibt es so schöne Namen, die in der jeweiligen Region beheimatet sind. Was ist dagegen zu sagen, wenn ein norddeutsches Kind Fynn oder Nele heißt? Oder ein bayerisches Maja oder Maximilian. Einige werdende Eltern haben bei ihrer Namensfindung immer noch die eigene Kinderzeit im Hinterkopf. Es kann nicht schaden, sich vor einer Entscheidung darüber schlauzumachen, was heutzutage »in« ist. Nachfolgend eine kleine Orientierungshilfe. Zu den beliebtesten männlichen Vornamen zählten 2007 Leon, Lukas, Felix, Julian, Niclas und Jan. Bei den Mädchen standen Leoni, Anna, Lena, Hannah, Emily, Mia und Sarah ganz oben auf der Wunschliste frisch gebackener Eltern. Auffällig dabei: Es sind fast alles kurze und prägnante Namen. Wer bei seiner Namenswahl in eine ganz andere Richtung tendiert, sollte zumindest noch einmal kurz innehalten und darüber nachdenken, wie sich das eigene Kind später fühlen könnte, wenn es im Kindergarten oder in der Schule mit Ferdinand oder Sieglinde begrüßt wird.

Gewarnt sei auch noch vor den Unsterblichkeitsgelüsten werdender Eltern. Dem Kind denselben Namen zu geben, wie ihn Mama beziehungsweise Papa tragen, ist schlichtweg egoistisch. Diese Namensgleichheit führt obendrein ruckzuck dazu, dass der Nachwuchs mit »Junior« tituliert wird; was bei einem Kind noch ganz niedlich klingen mag, doch ein erwachsener Mann oder eine erwachsene Frau dürften kaum begeistert sein, wenn ihnen die Freunde auf der Straße zurufen: »Hallo Junior!« Wer dennoch sein Kind als Fortführung der eigenen Existenz ansehen möchte, der kann dies auch ohne Namensgleichheit tun. Schließlich geben Papa und Mama ihre Gene an den Nachwuchs weiter. Ein kleines Stück Unsterblichkeit ist also garantiert. Und (noch) mehr muss es doch wohl nicht sein.

Zu guter Letzt noch ein wohlgemeinter Rat: Wie schwer die Namensfindung auch sein mag, wenn man sich auf eine Variante geeinigt hat, sollte das Thema damit auch beendet werden. Es immer wieder aufzuwärmen, führt selten zu einem besseren Ergebnis. Vor allem Frauen neigen dazu, diese Grundregel zu missachten. Wenn sie also in die Tür stürzt und als Erstes losplappert: »Schatz, ich bin gerade Stefan und Sandra begegnet. Die beiden wollen ihr Kind Noah nennen. Ist das nicht eine tolle Idee?«, dann sollte er umgehend blocken und ihr zustimmen, dass Noah zwar ein toller Name für das Kind von Stefan und Sandra ist, aber sie ihren Sohn trotzdem wie besprochen David nennen werden. Sonst kann es passieren, dass sich die Namensfindung bis zum Tag der Geburt hinzieht und noch im Kreißsaal ausgiebig darüber diskutiert wird, ob und wie und warum nicht anders.

### Selbst erlebt ...

*Es gibt so viele banale Namen. Und so wenige, die einem richtig gut gefallen. So richtig bewusst wird einem dies erst, wenn man sich selbst auf die Suche begibt. Als klar war, dass unser zweites Kind ein Mädchen werden würde, haben wir hin und her überlegt – lange ohne Ergebnis. Zu ausgefallen sollte der Name nicht sein. Klar, man möchte seinem Kind schließlich unnötige Peinlichkeiten im späteren Leben ersparen. Zu gewöhnlich sollte er aber auch nicht sein. Am Ende einigten wir uns auf Finya. Das klingt schön nordisch, passt also gut zu unserem Nachnamen Wittmaack, der in Schleswig-Holstein beheimatet ist und in seinem Ursprung so viel wie »flachsblonder Grenzwächter« bedeutet. Finya, so heißt nicht jede. Genau genommen kannten wir kein Mädchen, das diesen Namen trug. Ein seltener Glücksgriff also. Doch Pustekuchen. Kaum hatten wir uns für den Namen entschieden, kreuzten schier unzählige Finyas unseren Weg. Zumindest erschien es uns so. Anderen Paaren in unserem Freundeskreis ging es mit den Namen ihrer Kinder ähnlich. Was wohl daran liegt, dass man erst dann auf einen Namen wirklich achtet, wenn er für einen selbst eine besondere Bedeutung erlangt. Etwas Exklusivität birgt unsere Finya dennoch, nämlich das Y. »Soll der Name wirklich mit Y und nicht mit J geschrieben werden?«, fragte mich die Standesbeamtin, die die Namensurkunde bereits falsch in die Maschine getippt hatte. »Ja, wirklich«, habe ich geantwortet – und mich gefreut, dass unsere Finya offenbar doch eine ganz spezielle ist.*

## Bei der Geburt dabei? Tipps, wie Väter im Kreisssaal nicht umkippen

Laut Statistik sind heute 90 Prozent aller werdenden Väter bei der Geburt ihres Kindes dabei. Kliniken, die sich gegen Väter im Kreißsaal wehren, gibt es in Deutschland nicht mehr. Traditionell durchtrennen die stolzen Papas die Nabelschnur ihres Nachwuchses und sorgen auch für Babys erstes Bad. Die Fachliteratur spricht gern davon, dass dadurch der Kontakt zum Kind intensiviert werde. Allerdings sind viele Väter überrascht, wie lange eine Geburt dauern kann. Zwölf und mehr Stunden sind keine Seltenheit, und nicht wenige Männer fühlen sich in dieser Zeit hilflos, denn außer Händchenhalten und Gutzureden können sie wenig machen, schließlich sind die werdenden Papas in der Regel keine ausgebildeten Mediziner.

Es ist gerade einmal zwei Jahrzehnte her, als Väter im Kreißsaal regelrecht verpönt waren. Männer – mit Ausnahme des Arztes – hatten dort nichts zu suchen. Doch die sexuelle Revolution hat auch hier mit voller Macht zugeschlagen. Viele Männer glauben heute, sie würden ihren väterlichen Pflichten nicht nachkommen, wenn sie den Kreißsaal meiden. Und natürlich will niemand den wichtigsten Moment seines Lebens verpassen. Eines muss dennoch mit Nachdruck gesagt werden: Egal, wie sehr Mann sich einbringen will, die eigentliche Geburt ist und bleibt Frauensache. Da hilft auch alles Mitleiden nichts.

Wenn die Liebste fragt: »Schatz, du kommst doch mit, oder?«, dann bitte nicht gleich wie aus der Pistole geschossen antworten: »Na klar!« Denn erstens gibt es Männer, die kein Blut sehen können – und Blut wird fließen, da lässt sich die Natur nicht ins

Handwerk pfuschen. Und zweitens gilt: Einen Dabeisein-Zwang gibt es nicht. Wer also Zweifel hat, ob er kreißsaaltauglich ist, sollte in aller Ruhe mit seiner Frau darüber sprechen. Sicherlich gibt es auch Freunde und Bekannte, die Schicksalsgenossen sind und schon vor der gleichen Frage standen. Hier kann ein Gespräch unter Männern wirklich weiterhelfen. Irgendwann muss man dann natürlich zu einem Ergebnis kommen. Wer keinerlei Drang verspürt, bei der Geburt seines Kindes live dabei zu sein, dem sei an dieser Stelle eher abgeraten. Manchmal ist es der für alle bessere Weg, wenn der Mann draußen wartet, während die Frau drinnen leidet. Das mag hart und auch etwas herzlos klingen, aber nicht jedem Mann ist eine derart stabile Psyche gegeben, wie sie bei vielen Geburten erforderlich ist. Wenn er sich dazu durchgerungen hat, sollte die werdende Mutter möglichst frühzeitig in seine Entscheidung eingeweiht werden. Denn auch die Psyche Ihrer Liebsten wird in den Tagen und Wochen vor der Geburt bis aufs Äußerste strapaziert sein, und derartige emotionale Tiefschläge sollte sie besser vorab verdauen können. Wer sich Sorgen um Lästereien im Freundeskreis macht, ganz nach dem Motto: »Traust dich wohl nicht, was?«, dem sei gesagt: Lieber die eigenen Grenzen selbst kennen, als im Kreißsaal die Erfahrung machen müssen, dass dort niemand Zeit hat, sich um den Kreislauf des werdenden Vaters zu kümmern. Es gibt sogar eine ganze Reihe von Hebammen und Ärzten, die es nach wie vor bevorzugen, wenn der Mann vor dem Kreißsaal wartet.

Wer sich über sich selbst ärgert, weil er sich nicht in den Kreißsaal traut, dem hilft vielleicht eine Anekdote, die beweist, dass es noch andere Weicheier gibt. Gemeinsam mit meiner Frau hatte ich einen Besichtigungstermin im Krankenhaus Itzehoe. Wir wollten uns eigentlich vor unserer ersten Geburt nur einmal ganz unverbindlich den Kreißsaal anschauen und hören, wie es um den Stand der Technik in der kleinen Kreisstadt bestellt ist.

Doch derlei rudimentäre Fragen werden in Itzehoe regelmäßig durch einen etwa einstündigen Vortrag ergänzt. Ein netter Chefarzt erklärte unserer Gruppe anhand von Tafelbildern, was bei einer Geburt alles schieflaufen kann. Als er sehr anschaulich das Legen einer PDA (Rückenmarkspritze) vorexerzierte, wurde mir derart schwummerig vor Augen, dass ich den Vorführraum verlassen musste. Schon die Vorstellung, dass sich ein endlos langer, spitzer Gegenstand in den Rücken meiner Frau bohren könnte, trieb mir die Schweißperlen auf die Stirn. Und dabei ging es hier doch nur um graue Theorie. Was würde mich erst während der Geburt erwarten, wenn nicht alles glatt laufen sollte? Der Satz »Ich kann kein Blut sehen« aus dem Mund eines Mannes heißt laut der Fachzeitschrift *Eltern* übersetzt nichts anderes als: »Bitte nimm meine Gefühle ernst.« Ich als Mann, der kein Blut sehen kann, möchte dazu anmerken, dass dieser Satz bei mir schlicht und ergreifend heißt, dass ich kein Blut sehen kann. Schon gar nicht bei anderen Menschen, und als Allerletztes bei meiner Frau. Wir haben deshalb ein Gentleman-Agreement geschlossen: Ich komme mit in den Kreißsaal und halte so lange durch, wie es eben geht. Und sie meckert nicht, wenn ich mich vor dem Ende kreidebleich davonstehle oder mal eine Pause einlege. Und sollte ich doch umkippen, dann ist das eben mein Problem …

Ach ja, da gibt es noch eine Variante, die nicht verschwiegen werden soll: Frauen, die ihre Männer partout nicht mit dabeihaben wollen. Wenn einem die bessere Hälfte sagt, dass sie den Kreißsaal allein in Angriff nehmen möchte, dann ist das kein Grund, gleich die Mundwinkel hängen zu lassen. Klar, es gehört immer noch ein Stück weit zum Mannsein, das starke Geschlecht spielen zu müssen. Und im ersten Augenblick dürften Männer den Satz als Zurückweisung verstehen. »Warum will sie mich nicht dabeihaben? Es ist doch auch mein Kind.« Das sind die Gedanken, die einem Mann in diesem Moment durch den Kopf geistern. Statt gleich drauflos zu meckern, ist an dieser Stelle die Frage angebracht, warum die Liebste die Geburt allein durchstehen will. Frauen sind Weltklasse im Erklären, und in der Regel gibt es griffige Gründe, die auch Männer respektieren werden. Einige Frauen möchten beispielsweise nicht, dass ihre Männer sie derart leiden sehen, andere möchten sich in dieser schmerzhaften Zeit ganz auf sich selbst konzentrieren können. Was nicht heißt, dass Mann nicht immer mal wieder nachfragen darf, ob sie ihn nicht doch mit dabeihaben möchte. Vor allem kurz vor dem Gang in den Kreißsaal sind einige dieser Einzelgänger-Typen plötzlich ganz froh, wenn sie ihren Mann an ihrer Seite wissen.

Kommen wir zum D-Day. Irgendwann sagt die Liebste, dass es so weit ist. Entweder läuft bereits Fruchtwasser aus, oder sie spürt die ersten Wehen. Dann heißt es, ohne Murren und ohne übermäßige Hektik den Weg ins Krankenhaus einzuschlagen. Wer in dieser Stress-Situation fürchtet, nicht mehr Herr seiner Sinne zu sein und sich daher lieber nicht mehr hinters Lenkrad klemmen möchte, oder wenn die Frau lieber einen Arzt an ihrer Seite haben will, dann sollte kurzentschlossen ein Krankenwagen gerufen werden. Das »richtige« Krankenhaus sollte zu diesem Zeitpunkt längst ausgesucht worden sein, und auch ein Kennenlern-Gespräch mit dem Chefarzt der Abteilung gehört zu den obligatorischen Standards im Vorfeld. Auch wenn der Kreißsaal ohne Probleme erreicht wurde: Bloß nicht damit rechnen, dass es mit der Geburt jetzt schnurstracks losgehen muss. Eine Geburt ist nun einmal nicht mit einem Pizza-Bring-Service zu vergleichen, also nicht ärgern, wenn auch nach einer Stunde noch gar nichts passiert ist. Es kann sogar sein, dass es sich um blinden Alarm handelt. Frauen, die noch nie ein Kind bekommen haben, können natürlich nicht wissen, wie sich »echte« Wehen anfühlen – und wie stark sie sein müssen, bevor es »richtig« losgeht. Wen der Arzt unverrichteter Dinge erst einmal wieder nach Hause schickt, der sollte seiner Frau um Gottes willen keine Vorwürfe machen. Lieber einmal zu viel im Krankenhaus aufkreuzen, als das Kind auf dem Rücksitz eines Taxis zu bekommen. Dann sind einem zwar die Zeitungsschlagzeilen sicher, aber erstrebenswert ist diese Geburtsvariante sicherlich nicht.

War es kein blinder Alarm, werden die Wehen peu à peu stärker. Das ist die Zeit, in der vielen Männern immer bewusster wird, wie ohnmächtig sie in dieser Situation eigentlich sind. Die Frau ist der Chef im Ring, sie gibt die Taktzahl vor und bestimmt auch, was wann zu passieren hat. Der Job des Mannes ist es, ihr übers Köpfchen zu streichen, hin und wieder den Puls zu fühlen und zu allem Ja und Amen zu sagen. Leicht passieren kann es auch, dass die werdende Mama den angehenden Vater als Meckerkasten missbraucht. Wer Sätze wie »Du bist schuld, dass ich solche Schmerzen habe« oder »Wenn ich das hier überlebe, bringe ich dich um« an den Kopf geworfen bekommt, sollte ganz gelassen bleiben. Es handelt sich hier um eine Ausnahmesituation, und selbst wenn die Liebste beginnt, ihren Mann mit neuen Kosenamen wie »Arsch« oder »Drecksack« zu beleidigen, besteht kein Grund, sich Sorgen zu machen. Aus meiner Sicht ist es ohnehin die Hauptaufgabe des Mannes bei der Geburt, den Blitzableiter für die Schmerzen und Ängste der Frau zu spielen.

Irgendwann wird es dann so richtig ernst, und das Kind macht konkretere Anstalten, auf die Welt zu kommen. Männer können ihren Frauen jetzt helfen, das während des Hechelkurses gelernte bewusste Atmen in die Tat umzusetzen. Wenn sie schreit, dass sie auf diesen Blödsinn pfeift, dann sollte Mann diese Idee allerdings besser gleich wieder vergessen. Wer zu den zartbesaiteten Männern gehört, dem kann es helfen, sich nun vor allem auf das Gesicht seiner Frau zu konzentrieren. Was südlich davon geschieht, ist nicht gerade als lecker zu bezeichnen und Sache der Fachleute im Raum. Wenn dann ein kräftiges Schreien zu hören ist oder der

Arzt ein erleichtertes »geschafft« von sich gibt, ist immer noch Zeit genug, das Prachtstück in Augenschein zu nehmen. Das ist dann wiederum der Moment, in dem fast alle Männer in Tränen ausbrechen. Wobei auch ausgewiesene Machos nicht auf die Idee kommen sollten, ihren Stolz und ihre Freude unterdrücken zu wollen. Mein persönlicher Rat: Geben Sie Ihrer Frau ein Küsschen (gern auch einen ausgewachsenen Kuss), sagen Sie ihr, was Sie fühlen (falls Sie das in diesem Moment überhaupt in Worte fassen können), und lassen Sie den Emotionen freien Lauf.

Natürlich läuft nicht jede Geburt derart glatt. Doch selbst, wenn einen der Chefarzt oder die Hebamme zwischendurch rauswirft, weil sich Komplikationen abzeichnen, ist das noch lange kein Grund, in Panik zu verfallen. Im Grundsatz gilt: Geburten gehen in Deutschland fast immer gut aus, egal, ob es mittendrin mal zu Vorfällen kommt oder nicht. Selbst wenn ein Kaiserschnitt notwendig werden sollte, müssen Männer heutzutage nicht zwangsweise außen vor bleiben. Allerdings sollten werdende Väter in diesem Fall schon Blut sehen können, wenn sie sich entscheiden, bei einem Kaiserschnitt dabei sein zu wollen. Zwar verdeckt ein Sichtschutz den wirklich blutigen Teil, aber es ist halt doch eine größere offene Operation. Wer sich dagegen entscheidet, im Kreißsaal zu bleiben, dem kann es passieren, dass ihn eine Hebamme oder ein Arzt in einen separaten Raum schickt, in dem der werdende Vater dann ganz allein hockt und abwarten muss, bis der Kaiserschnitt vollbracht ist und einem die Hebamme das dick in Handtücher vermummte Kind zeigt, von dem dann bestenfalls Augen, Nase und Mund zu sehen sind. Mir ist es bei der Geburt unseres Sohnes so ergangen. Vor der zweiten Geburt habe ich rechtzeitig im Vorfeld abgeklärt, dass ich mein Kind nicht noch einmal auf diese unpersönliche Art kennen lernen möchte. Und plötzlich war es möglich, dass ich unsere Tochter gleich nach der Geburt – schreiend, nackt und wunderschön – sehen und vor allem ganz lange halten durfte. Generell ist für die meisten Männer, die nicht mit in den Kreißsaal gehen, die Zeit zwischen der Verabschiedung von ihrer Frau und dem ersten Blick aufs eigene Kind die allerschlimmste. Zwischendurch sind immer wieder mal Schreie Neugeborener zu hören, und jedes Mal fragt Mann sich: Ist das mein Kind? Und im Hinterkopf ist dabei stets der Gedanke: Geht auch wirklich alles gut? Diese Isolationsfolter spricht dann doch dafür, bei der Geburt besser gleich mit dabei zu sein.

### Selbst erlebt …

*Als klar war, dass unser Sohn per Kaiserschnitt zur Welt kommen würde, habe ich nicht lange überlegen müssen, ob ich bei der Geburt dabei sein möchte oder nicht. Da ich kein Blut sehen kann, war klar, dass der Kreißsaal für mich leider tabu bleiben würde. Meine Frau hat diese Entscheidung ohne Murren akzeptiert, wohl auch, weil ich ihr meine Mutter als eine Art Ersatz zur Seite stellte. So war ein bekanntes Gesicht mit im Raum, was sich als gelungener Schachzug erwies. Statt des Mannes oder der Oma in spe kann beispielsweise auch die beste Freundin den Part der moralischen Stütze im Kreißsaal übernehmen. Und dies gilt nicht nur für Kaiserschnitt-Geburten.*

*Apropos Sohn: In diesem Buch ist immer wieder von Zwergen die Rede. Damit erst gar keine Missverständnisse aufkommen: Damit sind nicht die kleinen Kameraden aus den Vorgärten gemeint, sondern Kinder. Und da der Zwerg eine männliche Koseform ist, tauchen zuweilen Formulierungen wie »der Kleine« auf. Dies ist keinesfalls diskriminierend gemeint. Der Kleine könnte also genau so gut die Kleine sein. Dies nur zur Information für mitlesende Frauen, die auf derartige Details hin und wieder etwas empfindlich reagieren.*

## Wenn der Zwerg lieber in Mamas Bauch bleiben will

Da Frauen bei allem, was die Geburt betrifft, Überraschungen hassen, wird der D-Day bei den meisten Paaren im Vorfeld generalstabsmäßig geplant. Ob er mit dabei sein wird oder nicht, ist nur eines von vielen Details, die dabei zu klären sind. Wenn sie ihn ein paar Wochen vor der Geburt fragt, wie Mann sich den großen Tag vorstellt, sollte er mit einem längeren Gespräch rechnen.

Sie will mit ihm den Schlachtplan ausarbeiten, nach Möglichkeit bis in alle Einzelheiten. Wenn er dann entgegnet, dass eine Geburt ja wohl unmöglich planbar ist, wird sie ihn entrüstet anschauen und leicht genervt sagen: »Schatz, man kann die Sache doch nicht einfach so auf sich zukommen lassen.« Nein, Frauen können das offenbar wirklich nicht, und der Tag aller Tage wird zeigen, dass ein wenig Vorausplanung tatsächlich angebracht ist. Männer, die während der Geburt die Hebamme und den Arzt ständig fragen müssen, was als Nächstes passiert und wie sie helfen können, sind in Kreißsälen ungern gesehen.

Es gibt Paare, die stellen einen regelrechten Geburtsplan auf. Das Oberkommando liegt dabei eindeutig in Frauenhand. Sie entscheidet, wer im Kreißsaal mit dabei sein soll, welche Sitz- oder Liegeposition bei der Geburt angestrebt wird und wie der Notfallplan aussieht, wenn beispielsweise ein Kaiserschnitt unumgänglich wird. Und sie legt auch fest, was er zu tun und zu lassen hat. Widerspruch zwecklos. Wenn sie also beschließt, dass die beste Freundin mitkommen soll, dann kann er ihr zwar einen angesäuerten Blick zuwerfen, verhindern lässt es sich nicht. Und wenn sie findet, dass eine Geburt auf einem Melkschemel besonders angenehm ist, dann ist das ausschließlich ihre Angelegenheit. Wobei es blitzschnell zu seiner Angelegenheit werden kann, wenn sie während der Geburt merkt, dass die Entscheidung doch nicht so toll war. »Dieser scheiß Stuhl«, wird sie fluchen und ihm vorhalten, dass es seine Idee war. Und statt »Schatz« oder »Liebling« wird sie ihn dann einen Schwachkopf oder Idioten nennen. Und er? Er wird ihr übers Köpfchen streichen und mea culpa flüstern.

Egal, wie akkurat ein Geburtsplan erstellt wird, werdende Eltern sollten stets damit rechnen, dass Überraschungen nicht ausbleiben werden. Männer wissen, dass eine Geburt bestenfalls ansatzweise planbar ist – Frauen übrigens auch, aber der Versuch, das Unplanbare in einen Plan zu zwängen, gibt ihnen ein Stück weit Sicherheit. Er sollte seine Vorbereitung daher auf das Wesentliche konzentrieren, das sich in einem Satz zusammenfassen lässt: Wie reagiere ich wann? Es bringt ihm wenig zu wissen, was sich die Liebste vorgenommen hat. Denn ob sich die Atemübungen oder die Akupunktur-Behandlung während der Geburt umsetzen lassen oder nicht, liegt ausschließlich in ihren Händen. Er kann jedoch vorab in sich hineinhorchen. Möchte ich im Fall der Fälle auch bei einem Kaiserschnitt dabeibleiben? Werde ich es aushalten, wenn meine Frau große Schmerzen hat? Wie kann ich ihr helfen, wenn stundenlang nichts passiert? Das sind Fragen, auf die er eine Antwort finden sollte, bevor es ernst wird.

Helfen kann auch eine rechtzeitig angelegte Checkliste. Denn Mann glaubt gar nicht, an was alles zu denken ist, wenn der D-Day kommt. Im allerletzten Moment die notwendigsten Dinge zusammenzukramen ist keine gute Idee. Daher möglichst früh aufschreiben, was mit ins Krankenhaus genommen werden muss. Dazu gehören unter anderem: Krankenkassenkarte, Mutterpass, Geburtsurkunden der werdenden Eltern, Kleingeld, Telefonkarte (in Krankenhäusern gilt Handy-Verbot), wichtige Telefonnummern, damit er nach der Geburt Eltern und Freunden die freudige Botschaft übermitteln kann – und eine Kamera. Denn jeder frisch gebackene Papa möchte seinen Zwerg natürlich umgehend für die Ewigkeit festhalten. Foto-Handys sind dabei wenig geeignet, die integrierten Kameras sind schlichtweg noch zu schlecht. Wer also keinen eigenen Fotoapparat besitzt, sollte sich einige Wochen vor dem voraussichtlichen Geburtstermin einen leihen und ausführlich erklären lassen. In vielen Kliniken gehört es übrigens schon zum Standard, dass das Personal ein Willkommens-Foto vom Zwerg macht. Professionelle Schnappschüsse sind dabei allerdings kaum zu erwarten.

Den Klinikkoffer wird aller Voraussicht nach die Dame des Hauses packen. Meistens schon so frühzeitig, dass der Inhalt eingestaubt oder bereits abgelaufen ist, wenn der Tag der Tage kommt. Aber wie schon gesagt: Mit dem Unvorhersehbaren muss immer gerechnet werden, und so gibt es Paare, für die die Geburt derart plötzlich zu kommen scheint, dass das Kofferpacken an ihm hängen bleibt. Einige Männer wüssten nicht einmal, was in ihren eigenen Koffer gehört. Entsprechend groß kann diese Hürde für sie werden. Hinzu kommt noch die eigene Aufregung. Schlimmstenfalls endet das Unterfangen bereits mit dem Stoßseufzer: »Wo ist der Koffer eigentlich?« Also, was muss mit? Natürlich Nachthemden, Slips und ein Morgenmantel. Aber auch Stillbüstenhalter, Stilleinlagen, Waschutensilien von Zahnbürste bis Shampoo und Damenbinden dürfen nicht fehlen. Einige Frauen bestehen im Krankenhaus auch auf Make-up. Es kann also nicht schaden, wenn er weiß, wo sie ihre Cremes und Puderdöschen verstaut hat und was davon für sie besonders wichtig ist.

Selbst wenn sie an alles gedacht hat, er gut vorbereitet ist und auch der Zwerg zum anvisierten Zeitpunkt Laut gibt, kann noch viel Unerwartetes passieren. Denn nachdem sich die Türen des

Kreißsaales hinter einem geschlossen haben, beginnt erst das eigentliche Spektakel. Dabei lässt sich die Geburt grob in drei Stadien unterteilen. In Phase eins setzen bei ihr die Wehen ein, der Muttermund öffnet sich (für Statistiker: maximal bis zu zehn Zentimetern), und die Fruchtblase platzt. In diesem Stadium wird es für ihn Zeit, die vorbereitete Checkliste abzuarbeiten, sich den Krankenhauskoffer zu schnappen, die Liebste möglichst unaufgeregt im Auto zu verstauen, die Klinik anzusteuern und das Komplettpaket gen Geburtsstation zu wuchten. Im Kreißsaal wird vom Arzt und einer Hebamme erst einmal gecheckt, ob der Zwerg bereits im Anflug ist. Meistens ist er es nicht. Noch lange nicht. Oder besser ausgedrückt: Die Geschichte kann sich hinziehen. Lange. Sehr lange. Und noch länger. Wenn abzusehen ist, dass der Nachwuchs nicht daran denkt, Mamas wohlig-warme Höhle zu verlassen, schickt der Arzt die Patientin eventuell sogar vorerst wieder nach Hause. Er muss sich dann den Koffer schnappen, der Liebsten erklären, dass ihn der Fehlalarm nicht stört, und möglichst gelassen auf ihren nächsten Wehenschub warten.

Ist absehbar, dass der Zwerg seine Reise in ein paar Minuten oder Stunden antreten wird, richten sich die werdenden Eltern möglichst komfortabel im Kreißsaal ein. Irgendwann geht Phase eins dann in Phase zwei über. Sie beginnt, wenn die Liebste den Drang verspürt, den Zwerg nach unten zu drücken. Meistens geht dann alles recht fix, nach maximal zwei Stunden folgt in der Regel Phase drei. Den Showdown bildet die eigentliche Geburt, also das Zur-Welt-kommen des Kindes bis zum Ausstoß der Nachgeburt, der sogenannten Plazenta. Dabei zieht sich die Gebärmutter zusammen … – ach nee, die Details gehören in ein Frauenbuch. Männer sind zu diesem Zeitpunkt ohnehin meist längst damit beschäftigt, den Zwerg zu knuddeln, zu tätscheln und ganz doll lieb zu haben. Es sei denn, die Liebste hat vorher verfügt, dass das Kind erst einmal ihr gehören soll, dann liegt es zu diesem Zeitpunkt vermutlich auf Mamas Brust, während sich der stolze Papa fragt, wann er endlich an der Reihe ist.

Bis es so weit ist, vergehen im Normalfall einige Stunden. Das können ein oder zwei Stunden sein, aber auch zehn oder 15. Wenn der Zwerg Mamas Bauch partout nicht verlassen möchte, wird die Situation für die werdenden Eltern schnell zur emotionalen Grenzerfahrung. Dann ist es umso wichtiger, dass er nicht von ihrer Seite weicht. Sie jetzt im Stich zu lassen, käme einer Todsünde gleich. Das gemeinsame Ausharren, Bangen und Hoffen wird sie ihm hingegen nie vergessen. Er kann die Zeit nutzen, um für sie den Mundschenk zu spielen. Dazu gehören: Wasser holen, ein zusätzliches Kopfkissen organisieren und den Kreißsaal gegen mögliche Neuankömmlinge verteidigen. Oder er spielt den Hofnarren und verkürzt ihr die Zeit mit neckischen Späßchen, Anekdoten aus gemeinsamen Zeiten und Streichen aus seiner wilden Jugend. Wenn es ewig lange dauert, muss man in der Regel bis auf Weiteres in ein normales Krankenzimmer umziehen. Dann ist es durchaus legitim, noch mal bei den Eltern anzurufen oder bei den besten Freunden, um zu erzählen, wie der Stand der Dinge ist.

Wenn die Wehen stärker werden und die Regelmäßigkeit der Wehentätigkeit zunimmt, geht es zurück in den Kreißsaal. Bei ihr nehmen nun die Schmerzen zu, was für ihn das Zeichen ist, all die Dinge anzuwenden, die man gemeinsam gelernt und erprobt hat. Einer der beliebtesten Sätze im Kreißsaal heißt: »Schatz, denk an das Atmen.« Was hatte man noch zwischen Walgesängen und Bauchmalerei während des Hechelkursus gelernt? Flach atmen? Tief atmen? Verdammt, keine Ahnung. Hoffentlich weiß sie es noch. »Schatz, denk an das Atmen!« Sie wird atmen, egal, wie groß die Schmerzen auch sein mögen. Und sie wird ihr Bestes geben. Sein Job ist es nun, ihr den Rücken zu massieren, die Stirn zu kühlen und jeden Wunsch von den Lippen abzulesen. Sollte sich in dieser Zeit ihr Wortschatz auf Urlaute reduzieren, darf ihn das nicht irritieren. Dies ist eine Ausnahmesituation, für die es kein Rezept gibt. Und wenn er fürchtet, dass sie nur noch eine Winzigkeit vom Wahnsinn entfernt ist, sei ihm versichert: All das ist normal. Und geht vorüber. Nur noch etwas Geduld. Alles wird gut.

Seit Jahren und Jahrzehnten versucht die Medizin, werdenden Müttern die Situation zu erleichtern. Mit wenig Erfolg. So recht lässt sich die Natur offensichtlich nicht ins Handwerk pfuschen. Da muss die Liebste durch. Und Mann auch. Manch einer versucht, ihre Schmerzen mit Musik zu lindern. Ein fraglos ehrenwertes Vorhaben, das jedoch fürchterlich nach hinten losgehen kann. Nämlich dann, wenn er die Musik auswählt, die er gern hört, und ignoriert, dass sie statt Frank Zappa lieber klassischen Tönen lauscht. Männern passiert so etwas. Erinnert sei nur an all die von ihm so liebevoll ausgesuchten Geburtstags- und Weihnachtsgeschenke, die sie umgehend in den Keller verbannt hat, bevor sie irgendwann auf den Sperrmüll wanderten. Hier liegt der Fall ähnlich. Also, liebe Männer, nachfolgend ein kleiner Tipp zur Orientierung: Generell hat sich Mozart im Kreißsaal besser bewährt als Hardrock. Doch bevor der Ghettoblaster platziert wird, sollte man den Arzt und die Hebamme fragen, ob das geplante Konzert auch ihre Zustimmung findet. Es gibt Krankenhäuser, bei denen ist Musik während der Geburt verpönt.

Richtig brenzlig wird es, wenn während der Geburt nicht alles glatt läuft. Unvorhersehbare Komplikationen gibt es zuhauf. Als da wären: Das Kind kommt zu früh, die Geburt ist ausgesprochen schmerzhaft, der Zwerg liegt falsch in Mamas Bauch – und, Worst Case: Das Leben des Babys ist bedroht, beispielsweise aufgrund von akutem Sauerstoffmangel. All das kann passieren – und all das ist kein Grund durchzudrehen. Denn der

Arzt und die Hebamme stehen nicht zum ersten Mal vor derartigen Problemen, und sie wissen, was zu tun ist. Das Kind liegt falsch? Dafür gibt es die Zangengeburt. Klingt gruselig, ist aber ein Routineverfahren. Sie hält die Geburtsschmerzen nicht aus? Da gibt es verschiedene Schmerzstiller. Der Zwerg bekommt zu wenig Sauerstoff? Die lebensrettende Maßnahme kann ein ungeplanter Kaiserschnitt sein. Auch das gehört zum Standardrepertoire aller Geburtshelfer. Also, liebe Väter in spe: Nicht bei jeder sich anbahnenden Komplikation in Panik verfallen. Lieber nachfragen, was genau nicht nach Plan läuft und wie das Klinik-Team gegenzusteuern gedenkt.

Bleibt die Frage, die fast alle Männer beschäftigt, die einen Kreißsaal betreten: »Was passiert, wenn mir schwarz vor Augen wird?« Dazu zwei Anmerkungen: Väter, die während der Geburt umkippen, gibt es weniger, als gemeinhin gedacht wird. Und wer die Schmerzen der Liebsten nicht aushält, der merkt das in der Regel früh genug, um noch aufrecht den Saal verlassen zu können. Gegen ein kurzes Luftschnappen wird niemand etwas sagen, und niemand wird es wagen, einen Mann deshalb als Weichei zu bezeichnen. Den meisten Ärzten und Hebammen ist es sogar viel lieber, wenn er rechtzeitig seine Grenzen erkennt, als noch einen Patienten mehr im Raum zu haben. Wer dennoch mittendrin zusammenklappt, sollte allerdings nicht damit rechnen, viel Beachtung zu finden. Ein Arzt hat es mal so ausgedrückt: »Ich bin da, das Kind zu holen. Das hat Vorrang. Um den Vater kümmern wir uns danach.« In der Regel ist der stolze Vater aber wieder auf den Beinen, wenn der Zwerg seinen ersten Schrei von sich gibt. Und wer sich schnell genug erholt, kann zehn bis fünfzehn Minuten nach der Geburt selbst zu Messer oder Schere greifen. Für viele Väter gehört das Durchtrennen der Nabelschnur zu den im wahrsten Wortsinn einschneidendsten Erfahrungen bei der Geburt ihres Kindes.

## Selbst erlebt …

*Da unsere Kinder per Kaiserschnitt auf die Welt kamen und ich beide Male nicht mit dabei war, habe ich von der Geburt vor allem die Abschiede von meiner Frau in Erinnerung. Es war ein Gefühl der Ohnmacht, vor ihrem Weg in den OP an ihrem Bett sitzen zu müssen und nichts weiter tun zu können, als die Hand zu halten und ihr Mut zuzusprechen. Wie immer in solchen Momenten haben wir gemeinsam gelacht, auch wenn uns nicht zum Lachen zumute war. Als Finya zur Welt kommen sollte, schienen sich obendrein alle Schwangeren der Stadt verabredet zu haben. Ein halbes Dutzend werdender Mütter stand zeitgleich Schlange. Und da ein Kaiserschnitt kein akuter Notfall ist, kam Nicole als Letzte an die Reihe. Es gibt schönere Momente, ich war mit meinen Nerven jedenfalls ziemlich am Ende. Aber man schafft es irgendwie. Gemeinsam immer. Das wiederum war eine rundum gute Erfahrung.*

## Phase 2:

# Das Kind ist da!

### Bloss keine Panik, das haben schon ganz andere gemeistert

## Wen ruft Papa zuerst an? Die ersten Stunden als stolzer Vater

Die Welt ist groß und bunt und voller Wunder. So viel Glücksgefühl auf einmal kann selbst den stärksten Mann umhauen. Wenn er zum ersten Mal sein Kind auf dem Arm hält, die kleine Stupsnase berührt und der Zwerg ihm mit einem kessen Augenaufschlag zuzwinkert, dann dürfen die Tränen fließen. Hemmungslos und in Niagarafall-Stärke. Wer diesen Augenblick nicht auskostet, ist selbst schuld. Für Minuten dreht sich das ganze Universum um den gewordenen Vater. Bevor ihm das Kind wieder aus den Händen gerissen wird, um die Länge zu messen und Blut abzuzapfen (zumeist aus der Fußsohle, wobei sich der Zwerg anhört, als erleide er Höllenqualen – was wiederum den gewordenen Vater in Angst und Schrecken versetzt), bleiben ihm Minuten, die er nie vergessen wird.

Im Kösel Verlag ist ein Buch erschienen, das Eltern dazu nutzen können, das erste Lebensjahr ihres Zwergs zu dokumentieren. Eine Art Tagebuch der Mensch-Werdung. Das Buch heißt *Zehn kleine Krabbelfinger auf Entdeckungsreise*. Und mein erster Eintrag für meinen Sohn lautet darin: »Das Erste, was ich von dir sah, war deine kleine Stupsnase. Unsere Hebamme kam mit dir, dick eingemummt, in den Raum, in dem dein Papa während deiner Geburt bleiben musste. Einzig deine Nase lugte aus dem Haufen Stoff hervor. Ich habe sie ganz vorsichtig angestupst. Die Hebamme sagte mir, dass du ein kleiner Junge seiest – und ich war der glücklichste Mensch der Welt. Nach ein paar Sekunden nahm die Hebamme dich dann auch schon wieder weg. Viel zu kurz war die Zeit. Aber du musstest gewogen und vermessen werden. Und Mama und Oma wollten schließlich auch noch sehen, was für ein toller kleiner Bursche du warst. Aber diesen Moment, als ich deine Nase stupsen durfte – den werde ich niemals vergessen. In Liebe, dein Papa.«

Wenn sich die gewordene Mama ein Stück weit von der Geburt erholt hat und der Zwerg katalogisiert worden ist, geht es hinüber auf die Babystation. Väter, die sich nun auf die ersten stillen Momente mit Mutter und Kind gefreut haben, werden ihr blaues Wunder erleben. Kaum eine Minute vergeht, in der nicht eine Hebamme oder ein Arzt hereinschneien. »Ich bringe Ihnen das Bett für Ihr Baby.« »Ich wollte nur einmal schauen, ob alles in Ordnung ist.« »Möchten Sie heute Abend etwas essen? Dann müssten Sie sich jetzt entscheiden.« Still geht anders. Dabei bräuchte die gewordene Mutter dringend eine Pause, und auch der stolze Vater würde gern erst einmal zu sich kommen und realisieren können, dass er nun Oberhaupt einer Kleinfamilie ist. Doch die Hatz geht ungebremst weiter. Formulare müssen ausgefüllt werden. Es gibt Anweisungen, wo und bis wann der Vater den Namen des Kindes registrieren lassen muss. Und auch der Zwerg hält wenig von einer Ruhepause.

Wenn das Geschrei ohrenbetäubend wird, fragt meist eine besorgt dreinschauende Schwester, ob der Zwerg denn schon etwas getrunken habe. Wenn die gewordene Mama dann sagt, dass er schon im Kreißsaal kräftig ihre Brust malträtiert habe, folgt in der Regel ein: »Oh, dann wird sich der Kleine schon wieder beruhigen.« Sollte es mit der Brust noch nicht geklappt haben – was häufig vorkommt –, dann wird die Schwester anbieten, bei der Nahrungsaufnahme zu helfen. Erst wird der Zwerg an die rechte Brust gelegt, dann an die linke. Wenn er sich dabei zu töffelig anstellt, muss der Vater ans Werk. Nein, keine Angst, er muss seinem Nachwuchs nicht vormachen, wie es geht. Aber es gibt eine ganze Reihe von Babys, die nicht auf Kommando wissen, wie das Saugen an Mamas Brust funktioniert. Also müssen sie es lernen.

Beispielsweise, indem der gewordene Papa ihnen kleine Milchdosen mit der Pipette serviert. Das ist zeitraubend und manchmal auch anstrengend, macht aber Spaß. Denn der stolze Vater wird die Nähe zu seinem Kind genießen und alle Geduld der Welt aufbringen, um ihm zu zeigen, wie richtig getrunken wird.

Die Lehrstunde ist damit noch längst nicht zu Ende. Zwar hat er schon während des Hechelkursus das Windelnwechseln an Puppen geübt, doch in der Realität läuft die Sache oft ganz anders. Der Zwerg bewegt sich (wenn auch in den ersten Wochen noch auf Sparflamme), und Mann möchte ihn natürlich keinesfalls verletzen. Also sind Männer zunächst meist übervorsichtig, was von der Schwester, die ihnen im Nacken steht und das Resultat ihres Tagwerks mit strengem Blick beobachtet, korrigierend kommentiert wird: »Der Kleine ist nicht aus Porzellan, da können Sie ruhig beherzter zupacken.« Um sogleich hinzuzufügen: »Vorsicht, nicht so doll.« Es kann dauern, bis er den goldenen Mittelweg gefunden hat. Nicht nur beim Windelnwechseln. Wobei die Regel gilt: Es ist noch kein Meister vom Himmel gefallen. Also ruhig bleiben, wenn mal etwas nicht auf Anhieb klappt. Der Zwerg wird es verschmerzen, wichtig ist nur, dass Papa mit Elan bei der Sache ist, ohne dabei den Spaß zu verlieren.

Irgendwo mittendrin sollte er um eine Auszeit bitten. Schließlich warten die frischgebackenen Großeltern zu Hause darauf, informiert zu werden. Also ran ans Telefon und die wichtigsten Nummern gewählt. »Hallo Mama. Ja, ich bin's. Wir sind Vater geworden. Quatsch, ich bin Vater geworden. Ein Junge. 4240 Gramm, 54 Zentimeter. Ja, gesund. Meiner Frau? Der geht es auch gut ...« Nach den Eltern sind die Schwiegereltern dran, und alle werden fragen, wann sie endlich den Zwerg sehen dürfen. Dabei gilt der Grundsatz: Bevor die besten Freunde eine Audienz bekommen, ist die Familie an der Reihe. Es sei denn, man hat sich fürchterlich mit ihnen verkracht. Denn in diesem

Moment gelten strenge Hierarchien. Wenn die Schwiegermutter spitz bekommt, dass sein bester Kumpel schon den Zwerg auf dem Arm halten durfte, bevor sie an der Reihe war, gibt das böses Blut. Auf lange Zeit. Da können Schwiegermütter ausgesprochen nachtragend sein. Also schön die Liste von oben nach unten abarbeiten. Und nicht alle gleichzeitig zu einem Sektempfang ins Babyzimmer einladen. Sonst dreht die gewordene Mutter durch. Garantiert. Lieber einen nach dem anderen antanzen lassen, so haben alle mehr vom Zwerg, und das Chaos hält sich in Grenzen.

Wenn die Geburt ungewöhnlich lange gedauert hat und die Liebste ausgesprochen groggy ist, hat er das Recht, das Feiern in die heimischen vier Wände zu verlagern. Mit Ausnahme der Eltern und Schwiegereltern, die sich von einem Besuch im Krankenhaus nicht abhalten lassen werden, werden alle Freunde und Bekannten Verständnis dafür haben, dass die gewordene Mama erst einmal eine Ruhepause braucht. Es kann somit nicht schaden, auch zu Hause die eine oder andere Flasche Sekt im Kühlschrank zu deponieren. Zumindest eine sollte auch im Krankenhaus griffbereit sein, denn außer der jungen Mutter, die auf Monate hinaus dem Alkohol entsagen muss (zumindest, wenn sie stillen möchte), werden alle Besucher gern mit einem Glas auf das große Ereignis anstoßen wollen. Wobei der Umtrunk keinesfalls in ein Trinkgelage am Krankenbett ausarten sollte. Es gehört zu den Aufgaben des gewordenen Vaters, die Gäste rechtzeitig darauf aufmerksam zu machen, wann es für sie Zeit ist zu gehen. Wer die höfliche Variante (»Gleich kommen Stefan und Svenja, die wollen den Zwerg auch gern sehen«) ignoriert, dem darf er gern mit dem Zaunpfahl winken (»Mutter und Zwerg brauchen jetzt etwas Ruhe«). Morgen ist schließlich auch noch ein Tag. Und übermorgen. So schnell wird der Zwerg nicht erwachsen, niemand muss also Angst haben, etwas zu verpassen.

Wenn der Baby-Besuch gegangen ist, sollte sich die neue Kleinfamilie noch etwas Zeit für sich nehmen. Der Tag (der auch eine Nacht sein kann) war anstrengend, nun kann der innere Turbo endlich heruntergefahren werden. Der Zwerg liegt in seinem Bettchen, vermutlich schläft er, denn auch für ihn waren die vergangenen Stunden kein Zuckerschlecken. Eben noch in der schützenden Wärme von Mamas Bauch, muss er sich erst einmal als neuer Erdenbürger akklimatisieren. Für seine Eltern beginnt die Phase, in der sie die Elternrolle begreifen lernen. Step by Step. Der gewordene Vater hat nun die Gelegenheit, sein Kind genauer zu inspizieren. Ohren, Augen, Nase, Mund. Beine, Arme, Hände und Fingerchen. Alles dran. War da nicht eben ein Lächeln? Und wieder: Die Welt ist groß und bunt und voller Wunder. Augenblicke für die Ewigkeit, die Vater und Kind zusammenschweißen. Knuddeln ausdrücklich erlaubt.

Dabei darf die Liebste natürlich nicht ausgeschlossen werden. Sie hat an diesem Tag fraglos die Hauptlast zu schultern gehabt. Toll hat sie das gemacht. Männer, die jetzt ein Geschenk für sie aus ihrer Tasche zaubern, haben allerbeste Karten. Ein Beweis der Liebe. Jetzt darf die Rührung ruhig einmal in Kitsch ausarten. Auch sie will ihren Zwerg bewundern. Ihm ganz nah sein. »Ist es nicht das allerschönste Kind der Welt?« Er wird ihr zustimmen. Nicht aus Höflichkeit, sondern aus voller Überzeugung. Das ist die Zeit zum Rumspinnen. »Wenn der Kleine erst mal Abi macht ...« Raumfahrer, Hirnforscher, Fußballprofi. Warum nicht? Alles ist möglich. Doch all das ist Zukunftsmusik. Was zählt, ist das Hier und Jetzt. »Gutschi, gutschi! Miep, miep, miep!« Keine Angst vor Babysprache. Dem Zwerg ist es egal, was Papa ihm erzählt. Er freut sich, wenn er die Stimme des Vaters hört. Das reicht. Das beruhigt.

Diese niedlichen kleinen Ohren. Vom wem hat er die bloß? Für die Schwiegermutter war klar: »Ganz die Mama.« Die eigene

Mutter entdeckte gleich die blauen Augen. Natürlich »ganz der Papa«. Haben Kinder bei der Geburt nicht immer blaue Augen? Und wenn schon. Trotzdem »ganz der Papa«. Und diese kleinen Füße. Unbeschreiblich. Und dieser Duft. Himmlisch. Alles ist perfekt. Ich und Du gleich Wir. So muss es sein. Wieder kommen die Tränen. Wen stört es, sie weint ja auch. »Haben wir das toll hingekriegt?«, wird er fragen. Sie wird stumm nicken. Besser als toll. Perfekt. Ein Kuss, ein »Ich liebe dich«. Der ganz persönliche Liebesfilm. Momente, die er auskosten sollte. Der Alltag hält schneller wieder Einzug als gedacht. Vielleicht muss er morgen schon wieder arbeiten. Man wird ihm gratulieren, anerkennend die Schulter klopfen. Das war's. Ruckzuck geht es zurück ins alte Leben, mit dem Unterschied, dass nun ein neuer Mensch dazugehört. Sein Zwerg. Sein Schatz.

Irgendwann ist es Zeit zu gehen. Auch gewordene Papas brauchen Ruhe und eine Erholungspause. Wenn der Zwerg schläft und die frischgebackene Mutter erschöpft auf ihrem Krankenbett liegt, dann darf er ruhigen Gewissens aufbrechen. Es gibt keinen Zwang, der ihn dazu verdonnert, bis zum Sankt-Nimmerleins-Tag an ihrer Seite zu wachen. Manche Männer fühlen sich schnell wie in einem Gefängnis, weil sie denken, die Liebste könnte es ihnen verübeln, wenn sie nicht pausenlos bei ihr bleiben. Das ist Unsinn. Die meisten Frauen sind froh, wenn sie nach den Anstrengungen der vergangenen Stunden etwas durchatmen dürfen. Allein. Wenn der Zwerg morgens zur Welt gekommen ist, kann der junge Vater die Mittagspause nutzen, um zu Hause die Füße hochzulegen, oder er geht einen Happen essen. Der Körper wird es ihm danken. Danach ist immer noch Zeit genug, den Nachmittag bei ihr zu verbringen. Und bloß nicht den Besuch zwanghaft bis in den Abend ausdehnen. Lieber auf morgen freuen und frisch gestärkt den neuen Tag beginnen. Männer, die den Abend nicht allein verbringen möchten, weil sie zu aufgewühlt sind und lieber mit ihren besten Kumpels in der Stammkneipe feiern wollen, sollten genau das tun. Mitnehmen sollten sie allerdings ihr Handy. Man weiß ja nie.

Egal, wo und wie er den Abend verbringt: Die Chance ist groß, dass er vor lauter Aufregung wenig schlafen wird. Wer sich Urlaub nehmen kann, sollte dies unbedingt nutzen. Eine Woche darf es schon sein. Zwei wären besser. Mindestens ein Tag muss jedoch drin sein. So unsensibel ist kein Chef. Der erste Tag als Vater. Wie wäre es morgens mit einem Frühstück bei McDonald's? Ist lecker, macht satt und erspart ihm die Arbeit. Anschließend geht es direkt weiter ins Krankenhaus. Mann will schließlich beim Zwerg und der Liebsten sein, bevor die Familie wieder anrückt. Denn auch die kann von dem Kind gar nicht genug bekommen. Und zumindest fünf Minuten möchte er mit ihr gern allein sein, bevor die Völkerwanderung beginnt. »Wie war die erste Nacht? Genauso schlecht wie bei mir zu Hause?« Sie wird es bejahen. Noch schlechter vermutlich sogar, denn der Zwerg gewährt keine Schonfrist. Wie oft musste sie nachts hoch, um ihm die Brust zu geben? Fünf Mal? Das geht ja noch. Der Kleine will immer noch nicht richtig trinken? Kein Problem, Papa weiß schließlich, wo die Pipette liegt. Das ist der Beginn des neuen Lebens. Die ersten Automatismen ergeben sich bereits im Krankenhaus. Routine, die sich später bezahlt machen wird. Alles, was ihr und ihm keine Angst mehr einjagt, schont die Nerven der gewordenen Eltern. Und jede Schonung ist herzlich willkommen. Denn Überraschungen gibt es ab sofort fast im Minutentakt …

## Selbst erlebt …

*Es ist die Frage aller Fragen: »Wem sieht mein Kind ähnlich?« Jede Mutter, jeder Vater hört es gern, wenn es heißt, der Zwerg sei ihnen wie aus dem Gesicht geschnitten. Bei Mattis haben wir lange geguckt. Sehr lange. Wirkliche Ähnlichkeiten haben wir kaum entdeckt. Die Lippe? Das könnte der Vater sein. Die Nase? Eher die Mutter. Und woher hat der Bub die roten Haare? Gab's da nicht mal einen Briefträger? Nein, natürlich nicht. Der Milchschorf war schuld, dass Mattis' goldene Locken rötlich schimmerten. Inzwischen ist mein Sohn vier Jahre alt und blond. Genau, wie ich es in seinem Alter war. Doch mit der Ähnlichkeit ist es nach wie vor nicht weit her. Mein Großer hat es irgendwie fertig gekriegt, aus Mamas und Papas Genpool eine ganz eigene Mischung zu kreieren. Mattis eben. Auch nicht schlecht. Quatsch: ganz toll sogar.*

## Die erste gemeinsame Nacht

Wenn die gewordene Mama nicht privat versichert ist und die Geburt ohne Komplikationen verlief, wird sie das Krankenhaus zügig wieder verlassen dürfen. Eine Nacht oder zwei, mehr sind kaum drin. Was nun folgt, ist der Einzug des Zwergs in sein neues Heim. Ein kolossaler Schritt für die Eltern, und vor allem der gewordene Papa wird sich wundern, wie kurz eine Nacht sein kann und wie schnell ihn der Schlafentzug in einen tagtraumähnlichen Dämmerzustand versetzen kann. Einige Väter glauben zwar immer noch, dass die Brutpflege ausschließlich Sache der Liebsten ist, doch da täuschen sie sich. Ganz gewaltig sogar. Das Mittelalter ist vorbei, nicht erst seit 1968. Die Nachtwache ist ebenso seine Aufgabe wie ihre. Wenn sie die Brust gibt, ist er fein raus? Nix da! Sie muss zwar notgedrungen hoch, wenn der Zwerg seinen Hunger-Protestsong anstimmt, doch wenn er Teil der Familie sein (und bleiben) möchte, kommen auch auf ihn harte Wochen zu. Wobei die Grundregel gilt: Wer gut zusammenarbeitet, macht es sich deutlich einfacher.

Wann sie das Krankenhaus verlassen darf, entscheiden die Ärzte. Sie werden ihr rechtzeitig sagen, wann es Zeit ist zu gehen. In der Regel weiß sie es spätestens einen Abend zuvor, wann sie entlassen wird. Ihm bleibt also eine Nacht, um die letzten Vorbereitungen zu treffen. Viel ist nicht zu beachten – wenn die Vorarbeiten inzwischen erledigt sind. Dazu gehört auch die Einrichtung des Kinderzimmers. Wer jetzt erst guckt, wo der Zwerg eigentlich untergebracht werden könnte, ist arg spät dran. Das Zimmer sollte längst kindgerecht gestrichen und eingerichtet sein. Klassische Utensilien sind ein Kinderbett, das möglichst flexibel verstellbar sein sollte, damit der Zwerg nicht schon nach einem

Jahr wieder umziehen muss. Eine Wickelkommode, die vor allem stabil sein sollte, denn der Zwerg wächst rasch heran, und schon bald wird er austesten, wo die Schwachstellen in seinem Reich zu finden sind. Ein Kleiderschrank, der groß genug sein sollte, damit er sämtliche Pullis, Hosen und Bodys, die die Liebste im Kaufrausch zusammengerafft hat, aufnehmen kann. Das wäre bereits die Kinderzimmer-Grundausstattung. Der Rest bleibt der Phantasie und dem Anspruchsdenken der Eltern überlassen. Ein Mobile an der Decke, damit der Zwerg was zu gucken hat? Bunte Fensterbilder, damit auch die Nachbarn wissen, wo der Kleine zu Hause ist? Einige große Plastikkisten, damit das erste Spielzeug verstaut werden kann? Möglich ist alles, nur sollte dabei immer die Größe des Raumes beachtet werden. Wenn das Zimmer quadratisch, praktisch gut ist und gerade einmal zehn Quadratmeter misst, muss die Einrichtung nicht XXL ausfallen. Mehr ist nicht gleich besser, und dem Zwerg ist es zu Beginn noch herzlich egal, ob er spartanisch oder wie bei Königs logiert.

Bewährt hat sich der individuelle Touch. Wie wäre es zum Beispiel, wenn er die Zeit nutzt, in der sie im Krankenhaus liegt, um in die Stadt zu fahren und dort ein paar Holzbuchstaben zu kaufen, mit denen sich der Name des Zwergs bilden lässt. Die kann der stolze Vater dann außen an die Tür des Kinderzimmers kleben. Je bunter, desto besser. Was ist sonst noch zu erledigen, bevor er die Staatskarosse gen Krankenhaus lenkt, um seine Liebsten abzuholen? Elementar ist der Kindersitz fürs Auto. Der Babysitz kann auch als Tragetasche genutzt werden, es macht also Sinn, wenn er ihn gleich mit ins Krankenzimmer nimmt, um sein Kind bereits dort darin sicher zu verstauen. Damit zu einem Thema, das nicht jedermanns Sache ist: Sauberkeit und Ordnung. Bevor Mutter und Kind zuhause einziehen, sollte er zumindest zuvor noch einen Hausputz machen. Es muss dabei nicht alles porentief rein sein, aber wenn sich in der Küche das

Geschirr stapelt und der Fußboden vor lauter Dreck kaum noch zu sehen ist, wird sie sich nicht unbedingt herzlich willkommen fühlen. Also, Männer: Staubsauger, Schwamm und Wischmopp schnappen, und ab geht die Post. Und für Väter mit Garten noch ein Tipp: Ein englischer Rasen sieht nicht nur schnieke aus, sondern gibt ihr auch das Gefühl, dass er bereit ist, sich für die Familie so richtig reinzuhängen. Selbst wenn ihr derartige Details bisher schnurzegal gewesen sein sollten – jetzt wird sie ein Auge dafür haben. Mütter gucken anders. Schließlich soll es ihr Zwerg einmal weit bringen. Und dafür muss auch der Papa alles geben.

Wenn er seinen Zwerg aus dem Krankenhaus abholen darf, wird der gewordene Vater vor allem ein Gefühl spüren: Stolz. Es ist so weit. Zeit für die Familienzusammenführung. Zeit, ins neue Leben einzutauchen. Der Zwerg weiß inzwischen, wo Mamas Brüste zu finden sind und wie er sie gebrauchen kann (vorher lassen Kliniken Mutter und Kind nicht gehen), mögliche Anfälle von Baby-Gelbsucht wurden unter der UV-Sonne auskuriert, und Papa war zwischenzeitlich auf dem Standesamt und hat dem Kind einen Namen gegeben. Nun muss nur noch das Krankenzimmer aufgeräumt werden. Sie packt ihre Waschsachen zusammen, er guckt, ob der Zwerg noch im Body des Krankenhauses steckt. Dann wird der Zwerg im Autositz verstaut. Mütze auf, dicke Socken über den Body. Wie Sternchen Maggie bei den Simpsons. Ein letzter Blick auf das Babybett, das die erste Heimat des Zwergs war, bevor es heimwärts geht. »Schatz, haben wir wirklich alles?«, wird sie auf dem Flur fragen. Er wird noch einmal zurück ins Zimmer laufen, obwohl er dort schon drei Mal jede Schublade auf- und zugemacht hat. »Ja, Liebling, wir haben alles.« Und zum ersten Mal wird er spüren, wie schwer so ein Zwerg im Babysitz werden kann.

Zumeist dürfen Mama und Zwerg das Krankenhaus nach dem Frühstück verlassen. Der Tag hat also gerade erst begonnen, es bleibt viel Zeit zum gegenseitigen Beschnuppern in freier Wildbahn. Bei der Heimkehr ist es ratsam, nicht zu viel Schnickschnack zu veranstalten. Kind und Mutter über die Schwelle wuchten zu wollen ist zwar ein netter Gedanke, kommt aber selten gut an und lässt sich vor allem kaum ohne ungewollte Spätfolgen in die Tat umsetzen. Eine große Begrüßungsparty am ersten gemeinsamen Abend ist tabu, erst einmal muss sich die Kleinfamilie in der neuen Realität zurechtfinden. Und frisch gebackene Mütter, die in ihrem Zuhause als Erstes von ihren Eltern und Schwiegereltern überrascht werden, reagieren darauf häufig eher gereizt denn euphorisch. Auch hier gilt: Weniger ist mehr. Papa, Mama, Kind. Für den ersten Tag in den heimischen vier Wänden reicht dieses Dreigestirn vollkommen aus. Für alle anderen ist noch Zeit genug. Morgen. Oder übermorgen. Oder noch später. Er sollte den ersten Tag mit seinem Zwerg nutzen, um ihm sein Kinderzimmer zu zeigen. »Das ist dein Reich. Schön, nicht? Guck mal, du hast den schönsten Blick im ganzen Haus. Das da unten ist unser Garten ...« Verstehen wird der Zwerg von alldem herzlich wenig. Egal, der stolze Papa darf ruhig wie ein Wasserfall plappern. Selbst wenn der Kleine selig auf seiner Schulter schläft. Der Stolz muss raus. Und darf es auch.

Väter, die damit rechnen, dass der Alltagstrott schnell wieder Einzug halten wird, werden bereits in der ersten Zwergen-Nacht eines Besseren belehrt. Mit viel Glück verläuft der erste gemeinsame Tag noch in ruhigen Bahnen. Der Zwerg verlangt alle paar Stunden nach Mamas Brust und nutzt die restliche Zeit vor allem, um zu schlafen. Wenn der Nachwuchs Probleme mit seinem neuen Bettchen hat, kann es helfen, wenn er ein Kleidungsstück von Mama neben sich gelegt bekommt. Der bekannte Geruch schafft Vertrauen. Tagsüber kann ansonsten kaum etwas schiefgehen. Am meisten haben junge Eltern in der Regel damit zu tun, ihre eigenen Ängste unter Kontrolle zu halten. Machen wir alles richtig? Verstehen wir unser Kind? Schreit es wirklich nur, weil es Hunger hat? Die Antwort heißt fast immer ja. Babys sind kleine rustikale Zwerge, die – wenn sie körperlich generell gesund sind – eine Art Welpenschutz genießen, der Krankheiten abzublocken scheint. Und sollten die Ängste doch einmal übergroß werden, dann steht die Hebamme bereit, die die Liebste bereits vor der Geburt betreut hat. Meistens guckt sie nun mehrmals wöchentlich vorbei, auf Wunsch in der ersten Zeit auch täglich. Eltern, die glauben, sie seien besonders ängstlich, und die deshalb die Hebamme nicht überbeanspruchen wollen, sei versichert: Alle frisch gebackenen Eltern sind ängstlich.

Der eigentliche Stress beginnt im Normalfall gegen Abend. Selbst Zwerge, die den ganzen Tag über problemlos in ihrem Kinderzimmer geschlafen haben, schlagen jetzt Alarm. »Was hat unser Kind nur?«, fragen sich Sorgen-geplagte Eltern, die eigentlich auch gleich ins Bett gehen wollten. Daraus wird nun nichts. Stattdessen ist Ursachenforschung angesagt. Ob das Zimmer zu laut ist? »Das kann eigentlich nicht der Grund sein, denn der Zwerg hat doch bisher prima in seinem Bett geschlafen. Und leiser war es am Tag auch nicht«, wird er argumentieren. »Dann ist es vielleicht zu hell?«, wird sie sagen. »Hell war es doch am Tag auch«, wird er denken und zur Sicherheit die Rollos so weit wie möglich an die Fensterscheiben pressen. Sie wird mit dem Zwerg sprechen, wird ihm versichern, dass alles gut ist und dass er getrost einschlafen kann. So lange, bis Ruhe herrscht. Dann werden sich die Eltern auf leisen Pfoten aus dem Zimmer schleichen, die Tür geräuschlos hinter sich schließen und lauschen. Eine Minute. Zwei Minuten. Drei Minuten. Stille. Geschafft! Doch gerade, als sie ins Wohnzimmer zurückkehren wollen, geht es wieder los: »Rabäh!« Ohrenbetäubend und jämmerlich. »Das arme Kind«, wird sie sagen. Und er wird in sich hinein stöhnen, bevor es zurück ins Zwergenzimmer geht.

Woran das Geschrei wirklich liegt? Keiner weiß es. Aber offensichtlich haben Babys ein untrügliches Gespür dafür, wann die Zeit reif ist zu testen, wie es um das Nervenkostüm der Eltern bestellt ist. »Geht das jetzt jeden Abend so?«, wird er sich fragen. Nein, ist die klare Antwort. Wenn Eltern die ersten Nächte konsequent bleiben und dem Proteststurm ihres Nachwuchses mit stoischer Gelassenheit trotzen, kehrt schon bald abendliche Ruhe ein. Vielen Eltern gelingt dies jedoch nicht. »Wir können den Zwerg doch nicht schreien lassen«, wird sie sagen. Und da auch ihm sein Kind unendlich leid tut, verbringen viele Babys die folgende Nacht im Elternschlafzimmer. »Komm, wir nehmen den Zwerg mit zu uns«, ist eine Lösung, die auf der Hand zu liegen scheint. Dabei wird der Kleine in der Regel erst einmal samt Babybett ins Schlafzimmer verfrachtet. Schreit der Zwerg auch dann noch weiter, liegt er oftmals kurz darauf zwischen Mama und Papa. Häufig wirkt dieses Hausrezept. Das Problem dabei: Es gibt Kinder, die verbringen die nächsten Jahre zwischen ihren Eltern. Und wehe, es wird einmal nach Alternativen geforscht. Dann geht das Geschrei wieder los. Egal, ob der Kleine dann einen Tag alt ist oder bereits ein Jahr. Jedes Paar muss für sich selbst entscheiden, wann es diesen Kampf ausfechten möchte.

Selbst Babys, die mit dem Einschlafen keine Probleme haben und ihre Eltern nicht Abend für Abend auf Trab halten, schlafen in den ersten Wochen noch nicht durch. Wenn der Zwerg alle drei oder vier Stunden nach Milch verlangt, ist das nicht nur normal, sondern schon ganz beachtlich. Viele Kinder wählen einen deutlich kürzeren Rhythmus, einige melden sich gar stündlich. Wenn sich die Mutter entschieden hat zu stillen, dann muss sie hoch. Jedes Mal. Es gibt Väter, die deshalb schon in der ersten gemeinsamen Nacht ins Gästezimmer auswandern. Dagegen ist wenig zu sagen, solange er sich dennoch mit einbringt. Klar, er muss auch an seine Arbeit denken, der Chef und die Kollegen werden wenig Rücksicht darauf nehmen, dass er Vater geworden ist und seine Nächte kurz sind. Aber völlig ausklinken aus der Verantwortung darf er sich nicht. Spätestens, wenn der Zwerg von Brust auf Flasche umsteigt und einigermaßen durchschläft, ist auch er gefordert. Dann macht es sich gut, wenn die Aufgabenverteilung geregelt ist. Wer kümmert sich wann um den Nachwuchs? In der Praxis hat es sich bewährt, wenn Papa die Nachtwache übernimmt und die letzte Flasche reicht, während Mama für die Morgenschicht zuständig ist. So kommt er zwar meist erst gegen Mitternacht ins Bett, dafür kann er dann durchschlafen, bis am Morgen die Arbeit ruft. Und seine Liebste weiß, dass sie am Abend ihre Ruhe hat. Zeit zum »Vorschlafen«, bevor sie an der Reihe ist.

### Selbst erlebt ...

*Eigentlich sollten Eltern ja beim zweiten Mal schlauer sein: Nachdem wir Mattis bereits nach einer Nacht im Elternschlafzimmer an sein Kinderzimmer gewöhnen konnten, nahmen wir auch Finya mit zu uns ins Bett. Sie schrie so bitterlich in ihrem Kinderzimmer, dass meiner Frau die Tränen kamen und ich mich nicht traute, ein Veto einzulegen. Ein fataler Entschluss, den wir nach einer Nacht wieder korrigierten. Als meine Frau Finya erneut zwischen uns legen wollte, sprach Papa ein Machtwort. »Die Kleine schläft ab sofort in ihrem Zimmer«, entschied ich, weil ich fürchtete, das Provisorium könnte zum Dauerzustand werden. Das war ziemlich mutig von mir, denn meine Frau gehört nicht zu dem Typ Weibchen, das vor dem »Herrn des Hauses« kuscht. Aber da von ihr keinerlei Protest kam, war für mich klar, dass sie eigentlich genauso dachte wie ich. Finya hat anschließend noch gut zwei Stunden protestiert, indem sie uns zeigte, wie laut ein Baby schreien kann. Doch nachdem meine Frau und ich einige Dutzend Male zu ihr ans Bettchen gesaust sind, um sie zu beruhigen, herrschte auf einmal Ruhe. Vermutlich war unsere Tochter so erschöpft, dass sie sich nicht mehr gegen das Einschlafen wehren konnte. Jedenfalls schlief sie lange und ruhig. Und seither liebt sie ihr Bettchen. In ihrem Zimmer. Zwergenaufstand beendet.*

## Vom Mann zum Vater.
## Die ersten Wochen zu dritt

Wenn die erste gemeinsame Nacht zu dritt gemeistert ist, geht das neue Leben ungebremst weiter. Die traute Zweisamkeit der Vergangenheit hat ein Ende. Ein für allemal. Zu den Pflichten der ersten Tage gehört das Aufsetzen der Geburtsanzeige. Klingt nach einem formalen Akt, der schnell erledigt ist. Die Realität sieht anders aus. Bevor ein Wort zu Papier gebracht werden kann, muss entschieden werden, wo die Anzeige erscheinen soll. Fast alle Paare setzen die frohe Kunde in die lokale Tageszeitung. Das gehört sich so. Und darauf werden auch die Großeltern bestehen. Es kann sogar sein, dass sie diesen Part übernehmen – ohne dass sie und er etwas davon wissen. Umso größer ist dann das Erstaunen, wenn Mann am Frühstückstisch die Anzeige in der Zeitung entdeckt. Da Eltern und Großeltern oft grundverschiedene Vorstellungen haben, kann es schon hier zum Knatsch zwischen den Generationen kommen. Und selbst wenn Oma und Opa sich nicht einmischen, birgt die Geburtsanzeige Konfliktpotential. Er will nur die Fakten in die Zeitung setzen. Geburtstag, Name, Größe, Gewicht. Schluss und aus. Sie möchte die Anzeige witziger gestalten. »Lebendiger«, wie Frauen es nennen. Wie wäre es mit einem geistreichen Spruch? Oder besser gleich mit einem Bibelzitat. Wenn er damit nicht einverstanden ist, sollte er gründlich nachdenken, ob es sich lohnt, mit ihr über dieses Detail zu streiten. Frauen können ausgesprochen ausdauernd sein, wenn sie sich etwas in den Kopf gesetzt haben.

Vor allem Männer nutzen für die Geburtsanzeige gern die modernen Medien. Warum nicht gleich die Geburt des Zwergs via Internet aller Welt kundtun? Sie wird ihre Bedenken äußern.

»Muss das wirklich sein? Und dann noch mit Foto.« Man hört doch so viel von perversen Kinderschändern. Nicht, dass einer davon morgen vor der Tür steht. Er wird antworten, dass die Gefahr gering ist. Äußerst gering. Viel wahrscheinlicher ist es, dass in den kommenden Tagen peu à peu alle Freunde vorbeischauen werden. Die 14 Tage nach der Geburt fühlen sich für einige Paare an wie zwei Wochen Weihnachten am Stück. Es regnet Geschenke, und als Draufgabe gibt es gut gemeinte Ratschläge in Sachen Kindererziehung. Am liebsten gesehen werden die Kurzbesucher. »Hallo, wie geht's? Dürfen wir mal das Kind sehen? Oh, wie niedlich. Na, wir wollen auch nicht lange stören. Und Tschüs.« Die meisten bleiben länger. Viele zu lange. Da müssen die Eltern durch. Und anschließend geht es an die Danksagungen. Ganz wichtig. Bloß niemanden vergessen. Jeder, der dem Zwerg seine Aufwartung gemacht hat, jeder, der ein Geschenk abgegeben oder per Post geschickt hat, erwartet dafür einen Diener samt Hofknicks. Am einfachsten macht man es sich mit vorgedruckten Karten, die es in jedem Kiosk an der nächsten Ecke gibt. Besonders stilvoll ist das nicht, wer selbst bastelt, bekommt von Freunden und Bekannten Sonderpunkte in der B-Note. Zumindest bei den Danksagungen für die eigene Familie sollte man etwas Kreativität walten lassen. Wie wäre es mit einem Foto vom Zwerg, natürlich samt Rahmen? Gut kommt auch ein Dankes-Essen. Generell gilt hierbei: Zu viel ist kaum möglich, zu wenig kann für lang anhaltende Verstimmungen sorgen.

Auch in den stilleren Momenten dreht sich in den ersten Wochen nach der Geburt alles um den Zwerg. Wenn keine Besucher das eigene Heim belagern und der gewordene Vater nicht arbeiten muss, dann ist Baby-Gucken angesagt. Jedes Zwinkern, jede Fingerbewegung wird bestaunt. Da! Hat der Zwerg eben versucht, seinen Schnuller aus dem Mund zu ziehen? »Das konnte er gestern noch nicht«, wird sie sagen. Und er wird ihr stolz beipflichten. Eltern, die keine eigene Videokamera haben, sollten sich möglichst schon vor der Geburt eine organisieren. Der Zwerg muss schließlich für die Nachwelt dokumentiert werden. Na ja, zumindest für spätere Jahre, damit er einmal sehen kann, wie niedlich er als Baby war. »Ich hätte dich damals am liebsten aufgefressen, so süß warst du«, wird Mama Jahre später sagen. Und der Zwerg, dann schon ein stattlicher junger Mann, wird sich aufgrund der plötzlichen Nostalgie-Attacke eher unwohl in seiner Haut fühlen. Ratsam ist es, schon bald nach der Geburt ein Fotoalbum zu kaufen. Es gibt unendlich viele Babyalben, die meisten sind gruselig kitschig. Doch selbst die sind immer noch besser als gar kein Album. Wer die Fotos der ersten Wochen und Monate in einem Pappkarton verstaut, der läuft Gefahr, dass sie darin auf Dauer vergilben. Denn in den ersten Wochen machen vor allem Besitzer von Digitalkameras derart viele Schnappschüsse, dass ihnen schon bald der Durchblick fehlt. Wann habe ich das Foto eigentlich gemacht? Und wer ist das Kind, das da neben meinem Zwerg liegt? Hier gilt: Ordnung ist das halbe Leben. Wobei es reicht, zwei oder drei Mal im Jahr das Album auf den aktuellen Stand zu bringen. Ein von Beginn an sorgfältig angelegtes Babyalbum ist ein überaus wertvolles Dokument. Nicht umsonst gibt die Mehrzahl von Brandopfern zu Protokoll, dass sie, bevor ihr Haus in Flammen aufging, nach ihren Pässen, Sparbüchern und Zeugnissen vor allem die Familienalben in Sicherheit brachten.

Weil der Zwerg nun nahezu rund um die Uhr unter Beobachtung steht und kein Nasenbohren und kein schelmischer Blick den aufmerksamen Eltern entgeht, wird er bald einen Spitznamen weg haben. Einige Paare beschränken sich auf Koseformen wie »Fratz« oder »Süßbär«. Andere bilden neue Worte wie »kleiner Suffler«, weil der Zwerg wie ein Wilder an Mamas Brüsten nuckelt. Der urkundlich vermerkte Name tritt in der Regel erst einmal in den Hintergrund. Stört ja auch niemanden. Vorerst zumindest. Gefährlich wird es, wenn der Zwerg noch im Kindergarten oder als Schüler von seinen Eltern in aller Öffentlichkeit als »unser Nuckel-Spatz« bezeichnet wird. In diesen Fällen sollten sich die Eltern schleunigst von den alten Gewohnheiten verabschieden. Kleinen Kindern ist so etwas höllisch peinlich. Das Nuckel-Thema ist generell ein ganz spezielles. Einige Krankenhäuser verweigern den Babys, die bei ihnen auf die Welt kommen, den Schnuller. Aus Prinzip. Die Nuckelhilfe kollidiert ihrer Ansicht nach mit dem Saugreflex des Zwergs. Die Folge: Der Kleine hat eher Probleme, Mamas Brüste korrekt zu leeren. Nicht überall ist der Schnuller allerdings verpönt. In anderen Kliniken dürfen Kinder zur Nuckelhilfe greifen, wenn sie ohne nicht einschlafen können. Alles eine Sache der hauseigenen Philosophie.

Bereits im Krankenhaus lernt der Zwerg das Leistungsprinzip kennen, das ihn sein ganzes Leben lang begleiten wird. Im Laufe der Jahre muss er zwischen dem 60. und 64. Lebensmonat neun Vorsorgeuntersuchungen bestehen, deren Resultate im Kinder-Untersuchungsheft, einer Art Gesundheits-Pass, dokumentiert werden. Die U 1 bildet den Auftakt zu dem Untersuchungs-Marathon. Die U 2 folgt zwischen dem dritten und zehnten Lebenstag, die U 3 zwischen der vierten und zwölften Lebenswoche, die U 4 zwischen dem dritten und vierten Lebensmonat. Zwischen den weiteren Untersuchungen liegen immer längere Pausen, am Ende vergehen Jahre, ehe der Zwerg, der dann schon längst ein kleiner Junge oder ein kleines Mädchen ist, erneut zum Arzt muss. Bei der U 9 wird er bereits fünf Jahre alt sein und vermutlich nicht einmal mehr wissen, dass er mit knapp vier Jahren die U 8 über sich ergehen lassen musste. Die Vorsorgeuntersuchungen sind keine gesetzlichen Pflichtveranstaltungen, doch alle Eltern sollten tunlichst darauf achten, möglichst keinen Arztbesuch zu verpassen. Denn bei jeder einzelnen Untersuchung wird auf ganz spezielle Entwicklungsmerkmale geachtet. Und je früher der Arzt Fehlentwicklungen erkennt, desto einfacher ist es, gegenzusteuern. Wer also eine Untersuchung nicht nutzt, nur weil er zu faul ist oder weil er glaubt, »dass der Kleine sowieso nichts hat«, der riskiert die Gesundheit seines Kindes. Und das ist schlichtweg unverantwortlich.

Zurück zum Leistungsprinzip. Bei der U 1 wird getestet, ob der Zwerg ohne Fehlbildungen auf die Welt gekommen ist und ob er körperlich bereits reif genug war, Mamas Bauch zu verlassen. Dabei werden wie beim Eiskunstlaufen Punkte vergeben. Und wie bei den Kufen-Artisten gibt es als Höchstnote die Zehn. Das Wertungssystem heißt hier Apgar, weil das Ganze vor gut fünfzig Jahren von der amerikanischen Anästhesistin Virginia Apgar erdacht wurde. Dabei werden für elementare Überlebenstechniken wie Atmung, Puls und Reflexe jeweils null bis zwei Punkte vergeben. Auch das Aussehen des Zwergs wird untersucht. Ist das Baby blau und blass, vergeben die Kampfrichter keinen Punkt, ist der Zwerg hingegen rosig, gibt es die vollen zwei Punkte. Von alldem werden die Eltern in der Regel kaum etwas mitbekommen, lediglich das Endergebnis wird im Baby-Pass vermerkt. Ab der U 2 darf Papa gern dabei sein. Immer noch gilt bei vielen Paaren die altbekannte Arbeitsteilung, wenn es um die Arztbesuche geht. Sie geht mit dem Zwerg zur Untersuchung, und er fragt anschließend, ob alles glattgelaufen ist. Es gibt Kinderärzte, die einige Väter ihrer Schützlinge jahrelang nicht zu Gesicht bekommen. Dabei kann so ein Arztbesuch eine spannende Sache sein. Schon bei der U 2, die viele Babys noch im Krankenhaus erleben, ist Mann ein gern gesehener Gast. Die U 2 ist eine Art Fortsetzung des ersten General-Check-ups. Stimmen Körpergewicht und Körperlänge des Zwergs mit den Richtwerten überein? Ist der Kopfumfang normal? Sind Herzschlag und Hüftgelenk okay? Dabei wird der Zwerg gequetscht, betatscht, gewendet.

Entsprechend wird er diese Tortur hassen. Doch vor diesen Basisuntersuchungen gibt es kein Entkommen.

Ab der U 3 ist fast immer der Kinderarzt für die Untersuchungen verantwortlich. Viele Paare wählen den Arzt ihres Vertrauens nach der altbewährten Mundpropaganda aus. Haben Freunde gute Erfahrungen mit Dr. X gemacht? Stehen im Untersuchungszimmer von Dr. Y die moderneren Geräte? Ist Dr. Z besonders freundlich zu Kindern? Welche Kriterien letztlich den Ausschlag geben, müssen Eltern individuell für sich entscheiden. Wobei ein Arztwechsel jederzeit möglich ist. Ab der U 3 wird der Arzt jeweils eine Kopie der Untersuchungsergebnisse an die kassenärztliche Vereinigung weiterreichen. Allerdings in anonymisierter Form, Eltern müssen also keine Angst haben, dass mögliche Frühschäden ihrer Kinder in irgendeiner Datenbank festgehalten werden. Ein wichtiges Thema ist von Beginn an das Impfen. Es gibt eine Reihe von Standardimpfungen, beispielsweise gegen Hepatitis B, Masern und Tetanus, die Ärzte dringend empfehlen. Anders als in den USA gibt es in Deutschland übrigens keine Pflichtimpfungen, das letzte Wort liegt also bei den Eltern. Orientierungshilfe bietet die Ständige Impfkommission (STIKO), ein Fachgremium des Robert-Koch-Instituts. Die von ihr herausgegebene Impfliste wird jährlich aktualisiert, so dass es für Eltern ratsam ist, das Thema während der Kinderarztbesuche in regelmäßigen Abständen anzusprechen. Schutzimpfungen sind heutzutage gegen eine Unzahl von Krankheiten möglich. Wer in diesem Dschungel den Überblick behalten möchte und wer sein Kind nicht »überimpfen« lassen möchte, der sollte im Zweifelsfall mehrere Ärzte kontaktieren.

Oft sind es die Mütter, die ihre Kinder am liebsten gegen jede Art von Krankheit impfen lassen würden. Schlichtweg, um alle Gefahren von ihren kleinen Lieblingen abzuhalten. Sein Job ist es, die Liebste zu bremsen, wenn es um harmlose Viren und

Bakterien geht. Gegen einen banalen Schnupfen muss und kann sich niemand impfen lassen. Schließlich soll der Zwerg auch die nötigen Abwehrkräfte ausbilden können. Doch vieles, was in seiner Jugend »normal« war, wird heute medizinisch ganz anders gesehen. Muss der Kleine wirklich gegen Mumps und Röteln geimpft werden? »Das sind doch Kinderkrankheiten, die habe ich früher als kleiner Junge im Kindergarten gehabt, und nichts ist passiert«, wird er einwenden. Sie wird dann sagen, dass diese Krankheiten für Erwachsene sehr wohl gefährlich sein können. »Und da immer mehr Kinder gegen diese Krankheiten geimpft werden, kann es passieren, dass unser Zwerg im Kindergarten nicht von seinen Freunden angesteckt wird – weil die gar keine Röteln und keinen Mumps mehr bekommen können.« Spätestens dann wird auch er sich intensiv mit dem Thema beschäftigen, denn dass es für seinen Zwerg irgendwann einmal gefährlich werden könnte, weil er die Dinge nicht ernst genug genommen hat, das würde Mann sich nie verzeihen.

Geburtsanzeigen, Impfungen, Anstandsbesuche. Ja, Männer, alles das kommt auf euch zu. Jammern hilft nichts. Kinder machen nicht nur Spaß, sondern auch Arbeit. Wer den Weg vom Mann zum Vater erfolgreich gehen möchte, der muss sich frühzeitig an diesen Gedanken gewöhnen. Aber im Ernst: So schlimm ist das alles nicht. Viele Männer überrascht es, wie schnell sie in die Vaterrolle hineinwachsen. Wie viel Neues sie in kurzer Zeit lernen mussten, und welche Aufgaben zu bewältigen waren, begreifen Väter oft erst Jahre später, wenn sie sich an die ersten Wochen zu dritt erinnern. Meistens geschieht dies, wenn das zweite Kind im Anmarsch ist und Mann erstaunt feststellt, wie viel er in den Wochen und Monaten rund um die Geburt des ersten Kindes »ganz nebenbei« gelernt hat – und wie schnell das damals Erlernte wieder vergessen wurde. Der Mensch ist ein wahrer Weltmeister, wenn es darum geht, sich dringend benötigtes Wissen kurzfristig anzueignen. Das gilt insbesondere für die Gattung Mann. Vielleicht ist unser Kurzzeitgedächtnis besonders ausgeprägt. Jedenfalls lernen Väter schnell und mit erstaunlicher Leichtigkeit, wenn es um Dinge geht, die sie interessieren. Das zeigt die Erfahrung. Und da das Vatersein vor allem Spaß macht, ist diese Art des Lernens für ihn im wahrsten Sinn ein Kinderspiel.

### Selbst erlebt …

*Unser Sohn Mattis ist inzwischen vier Jahre alt. Seinen Schnuller braucht er nun nur noch nachts. Wir haben mal versucht, ihm den Schnuller ganz wegzunehmen. Sein Gejammer hat uns gezeigt, dass es dafür noch zu früh war. Als Mattis kleiner war, gehörte der Schnuller für ihn zur Grundausstattung. Eine Stunde ohne? Unvorstellbar. Schon im Krankenhaus war er ein echtes Schnullerkind. Die Schwestern waren strikt dagegen, ihm einen Schnuller zu geben. »So etwas gibt es bei uns nicht«, wetterten sie. »Das ist mein Kind, und bei uns gibt es das sehr wohl«, entschied meine Frau, als Mattis nicht aufhören wollte zu weinen. Kaum hatte er den Schnuller im Mund, herrschte Ruhe. Ganz anders Finya. Unsere Tochter schläft zwar auch mit Schnuller ein, doch anders als Mattis ist der Schnuller für sie eher ein Spielzeug, mit dem man sich die Zeit vertreiben kann, wenn die Langeweile kommt. Schon im Krankenhaus hat sie mit dem Schnuller lieber gespielt, als ihn in den Mund zu nehmen. Andere Kinder, andere Sitten …*

*Übrigens: Kinder vom Schnullern zu entwöhnen geht entschieden einfacher, als ihnen das Daumenlutschen abzugewöhnen. Die Erklärung: Den Daumen kann man ihnen nicht wegnehmen. Als wir Mattis zumindest tagsüber den Schnuller stibitzen wollten, haben wir einfach die Schnullerfee erfunden. Die kommt seither jeden*

*Morgen und bittet um seinen Schnuller. »Den braucht tagsüber ein kleines Baby«, haben wir ihm erklärt. Und seither freut er sich, dass sein Schnuller anderswo ein gutes Tagwerk vollbringt. Wichtig ist bei diesem Trick allerdings, dass man den Schnuller tagsüber gut versteckt. Denn wenn Mattis ihn einmal finden würde, müssten wir ihm erklären, warum die Schnullerfee ihn nicht abgeholt hat. Und mit vier Jahren können Kinder erstaunlich penetrant nachbohren, wenn ihnen Papas Erklärungsversuche nicht ausreichen.*

## Schlaue Tipps von »Ehemaligen«

Irgendwann nerven sie. Jeden. Diese ewigen Besserwisser-Tipps. Wer als gewordener Vater seine Ruhe haben möchte, der sollte frühzeitig einen Flug zum Mond buchen. Eltern, Freunde und Bekannte – sie alle werden sich rege an der Erziehung des Nachwuchses beteiligen.

Die meisten nur mit Rat, der engste Kreis oft auch mit Tat. Wenn es um Kinderfragen geht, scheint jeder ein Fachmann zu sein – mit Ausnahme der frisch gebackenen Eltern. Und jeder Außenstehende muss anscheinend seinen Senf dazugeben. Flucht ausgeschlossen. Die verbale Frontalattacke beginnt meist schon im Krankenhaus, wenn der Zwerg nach Herzenslust schreit und die abgekämpften Eltern ihn mit unzähligen unbrauchbaren Mitteln ruhig zu stellen versuchen. »Lasst ihn doch schreien, das ist gut für seine Lungen«, wird die Schwiegermutter dann sagen und eine ernste Miene aufsetzen, die ihre Allwissenheit ausdrücken soll. Jeder Kinderpsychologe würde in dem Moment die Hände vors Gesicht schlagen, denn längst gilt die Grundregel, dass Babys nie ohne konkreten Grund schreien. Entweder sie haben Hunger, sind müde, oder sie haben Schmerzen. Sie brüllen einfach nicht nur so drauflos, beispielsweise aus Langeweile. Dumm nur, dass der junge Papa in den seltensten Fällen ein ausgebildeter Psychologe ist, und so wird die Schwiegermutter seine Ausführungen mit einem »Ach Quatsch!« vom Tisch wischen. »Ich habe vier Kinder zur Welt gebracht«, wird sie argumentieren, »und aus allen ist was geworden. Und bei uns durften sie schreien, solange sie wollten.« Der gewordene Vater sollte gute Miene zum aussichtslosen Spiel zu machen – und weiter nach den wahren Gründen für Zwergis Schreiattacke zu suchen.

»Wir haben das früher so und so gemacht.« Das ist der Kernsatz vieler Ratschläge, die auf junge Eltern hereinprasseln. Dagegen ist natürlich schwer etwas zu sagen, allenfalls: »Und wir machen es heute anders.« Gut kommt so ein Konter in der Regel nicht an. Denn der Glaube der Altvorderen, jungen Eltern eine Lehrstunde in Sachen Kindererziehung aufdrängen zu dürfen, beruht vor allem auf ihrem angeblichen Wissensvorsprung. Und Großeltern haben es nicht gern, wenn ihre Weisheiten einfach so in den Wind geschlagen werden. »Ihr werdet noch an meine Worte denken«, gehört ebenfalls zum Standardrepertoire vieler Ehemaliger. Vor allem Frauen entwickeln ein erstaunliches Sendungsbewusstsein, wenn es um die Weitergabe von Traditionen geht. »Fangt bloß nicht schon jetzt an, den Zwerg zu verwöhnen«, wird die eine Oma sagen, während die Eltern verzweifelt weiter nach den Ursachen von dessen Schreiattacke suchen. »Das bekommt ihr später nie mehr aus ihm raus«, wird ihr die andere Oma beipflichten. Natürlich könnte der gewordene Vater nun einen Vortrag über den Aufbau von Urvertrauen halten, das für jedes Kind zu den elementaren Lebenserfahrungen zählt. Babys, die sich im wahrsten Wortsinn von Gott und der Welt verlassen fühlen, werden diese Entsagung elterlicher Nähe niemals wieder aufholen können. Die Menschwerdung beginnt keinesfalls erst, wenn ein Kind sprechen kann und somit in der Lage ist, eigene Forderungen und Ansprüche zu artikulieren. Schon die allerkleinsten Babys sind menschliche Wesen mit allen dazugehörenden Bedürfnissen. Und sie spüren sehr genau, wer sich um sie kümmert – und wie intensiv.

Wer den Großeltern genauer zuhört, könnte rasch denken, dass Geburt und Kindererziehung früher ausgesprochen rustikale Angelegenheiten waren. Das Gör wurde aus Mamas Schoß gequetscht, dann konnte es schreien, bis es blau wurde, und anschließend setzte es – rein prophylaktisch – erst einmal was auf den Hintern. Denn schließlich heißt Opas erste Weisheit für die Eltern des neuen Erdenbürgers: »Eine Tracht Prügel hat noch niemandem geschadet.« Solche Vorträge kann Mann in einem Wort zusammenfassen: gruselig. Aber jungen Eltern sei versichert, dass dieses Gerede schon bloßes Stammtischgewäsch war, als sie zur Welt kamen. Die Großeltern haben sich vermutlich genauso um ihren Nachwuchs gesorgt, als sie Eltern wurden, wie es junge Paare heute tun. Die Schwiegermutter hat ihr Kind sicherlich nicht schreien lassen, bis es blau wurde. Dafür sind Mütter einfach viel zu besorgt um ihren Zwerg. Das gilt für heute genauso wie für damals. Und Opa war vermutlich auch kein Schlägertyp. Diese Art Weisheiten vererben sich eher im Unterbewusstsein weiter. Es sind Klischees, die einfache Antworten für Momente bieten, in denen das Leben mit all seiner Komplexität zum Vorschein kommt. Beispielsweise im Krankenhaus, wenn der Zwerg schreit und selbst die Omas keinen wirklichen Rat wissen.

Generell können gewordene Eltern die Tipps aus ihrem Umfeld in drei Kategorien einordnen: brauchbar, sinnlos und skurril. Über Letztere darf gern gelacht werden – allerdings erst, wenn der Ratgeber den Raum verlassen hat. Bei kaum einem anderen Thema gibt es derart ulkige Thesen wie im Bereich der Kindererziehung. Zu den Running Gags gehört sicherlich die Wahnvorstellung, dass durch Onanieren das Rückenmark schwindet. Vermutlich hat diese blödsinnige Theorie irgendwann einmal eine Mutter aufgestellt, die verhindern wollte, dass ihr Junge in aller Öffentlichkeit an seinem Pillermann herumspielt. Ganz nach dem Motto: Wenn ich ihm genug Angst einjage, wird er damit schon aufhören. Mit allergrößter Wahrscheinlichkeit ist das Vorhaben gescheitert. Denn kleine Jungen lieben es, ihren Pillermann anzufassen, ihn zu reiben und zu quetschen. Liegt ja auch nah. Erstens ist dieses Spielzeug immer griffbereit, und zweitens wäre die Menschheit längst ausgestorben, wenn ihn das schlaffe

Teil da unten nicht interessieren würde. Trotzdem gibt es Momente, in denen Zwergis Griff in den Genitalbereich den Eltern die Schamesröte ins Gesicht treiben kann. Vor allem im Kindergartenalter sind die Kleinen ganz vernarrt in ihr bestes Stück, und so kann es schon mal vorkommen, dass sich der Nachwuchs plötzlich bäuchlings auf den Boden legt und fröhlich ausruft: »Guckt mal, ich schubbere!« Wenn dann ausgerechnet der Chef samt Frau zu Besuch ist, darf Mann schon einmal sagen: »Mach das gefälligst in deinem Zimmer.«

Zu späteren Verhaltensstörungen kann auch ein überzogenes Geschlechterdenken führen. Vor allem Mädchen sind hiervon bedroht. Großeltern und Freunde lieben es, jungen Paaren für ihre kleine Prinzessin rosa Kleidung zu kaufen. Wenn dann auch noch das Kinderzimmer rosa gestrichen ist, das Bettchen rosa schimmert, ein rosa Mobile über dem Kopf der Kleinen baumelt und sogar der Kuschelteddy rosa leuchtet, dann ist der Overkill erreicht. Denkt man diesen Ansatz konsequent zu Ende, dann endet das Baby einmal im Dunstkreis von Küche und Kindern. Und dieses Denken von anno dazumal strebt heute sicherlich kein Elternteil mehr an. Natürlich ist es niedlich, wenn die kleine Maus in einem rosa Röckchen in ihrem Kinderwagen liegt. Aber muss der wirklich auch noch rosa sein? Väter, denen der Rosa-Wahn ihrer Liebsten zu viel wird, dürfen gern einmal darauf hinweisen, dass die Kleine keine Barbiepuppe ist, sondern ein Mensch aus Fleisch und Blut. »Aber unser Zwerg ist doch noch so klein, dem macht es doch nichts aus«, wird sie antworten. Doch kann Mann sich da so sicher sein? Nehmen Babys ihre Umgebung wirklich noch nicht bewusst wahr? Fest steht: Ein Kind sollte nie zu einer Art Spielzeug werden, in das sie oder er die eigenen Wünsche und unerfüllten Träume projezieren. Sonst endet der Zwerg später vielleicht noch als Tanzmaus in einer Castingshow oder als magersüchtige Schönheitskönigin.

Vor allem Großmütter werden jede Minute mit dem Nachwuchs genießen. »Du bist ja ein soo süßes Baby, du, du, du!« Da fallen längere Trennungen naturgemäß schwer. Sehr schwer. Und noch schwerer. »Wann darf ich den Zwerg denn wieder mal sehen?«, fragt die eine Oma gern schon, wenn sie den Kleinen gerade erst wieder den leiblichen Eltern übergibt. Und die andere hat vermutlich schon x-mal auf dem Handy angerufen, um zu fragen, wann sie das Baby endlich betüddeln darf. Als gewordener Vater muss man darauf achten, dass die zeitlichen Gewichtungen dabei nicht zu ungleich ausfallen. Denn Achtung: Mutter und Schwiegermutter zählen mit. Drei Besuche hier, fünf Besuche da. Das geht nicht. Sonst heißt es schnell: »Was ihr da macht, das finde ich nicht fair.« Oder noch versteckter: »Ich bekomme sehr wohl mit, wie hier der Hase läuft.« Wenn Mann dann nachfragt, wie diese Anspielung zu verstehen ist, folgt ein kurz angebundenes: »Du weißt schon, was ich meine.« Bevor Mutter oder Schwiegermutter den gewordenen Vater dann endgültig rat- und sprachlos zurücklassen.

Gerne nutzen Großeltern ihre Enkel-Knuddel-Zeiten, um auszuforschen, was die frisch gebackenen Eltern alles verkehrt machen. »Es geht aber nicht, dass ihr den Zwerg hier ohne Mütze abgebt. Kinder müssen immer warm angezogen sein. Sonst werden sie krank.« Oder: »Also euer Kinderwagen, der fährt wirklich nicht gut. Die Räder blockieren immer.« Das sind Sätze, die dem gewordenen Vater zu Ohren kommen, wenn er seinen Zwerg von Oma und Opa abholt. Natürlich wird Papa einwenden, dass er seinem Zwerg immer eine Mütze aufsetzt – aber nicht im Hochsommer bei annährend 30 Grad. Und dass sich der Kinderwagen ausgezeichnet schieben lässt – wenn man nur vorher die Bremsen löst. Doch derartige Wahrheiten halten Großeltern nicht davon ab, beim nächsten Mal mit neuen Vorwürfen zu kommen. Mal riecht ihnen der Zwerg zu streng (»Wie oft badet ihr das Kind eigentlich?«), oder sie mokieren sich darüber, dass das Kind zu selten an die frische Luft kommt (»Geht ihr eigentlich mit euerm Kind auch mal spazieren?«). Die Bandbreite der Spitzfindigkeiten ist groß, und Großeltern wissen, wie sie gezielte Nadelstiche setzen können. Oft scheint es dabei so, als wollten sie mit all der Besserwisserei nur zeigen, dass sie eigentlich die besseren Eltern wären. Und egal, was die leiblichen Eltern auch versuchen: Diesen Irrglauben kann man Oma und Opa nicht austreiben.

Wer glaubt, dass nur die eigene Familie mit gut gemeinten Ratschlägen daherkommt, der wird sich wundern. Und zwar kräftig. Denn auch der Freundeskreis möchte einem schließlich ideenreich zur Seite stehen. Und die Nachbarn. Und entfernte Bekannte. Sogar Mitmenschen, die selbst gar keine eigenen Kinder haben. Deren Belehrungen beginnen meist mit dem Satz »Ich habe gelesen …« Na, dann muss es ja stimmen. Die Qualität der Dialoge kann dabei wahrhaft unterirdisch sein. Beispielsweise, wenn sich Papa mit seinem Zwerg verabschiedet, um dem Kleinen die Zähne zu putzen. Dann kann schon einmal ein Aufschrei der Entrüstung losbrechen: »Was, ihr putzt dem Kleinen schon die Zähne? Der hat doch erst sechs.« Die Lehrstunde geht ungebremst weiter: »Man putzt doch erst die Zähne, wenn wirklich alle da sind.«Dass es diesen sechs Zähnen herzlich egal ist, ob neben ihnen schon ein Kollege durchgebrochen ist, und jeder Zahn von Beginn an Pflege benötigt, wenn er möglichst lange ohne Karies und Parodontose seinen Dienst tun soll, reicht dann als Argument nicht aus. Jetzt wird der Joker ausgespielt: »Habe ich jedenfalls gelesen.« War klar. Dann muss es ja stimmen. Manchmal ist es wirklich besser, den Dingen ihren Lauf zu lassen. Und die Ohren auch mal auf Durchzug zu stellen.

## Selbst erlebt ...

*Kinder sind schizophren. Unser Mattis zumindest. Engelchen und Teufelchen liegen bei ihm nah beieinander. Der besondere Clou dabei: Er weiß, wann es sich lohnt, welche Maske aufzusetzen. Bei meiner Frau spielt er gern die Rolle des Teufelchens, weil er genau weiß, wie sehr er Nicole damit auf die Palme bringen kann. Bei meiner Mutter ist er das Engelchen, weil er weiß, dass er sich dann alles bei ihr erlauben darf. Nur ab und an, da klappt die gezielte Rollenverteilung nicht so recht. Jüngst beispielsweise, als ihn Mama und Oma zum Kinderarzt brachten, weil er einen schmerzhaften Ausschlag auf der Zunge hatte. Vermutlich hat es Mattis in schwere Gewissenskonflikte gestürzt, dass ihn beide begleiteten. Denn nun konnte er ja nur eine Seite seines Ichs zur Aufführung bringen. Die Entscheidung zugunsten des Teufelchens, und so schrie er die komplette Arztpraxis zusammen. Auch nach der Behandlung ging es munter weiter. »Ich will keinen Bonbon. Ich will nicht nach Hause. Ich will nicht in deinen Arm. Ich will nicht ...« Oma war schwer entsetzt. So kannte sie ihren Mattis noch gar nicht. Plötzlich kam kein kluger Spruch mehr wie »Bei mir ist der Kleine immer lieb«. Sattdessen polterte sie los: »Dem Jungen gehört mal kräftig der Hintern versohlt.« Als ich davon hörte, konnte ich kaum glauben, dass meine Mutter so etwas gesagt hatte. Und dann auch noch über ihren kleinen Sonnenschein. Übrigens: Genau wie die meisten ihrer anderen Ratschläge haben wir auch diesen nicht befolgt. Und wir fahren ganz gut damit ...*

## Wie man trotz Nachwuchs der Pleite entgeht

Früher bekamen junge Eltern vom Staat Erziehungsgeld, und wer gerade ein Haus gebaut oder gekauft hatte, der bekam pro Kind und Jahr noch einmal 800 Euro Eigenheimzulage drauf. Und heute? Alles gestrichen. Nix geht mehr, weil nix mehr zu holen ist. Früher war alles besser. Oder? Die Antwort ist simpel: Nein, früher war bestimmt nicht alles besser, das gilt auch für junge Familien. Deutschland ist nach wie vor kein Kinderparadies, doch auch heute gibt es verschiedene Sozialleistungen für gewordene Eltern. Und so fließt neben dem Kindergeld seit Jahresbeginn 2007 auch das neu eingeführte Elterngeld. Hinzu kommen Kinderfreibeträge, die die Steuerabzüge senken. Also keine Angst: Kinder treiben einen nicht so leicht in den Ruin. Doch Eltern sollten sich rechtzeitig informieren, wo und wann sie Zuschüsse beantragen müssen und welche Gelder ihnen zustehen.

Bei den staatlichen Hilfsmitteln fällt den meisten Vätern zuerst das Kindergeld ein. Das gab es schon, als sie selbst noch kleine Jungs waren, rund 50 D-Mark sackte Mama damals pro Monat für das erste Kind ein. Heute werden für das erste bis dritte Kind exakt 154 Euro pro Monat ausgeschüttet. Für das vierte und jedes weitere Kind gibt es 179 Euro. Na ja, satt geht anders – mager ist das passendere Wort: Für 154 Euro gibt es einen Mittelklasse-Kinderwagen, einen halbwegs stabilen Wickeltisch oder einige Monatspackungen Windeln der Spitzenqualität. Wer 179 Euro erhält, kann gerade mal einen Esprit-Kinderpulli draufpacken (wer clever ist, kann auf Flohmärkten und in Second-Hand-Läden gerade bei Kinderkleidung viel Geld sparen). Viel ist das nicht. Aber immerhin ein Anfang. Das Geld sichert der clevere Vater bei der zuständigen Familienkasse; wer seine Brötchen als Beamter verdient, für den ist die entsprechende Vergütungsstelle zuständig. Als Anspruchsnachweis reicht eine Geburtsurkunde des Zwergs aus. Grundsätzlich kindergeldberechtigt sind Familien, die in Deutschland ihren Wohnsitz haben; wer im Ausland lebt und dort Kindergeld beziehen möchte, muss in Deutschland zumindest einkommensteuerpflichtig sein. Das Geld wird gezahlt, bis der Zwerg volljährig wird beziehungsweise bis zur Vollendung des 25. Lebensjahres, wenn der Nachwuchs sich entsprechend lange mit Studium oder Berufsausbildung aufhält.

Weitaus wichtiger als das Kindergeld ist für viele junge Familien das neue Elterngeld. Nach dessen Einführung wurde das Erziehungsgeld gestrichen. Wobei das Elterngeld fraglos ein echter Fortschritt ist – vor allem für Mütter, die vor der Geburt als Festangestellte gearbeitet haben und die sich nun ein komplettes Jahr um ihren Zwerg kümmern können, ohne finanziell ins Bodenlose zu fallen. Das Geld gibt es für die ersten zwölf bis vierzehn Monate nach der Geburt, die genaue Summe richtet sich nach dem Einkommen des Elternteils, der das Elterngeld beantragt. Zeitlich ist auch eine Splittung möglich. Wenn die Mama also das erste Halbjahr das Elterngeld nutzen möchte, um danach wieder zu arbeiten, kann der Papa die restliche Zeit die Hilfe in Anspruch nehmen und eine Jobpause einlegen. Das Elterngeld wurde im September 2006 vom Bundestag beschlossen und gilt für alle Kinder, die nach dem 31. Dezember 2006 geboren wurden. Für Normalverdiener beträgt das Elterngeld 67 Prozent des zuvor bezogenen monatlichen Nettoeinkommens. Für Geringverdiener kann es sogar noch mehr geben. Pro zwei Euro unterhalb von 1000 Euro steigt der Prozentsatz jeweils um 0,1 Prozentpunkte auf maximal 100 Prozent an. Damit der Staat nicht von Multimillionären geschröpft wird, gibt es auch eine Maximalgrenze: Bestenfalls werden 1800 Euro Elterngeld pro Monat gezahlt.

Auch an Studenten und Arbeitslose wurde gedacht. Wer kein eigenes Einkommen nachweisen kann, für den gilt ein zwölfmonatiges Mindest-Elterngeld in Höhe von 300 Euro. Das Gute hierbei: Diese Summe wird nicht mit anderen Sozialleistungen wie dem Arbeitslosengeld II verrechnet. Auch eine Ausdehnung des Bezugszeitraumes ist möglich. So kann ein Elternteil beispielsweise das Elterngeld über zwei Jahre hinweg beantragen, wenn monatlich lediglich die Hälfte des Betrages in Anspruch genommen wird, der Vater oder Mutter zusteht. Auch Geschwister machen sich bezahlt. Wer zwei Kinder unter drei Jahren oder drei Kinder unter sechs Jahren nachweisen kann (das Neugeborene mitgezählt), der erhält einen Bonus in Höhe von zehn Prozent, mindestens jedoch einen Aufschlag in Höhe von 75 Euro. Gesetzlich Krankenversicherte sind während der Elterngeld-Zahlungen kostenlos versichert (außer studentisch Krankenversicherten). Privat Versicherte müssen ihre Beiträge weiterhin zahlen, allerdings wird bei der Berechnung des Elterngeldes der Versicherungsbeitrag nicht vom Bruttoeinkommen abgezogen.

Vom neuen Elterngeld unberührt bleibt das Mutterschaftsgeld. Wie es der Name schon ausdrückt, schauen Väter hierbei finanziell in die Röhre. Diese Art der Unterstützung wird nur dem weiblichen Geschlecht gewährt. Anspruch haben alle Frauen, die vor der Geburt des Kindes pflicht- oder privat versichert waren. Das Geld fließt im Zeitraum von sechs Wochen vor der Geburt bis acht Wochen nach der Geburt (bei Früh- oder Mehrlingsgeburten sogar bis zwölf Wochen nach der Geburt). Derzeit gibt es von Vater Staat maximal 13 Euro pro Kalendertag. Klingt auf den ersten Blick wenig, doch die Geschichte summiert sich rasch zu einem ansehnlichen Betrag. Denn nun kommt der Clou: Der Arbeitgeber legt den Restbetrag drauf, so dass der gewohnte Durchschnittsverdienst der vergangenen 13 Wochen erreicht wird. Nicht ganz so doll sieht es für Geringverdiener aus. Sie erhalten lediglich eine Einmalzahlung in Höhe von 210 Euro. Die gibt es direkt vom Bundesversicherungsamt. Auch Selbstständige gehen nicht zwangsläufig leer aus. Ob sie Mutterschaftsgeld erhalten, hängt davon ab, wie sie versichert sind: Frauen, die freiwillig gesetzlich versichert sind und Anspruch auf Krankengeld haben, bekommen auch Mutterschaftsgeld – und zwar in Höhe des Krankengeldes. Wer es genau wissen möchte, sollte sich an seine Krankenkasse wenden. Der Antrag auf Mutterschaftsgeld kann erst mit der Bescheinigung eines Arztes oder einer Hebamme hinsichtlich des errechneten Geburtstermins bei der Krankenkasse gestellt werden.

Ein indirekter Zuschuss für gewordene Eltern ist der Kinderfreibetrag. Dahinter verbirgt sich eine geringere Einkommensteuer. Der Kinderfreibetrag kann anstelle des Kindergeldes in Anspruch genommen werden. Auf gut Deutsch: Kindergeld und Kinderfreibetrag gibt es nicht, Mann muss sich für das eine oder das andere Modell entscheiden. Für jedes Kind wird dem Steuerpflichtigen pro Jahr ein Freibetrag in Höhe von 1824 Euro gewährt. Obendrein gibt es für jedes Kind pro Jahr einen Freibetrag in Höhe von 1080 Euro für den Betreuungs- und Ausbildungsbedarf. Bei Ehepaaren, die steuerlich gemeinsam veranlagt sind, verdoppeln sich die Freibeträge auf 3648 Euro beziehungsweise 2160 Euro. Somit summiert sich der Kinderfreibetrag im Maximalfall auf stolze 5808 Euro. Wer jetzt spontan denkt: »Wow, so viel geschenktes Geld!«, den holt die Wirklichkeit schnell wieder ein. Denn diese Summe kann nur gespart werden, wenn Mama und Papa auch entsprechend verdienen. Zumeist ist der Steuerfreibetrag nur für Eltern interessant, die ein ausgesprochen hohes Einkommen beziehen. In der Regel prüft das Finanzamt, welche Variante – Kindergeld oder Kinderfreibetrag – für die Versicherten von Vorteil ist.

Fakten, Fakten, Fakten. Wer soll sich denn all das merken? Ganz einfach: Sie, lieber Vater. Denn hier geht es um Ihr Geld.

Und aus lauter Faulheit möchten Sie doch sicherlich nicht darauf verzichten – oder? Wer seinen Kopf lieber in den Sand steckt und denkt, dass ihn schon irgendwer im richtigen Moment auf diese Geldtöpfe aufmerksam machen wird, der dürfte rasch merken, dass hier die alte Weisheit gilt: Selbst ist der Mann. Der Staat fordert den mündigen Bürger, und wer die Dinge einfach auf sich zukommen lässt, steht finanziell schnell im Abseits. Das gilt auch rund ums Thema Schnäppchenjagd. Väter, die noch nie einen Aldi-Markt von innen gesehen haben, weil sie aus Prinzip nur beim Feinkosthändler einkaufen, werden sich wundern, wie teuer die Grundausstattung für ihren Zwerg ist. Markenpullover für Kleinkinder sind kaum günstiger als für Erwachsene. Schuhe nehmen sich preislich noch weniger. Windeln gibt es auch nicht umsonst, und die Babynahrung aus dem Bioregal schlägt kräftig zu Buche. Wer am Monatsende nicht von Zwieback und Wasser leben möchte, muss entweder Vorstandsvorsitzender einer Großbank sein, oder er weiß, wo und wie es die gleiche Ware billiger gibt.

Die »Tour de Geiz« starten immer mehr Eltern im Internet. Da gibt es Börsen, virtuelle Kindermarktplätze, und selbst Branchenriesen wie Amazon und E-Bay haben längst erkannt, wonach Eltern am liebsten stöbern, um ihr Portemonnaie zu entlasten. Wobei: Es geht noch einfacher. Fast jeder hat im Freundeskreis Paare, die auch gerade Eltern geworden sind. Die sind oft froh, wenn sie die Klamotten ihres Zwergs an Gleichgesinnte vererben können. Dass dafür ein entsprechender Obolus fällig wird, versteht sich von selbst. Also bitte nicht die Tüten mit dem Spielzeug und den Hosen schnappen, kurz danke sagen und auf Nimmerwiedersehen verschwinden. Lieber vorher einen Preis abmachen und während eines gemütlichen Familienabends zu viert gucken, was wirklich gebraucht wird. Denn schnell stapeln sich die Kisten und Kartons mit unnötigem Kinderkram zu Hause bis unter die Decke. Lohnend sind auch kurze Briefe an Firmen wie Hipp, Alete oder Pampers mit dem Hinweis, dass man in absehbarer Zeit ein Kind erwartet. Viele Markenhersteller verschicken regelmäßig Probepackungen an junge Eltern, oder es gibt Rabattkarten, mit denen man die entsprechenden Produkte vergünstigt einkaufen kann.

Vor allem Frauen lieben es, in speziellen Second-Hand-Läden für Kinderwaren zu stöbern – am allerliebsten gemeinsam mit einer Freundin. »Ach ist das niedlich«, sagt dann die eine, und die andere erwidert: »Und sieht aus wie neu.« Wer ahnt, dass seine Liebste in einem Kaufrausch-Anfall ganze Regale leer räubern könnte, sollte lieber mitgehen. Vor allem, da in diesen Gebrauchtwarenläden selbst Markenpullover meist nur wenige Euro kosten und Frau häufig nach allem greift, was nicht niet- und nagelfest ist. Kleiner Tipp: Auch Spielzeug gibt es in vielen dieser Läden zu kleinem Preis. Noch günstiger geht es meist auf Flohmärkten zu. Diese lassen sich grob in zwei Kategorien unterteilen: einerseits der »reguläre« Flohmarkt, auf dem von der Autopolitur bis hin zu frischen Kartoffeln alles zu bekommen ist, andererseits der »Kinderflohmarkt«, auf dem nicht mit Kindern gehandelt wird, sehr wohl aber mit Kinderutensilien aller Art. Am spannendsten sind meist die Märkte, die vor allem auf private Anbieter setzen. Die gewerblichen Ständebetreiber wissen sehr genau, was ihre Angebote wert sind, auf dem privaten Tapeziertisch wechseln hingegen Pullover, Kinderspiele und Bobbycars häufig zu wirklichen Schnäppchenpreisen die Besitzer. Da dies auch die professionellen Händler wissen, lohnt es sich, früh aufzustehen. Die besten Angebote sind oft schon weg, bevor ein Flohmarkt offiziell beginnt.

Internet, Second-Hand-Läden, Flohmärkte. Damit nicht genug. Man kann das Geiz-ist-geil-Prinzip problemlos auf die Spitze treiben. Es gibt Mütter, die stillen jahrelang, weil die

Muttermilch frei Haus geliefert wird und somit den Geldbeutel nicht belastet. Gesundheitsfanatiker pachten sich einen Schrebergarten, um dort für den Nachwuchs frisches Gemüse anzubauen. Schließlich weiß man nie, was für Schadstoffe in einem fertigen Gläschen lauern. Und selbst gezogene Wurzeln und Kartoffeln sind natürlich ausgesprochen kostengünstig – was man von der Fertignahrung nicht gerade behaupten kann. Fundamentalisten schwören gar nach wie vor auf Stoffwindeln. Die Sache stinkt zwar schnell zum Himmel, doch dafür steht nicht jede Woche eine volle Windel-Mülltonne vor der Tür – und Babys Po wird es Mamas heldenhaftem Einsatz danken. Denn weicher als jede Papierwindel sind die Stoffmonster ohne Frage. Frau muss nur wissen, wie viel Einsatz ihr letztlich die Sache wert ist. Von Männern, die sich bereit erklärt haben, das Waschen von Stoffwindeln zu übernehmen, ist dem Autor jedenfalls nichts bekannt.

### Selbst erlebt …

*Paare, die ein Kind bekommen wollen, denken dabei selten zuerst ans Geld. Klar, man überlegt sich, ob man dem Zwerg die Umgebung bieten kann, die er verdient. Doch wer plant schon den Zeitpunkt der Geburt nach finanziellen Aspekten? 2007 war alles anders. Weil zum 1. Januar das Elterngeld eingeführt wurde, dürften viele Paare genau dies in ihre Planungen mit einbezogen haben. Ein Jahr ausreichend Geld für Mamas oder Papas heimatlichen Kinderwachdienst? Nicht schlecht. Nachdem klar war, dass das Elterngeld kommen würde, habe auch ich mit meiner Frau abgesprochen, dass wir unser zweites Kind so ansetzen wollten, dass es frühestens im Januar 2007 zur Welt kommen würde. Dumm nur, dass wir da schon einen Monat am Üben waren – und in solchen Momenten kann man sich sicher sein, dass es mit der Schwangerschaft auch gleich klappt. So wurde unsere Finya im September 2006 geboren, dreieinhalb Monate zu früh fürs neue Elterngeld. Der Ärger hielt sich in Grenzen. Kinder kommen eben, wann sie es für richtig halten. Und überhaupt: Was soll's, wir haben's ja dicke …*

## Windeln wechseln. Das Überleben ohne Nasenklammer

Wenn es ums Windelnwechseln geht, dann fühlen sich erwachsene Männer schnell an einen alten Kinder-Abzählreim erinnert. »Wer hat Angst vorm Schwarzen Mann? Niemand! Und wenn er kommt? Dann laufen wir« – und zwar möglichst weit weg. So weit, dass die Frau des Hauses einen nicht finden kann und selbst zur Tat schreiten muss. Zu denen, die ums Windelnwechseln einen möglichst großen Bogen machen, gehört auch Franz Beckenbauer. Unser aller Fußball-Kaiser gab in einem Interview zu, diese Aufgabe für gewöhnlich seiner Liebsten zu überlassen. Ist ja auch logisch, oder? Welcher Kaiser gibt sich schon freiwillig mit derart profanen Tätigkeiten ab? Da jedoch Kaiser und Könige in Deutschland vom Aussterben bedroht sind und die modernen Zeiten auch im Kinderzimmer die Arbeitsteilung eingeführt haben, muss er meist ebenso ran wie sie. Und damit die Geschichte nicht im Desaster endet, sollten einige Vorkenntnisse vorhanden sein. Viele Männer, die ihre Frauen zu einem Schwangerschaftskursus begleitet haben, durften zumindest schon einmal an einer Puppe üben, wie es geht. Oder besser: Wie es gehen sollte. Denn zwischen Praxis und Theorie klafft auch hier eine erhebliche Lücke. Dabei gehört das Windelnwechseln zu den elementaren Tätigkeiten des Elternseins.

Schon bevor es losgeht, sollten einige Details geklärt sein. Dazu gehört die Windelfrage. Wegwerfwindel oder Baumwollwindel – was soll es sein? Greenpeace empfiehlt die letztere Variante. Wie viel einem das ökologische Bewusstsein wert ist, muss am Ende jeder für sich entscheiden. Die wenigen Paare, die die Mehrwegvariante wählen, sprechen unisono von einem erheblichen Arbeitsaufwand. Und lecker ist die Sache natürlich auch nicht gerade. Die große Mehrheit der Deutschen setzt statt auf reines Bewusstsein lieber auf klinisch reine Windeln, die nach einfachem Gebrauch im Müll landen. Eltern, die diesen Weg gehen, werden sich wundern, wie viele Müllsäcke sich in ihrem Vorgarten stapeln. Babys brauchen bis zu zehn Windeln am Tag, macht pro Woche bis zu siebzig Windeln. Da hält die dickste Mülltonne nicht mit. Wobei Wegwerfwindel längst nicht gleich Wegwerfwindel ist. Väter, die von ihrer Liebsten auf Einkaufstour geschickt werden, müssen vor allem die verschiedenen Größen beachten. Bei Babys geht es mit der Zwergen-Variante los, später werden die Windeln Schritt für Schritt größer. Auch qualitativ gibt es Unterschiede. Wobei teuer nicht immer gut heißen muss. Es gibt sogar Kinder, die auf einzelne Windelarten im wahrsten Wortsinn allergisch reagieren. Bevor die Eltern auf die allergiefreie Baumwoll-Variante umsteigen, sollten zunächst noch zwei oder drei Konkurrenzprodukte ausprobiert werden. Wenn auch dieser Trick nicht fruchtet und sich der Körper des Zwergs partout gegen die Wegwerfwindeln zur Wehr setzt, dann gibt es jedoch irgendwann kein Zurück mehr, und es heißt waschen und abkochen, abkochen und waschen. Tag für Tag. Wat mut, dat mut. Und zur Beruhigung: Diese allumfassende allergische Reaktion kommt höchst selten vor.

Wer sich für oder gegen die Einwegwindel entschieden hat, der sollte noch einmal kontrollieren, ob die frisch aufgebaute Wickelkommode den Anforderungen entspricht. Die meisten Kommoden werden bei Ikea oder im Kinderfachmarkt um die Ecke gekauft und gleich ins Auto verladen. Dann geht Mann ans Werk und zimmert das gute Stück in Heimarbeit zusammen. Da nicht jedes männliche Wesen zum Handwerker taugt, darf ein Kommoden-Testlauf nicht fehlen. Einfach kurz mit dem Ellenbogen auf die Oberfläche schlagen, das Ganze einige Male wiederholen. Wenn die Kommode dann noch steht und lediglich der Arm schmerzt, ist alles okay. Sollte vor ihm nun jedoch ein Bretterhaufen liegen, war entweder die Qualität der Kommode zu schlecht, oder Mann hat zwei linke Hände. Ratsam ist es, über der Wickelkommode so viele Regale wie möglich anzubringen. Wenn dann noch eine Wärmelampe drunter passt – umso besser. Denn Zwerge haben es ausgesprochen gern, wenn sie warm liegen. Auf den Regalen muss alles verstaut werden, was fürs Wickeln notwendig ist. Dazu gehören Babyfeuchttücher, Babycreme, Trockentücher, Ersatzkleidung – und natürlich frische Windeln. Denn beim Wickeln gilt als oberster Grundsatz: Immer eine Hand am Kind behalten. Sonst droht akute Sturzgefahr. Und das ist der Supergau, der nie passieren darf. Also noch mal: Alles, was zum Wickeln benötigt wird, muss sich in Griffweite befinden. Wirklich alles.

Nie in Griffweite befinden dürfen sich hingegen spitze Gegenstände jedweder Art. Mann glaubt gar nicht, welche Kräfte ein Zwerg entwickeln kann, wenn er etwas sieht, an das er unbedingt herankommen möchte. Eine Nagelschere kann ja so verlockend sein. Oder der Bleistift, mit dem Mama immer notiert, wann die Windeln zur Neige gehen. Kinder haben einen siebten Sinn für Dinge, die sie nicht dürfen. Und Verbotenes reizt natürlich. Hier liegt es an Mama und Papa, dafür zu sorgen, dass der Zwerg selbst dann nicht an Schere und Stift gelangen kann, wenn er zum Super-Zwerg wird. Sehr empfehlenswert ist die Anschaffung eines sogenannten Windeltwisters, der gleich neben der Wickelkommode postiert werden sollte. Bei dieser Art verschließbaren Mülleimers werden die Windeln oben hineingestopft, dann muss einmal am Verschluss gedreht werden, und schon ist das stinkende Etwas vakuumverpackt in einer Tüte gefangen. Dadurch werden die Dämpfe auf ein Minimum reduziert, was vor allem Väter zu schätzen wissen. Wobei Babys Ausdünstungen zu Beginn eher harmlos sind. Das ändert sich allerdings rasch. Nach den ersten Monaten stinkt die Geschichte – nicht unbedingt bis zum Himmel, aber doch das gesamte Kinderzimmer voll. Ein Windeltwister kann da wahrlich Gold wert sein.

Wenn die Planungen abgeschlossen sind, kann der Nahkampf beginnen. Allen Vätern dieser Welt sei versichert: Ohne eine gehörige Portion Nervosität nähert sich niemand dieser Aufgabe. Doch je relaxter Mann ans Werk geht, desto besser. Dann heißt es: üben, üben, üben. Der Ablauf ist immer der gleiche. Der Zwerg wird mitten auf der Ablagefläche der Wickelkommode positioniert. Dabei nie die goldene Grundregel vergessen und stets eine Hand am Kind lassen. Meistens haben Babys einen Body an, der sich bequem im Schritt mit drei Druckknöpfen öffnen lässt. Das geht wirklich einfach. Dann wird der Zwerg an den Beinen kurz angelupft, und der Body nach oben geschoben. Nicht bei jedem Wechseln der Windeln muss Mann den Zwerg komplett nackig machen. So viel Arbeit ist nur angesagt, wenn der Kleine im wahrsten Wortsinn alles gegeben hat und die Windel nicht ausreichte, um das Ergebnis aufzufangen. Dann ist umgehend ein Duschbad zu empfehlen. Nasenklammer inklusive. Im Normalfall kann gleich nach dem Hochschieben des Bodys das Windelwechseln beginnen. Zuerst muss die alte Windel entfernt werden. Dafür werden die Klebestreifen auf Bauchnabelhöhe gelöst, dann wird der obere Teil der Windel nach unten gezogen, bevor Zwergis Po erneut leicht hochgehoben wird und die Windel unter ihm hervorgezogen werden kann. Die Windel anschließend gut zusammenfalten und im Windeltwister entsorgen. Fertig ist Teil eins der Geschichte.

Weiter geht es mit dem Säubern des Zwergs. Dabei gilt: Keine Angst vor dreckigen Fingern. Babys Po muss rundum sauber werden, sonst kann es schnell zu Entzündungen kommen. Praktisch sind Einmal-Feuchttücher, die es in jeder Drogerie gibt.

Nach dem Feuchttucheinsatz muss Zwergis Haut gründlich abgetrocknet werden, auch hierfür gibt es spezielle Tücher. Während des Säuberns kann eigentlich wenig falsch gemacht werden. Bei Mädchen sollte allerdings darauf geachtet werden, dass von vorn nach hinten gewischt wird, damit keine Darmbakterien in die Scheide gelangen können. Wenn Zwergis Po wieder blitzeblank ist, geht es weiter mit Teil drei: dem Anlegen der neuen Windel. Dafür werden noch einmal beide Beine mit einer Hand hochgehoben, bevor die Windel unter Zwergis Po geschoben wird. Zum Schluss die Windel mit den Klebestreifen wieder auf Höhe des Bauchnabels verschließen – und natürlich nach jedem Wickeln das Händewaschen nicht vergessen. Alles ganz einfach. Und nach ein paar Dutzend Einsätzen ist jeder Vater ein wahrer Meister im Wickeln.

Es geht natürlich auch schwerer. Zu den unnötigen Hürden des Wickel-Handwerks gehören Strampler und Bodys, die mit Knöpfen und Reißverschlüssen gesichert sind wie Fort Knox. Das Ergebnis ist ein heilloser Wirrwarr, der Väter schnell überfordert und ihnen den Spaß am Windelnwechseln raubt. Albtraumhaft sind Unterhosen für Babys, weil sie im Gegensatz zu Bodys, die sich im Schritt öffnen lassen, stets komplett ausgezogen werden müssen. Gerade für Väter, die sich noch im Übungsstadium befinden, sind sie nicht geeignet. Da Neugeborene kaum riechen, empfiehlt es sich, vor dem Gang zur Wickelkommode erst einmal zu testen, ob sich der Aufwand überhaupt lohnt. Ob der Zwerg wirklich die Hose voll hat oder nicht, lässt sich überprüfen, indem der Body einfach etwas zur Seite geschoben wird. Wie viel in der Hose ist, ist übrigens egal. Selbst das minimalste Geschäft sollte umgehend bereinigt werden. Babypopos sind ausgesprochen empfindlich, und bei allem Verständnis für männliche Faulheit: Abzuwarten, bis der Zwerg nachlegt oder bis die Liebste vom Einkaufen zurückkehrt, ist schlichtweg inakzeptabel.

Das Windelwechseln eignet sich auch ideal, um Zwergis Körper regelmäßig genauer unter die Lupe zu nehmen. Vor allem Jungen haben Stellen, von denen der Vater mehr versteht als die Mutter. Meistens jedenfalls. Penis und Hoden sind seine Reiche, hier kennt Mann sich aus. Entsprechend ist es seine Aufgabe, darauf zu achten, dass im Genitalbereich alles normal aussieht. Wenn nicht, sollte er die Liebste darauf hinweisen, um gemeinsam mit ihr eine genaue Begutachtung vorzunehmen. Zu den häufigsten Auffälligkeiten beim Windelnwechseln zählt ein geröteter Po. Das ist kein Grund, gleich Alarm zu schlagen und den nächsten Arzttermin klarzumachen. Meist hilft eine einfache Wundsalbe, und die Geschichte ist einen oder zwei Tage später vergessen. Wiederholt sich die Sache allerdings regelmäßig, ist Obacht geboten. Und nicht mit dem Gang zum Arzt warten, bis Zwergis Po wie der Hintern eines Pavians leuchtet. Die Ursache für einen geröteten Po ist meistens das Essen. Auffällig viele Kleinkinder reagieren allergisch auf die unterschiedlichsten Dinge. Das eine verträgt keine Tomaten, das andere kein Fleisch, vor allem schärfere Gemüsesarten wie Paprika entpuppen sich häufig als Verursacher. Das Schöne dabei: Wissen die Eltern, woran es liegt, reicht es, die Nahrung entsprechend umzustellen. Schon ist Zwergis wunder Po Vergangenheit.

Bei vielen jungen Eltern ist das Windelnwechseln auch heute noch ein heikles Thema. Oft fühlen sich die Frauen von ihren Männern im Stich gelassen, wenn der Ernstfall eintritt. Es gibt fraglos schönere Aufgaben, und vor allem Männer scheinen einen gewissen natürlichen Ekel vor Zwergis Ausscheidungen zu haben. Doch einfach die Frau mit der Aufgabe allein zu lassen, nur weil einem die Sache stinkt, ist alles andere als gentlemanlike. Auch Frauen reißen sich nicht darum. Auch sie haben einen Geruchssinn. Aber ihr Pflichtgefühl verbietet es ihnen, Reißaus zu nehmen. »Du kannst das sowieso besser« ist eine der beliebtesten männlichen Ausflüchte, wenn er sich mal wieder vor dem Windelnwechseln drücken will. Gern wird gleich noch nachgeschoben, wie toll sie es immer macht und wie sehr er ihre Wickelkunst bewundert. Liebe Herren, so nicht! Das Kind haben Sie gemeinsam mit Ihrer Liebsten in die Welt gesetzt. Nun muss auch gemeinsam geschuftet werden. Er pickt sich die Rosinen raus, und sie macht den Rest – das ist schlichtweg unverschämt. Und sie wird es auf Dauer auch nicht akzeptieren. Da der Mann des Hauses tagsüber in der Regel arbeitet, ist sie zumeist ohnehin häufiger gefordert. Zumindest den abendlichen Part sollte er übernehmen. Freiwillig. Ganz Gentleman eben.

### Selbst erlebt …

*Als meine Frau das erste Mal schwanger wurde, gehörte die Wickelkommode zu den ersten Utensilien, die wir uns anschafften. Es war eine schmucke weiße Kommode, Presspappe, günstig in der Anschaffung. Schon während des Aufbaus beschlich mich ein ungutes Gefühl. Kaum eine Schraube passte, die einzelnen Teile waren schlecht verarbeitet, ein Schubladenboden fehlte ganz. Als die Kommode dann fertig war, wagte ich kaum, sie zu berühren. Das Modell hätte »schiefer Turm von Pisa« heißen müssen. Das ganze Ding wackelte bei jedem Windhauch, und ich war stocksauer. Darauf sollte ich mein Kind legen? Nie und nimmer! Kurzentschlossen habe ich das Wunderwerk wieder in seine Einzelteile zerlegt und wutentbrannt bei der Herstellerfirma angerufen.*

*»Den Schrott nehmen Sie zurück!«, habe ich geflucht. Als dann auch noch die Frage kam, ob die Kommode denn noch originalverpackt sei, wurde ich unfreundlich. Ja klar, ich habe das Ding zusammengesetzt, anschließend abgebaut und dann wieder original verpackt. Logisch. Meine Frau brauchte einige Zeit, um mich wieder*

*zu beruhigen. Die Firma hat ihren Müll dann auch ohne Originalverpackung zurückgenommen. Und wir haben schnurstracks ein paar Euro mehr in eine massive Holzkommode investiert. Die steht heute noch, nach knapp fünf Jahren. Ohne jeden Fehl und Tadel. Und wenn Finya sie nicht mehr braucht, werden wir den Aufsatz abschrauben und den Rest weiter als kleinen Schrank nutzen. Die Lehre aus der Geschichte ist klar: Spare bloß nie bei Kindermöbeln. Sie sollen schließlich nicht nur gut aussehen, sondern müssen auch stabil sein. Dem Zwerg zuliebe.*

## Badetage können echte Festtage sein

Während viele Väter das Wickeln eher als Last ansehen, sind sich fast alle darüber einig, dass das gemeinsame Baden eine Lust ist. Zwerge lieben es, in der Wanne zu planschen. Fast alle zumindest. Und je größer sie werden, umso mehr Spaß macht die Sache. Vor allem, wenn Papa und Kind gemeinsam ein Bad nehmen können. Dann entwickelt sich die Planscherei oft zu einem wahren Festtag. Doch zumindest während der ersten Lebensmonate ist es ratsam, den Zwerg in einer speziellen Babywanne erst einmal ans nasse Element zu gewöhnen. Sehr beliebt ist zurzeit eine Art Wascheimer, in den der Säugling mehr oder minder senkrecht hinabgelassen wird. Angeblich erinnert diese Variante des Babybades den Zwerg an seine Zeit in Mamas Bauch, als er ja auch eng umschlossen in warmer Flüssigkeit schwamm. Wobei der Zwerg in einer »normalen« Babywanne eindeutig leichter zu säubern ist. Und diese Babywannen sind auch ziemlich klein, so dass sich darin kein Kind verloren vorkommen dürfte.

Generell gilt: Wenn die Liebste fragt, welche Aufgaben der Herr des Hauses freiwillig übernehmen möchte, sollte das Baden des Zwergs ganz oben auf seiner Wunschliste stehen. Möglich ist auch eine Arbeitsteilung. Er übernimmt das Festhalten des Babys und das Saubermachen in der Wanne, sie trocknet anschließend ab. Bevor es ans Werk geht, sollten wie beim Wickeln einige Utensilien in Griffweite bereitgestellt werden. An viel ist nicht zu denken; lediglich Baby-Badeöl, Babyshampoo sowie ein großes molliges Handtuch werden fürs Baden benötigt, für das Danach sollten Wechselklamotten und eine saubere Windel bereit liegen. Vor dem ersten Bad müssen die Eltern entschieden haben, wo die Badewanne positioniert werden soll. Ratsam ist das Badezimmer – schlichtweg, weil die Geschichte selten ohne Spritzer und nasse Füße abgeht. Wer schmerzlos ist oder nur begrenzt an seiner Wohnungseinrichtung hängt, kann die Plansch-Ecke prinzipiell ebenso gut im Wohn- oder Kinderzimmer herrichten. Viele Babywannen werden mit einem Gestell geliefert, auf dem sie aufgebockt werden können. So muss die Babywanne nicht in einer großen Wanne positioniert werden, und Papa erspart sich das lästige Hinunterbeugen. Vor allem Rückengeschädigte werden diesen Luxus zu schätzen wissen. Allerdings sollte bei dem Wannengestell auf Stabilität geachtet werden. Einige Drahtkonstruktionen sehen so aus, als würden sie nicht einmal eine leere Wanne halten können. In diesem Fall ist es sinnvoll, einige Euros mehr auszugeben und gleich beim Kauf zur zwergentauglichen Premium-Ausstattung zu greifen.

Da gewordene Mütter dazu neigen, aus den harmlosesten Themen einen Aufreger zu machen, sei an dieser Stelle versichert: Baden ist ein Kinderspiel. Punkt und aus. Bloß nicht über jedes Detail stundenlang das Hirn zermartern. Dem Zwerg ist es beispielsweise herzlich egal, wann er in die Wanne steigen darf. Morgens, mittags, abends – die meisten Kinder sind immer für ein Bad zu haben. Ratsam ist lediglich ein fester Rhythmus, schlichtweg, um für Eltern und Zwerg das Baden zu einem festen Bestandteil des Alltags werden zu lassen. Die meisten Fachbücher empfehlen, Babys vor dem Zubettgehen zu baden. Die Erklärung ist simpel und praxiserprobt: Nach dem Planschen im warmen Wasser sind die Kleinen meist erschöpft und derart entspannt, dass sie fast immer in Windeseile einschlafen. Warum sollte Mann so etwas nicht ausnutzen? Gern diskutiert wird auch darüber, wie häufig ein Säugling gebadet werden sollte. Die Antwort ist einfach: Wenn der Zwerg schon muffelt, wird es allerhöchste Zeit. Wenn sich an seinen Händen und Füßen bereits Schwimmhäute bilden, sollte man ruhig einmal aussetzen. Generell erhöht sich das Pensum mit wachsendem Alter. Bei Neugeborenen reicht ein Bad pro Woche vollkommen aus, wer bereits in den Kindergarten geht, muss in der Regel deutlich häufiger baden oder duschen. Für dieses Detail entwickeln Eltern schnell im wahrsten Wortsinn den richtigen Riecher.

Wie bei vielen Dingen im Leben gilt auch hier: Learning by doing. Einfach ran ans Werk, schiefgehen kann immer mal etwas, doch der Zwerg wird sich deshalb nicht bis ans Lebensende in den Schmollwinkel verziehen. Der Ablauf im Überblick: Die Babywanne auf das hoffentlich stabile Gestell stellen, Wasser einlaufen lassen, ein Thermometer reinhalten und gucken, dass es Körpertemperatur erreicht. Für die Wassertiefe gilt die Faustregel: Wanne bis auf Hälfte von Zwergis Brusthöhe füllen, gern kann es auch etwas mehr sein. Wichtig ist dabei eigentlich nur, dass Babys Gesicht über der Wasserlinie bleibt, auch wenn der Zwerg mal planscht und spritzt. Als Lufttemperatur empfehlen die meisten Experten knapp unter 30 Grad. Im Sommer und direkt unter dem Dach mag diese Temperatur möglicherweise schnell erreicht werden, im Winter müsste dafür die Heizung auf Hochtouren laufen. Bevor Mann das Geld in Zeiten explodierender Gas- und Strompreise zum Fenster rauswirft, ist es legitim zu testen, ob der eigene Zwerg vielleicht auch mit einigen Grad weniger vorlieb nimmt. Allzu lange werden die Kleinen ja ohnehin nicht nackt der Luft ausgesetzt.

Nach dem Ausziehen sollte es rasch in die Wanne gehen, anschließend wird der Zwerg möglichst schnell wieder in ein Handtuch gewickelt. Und überhaupt: Wie das so ist mit Richtwerten – nicht jedes Kind hält sich daran. Die einen haben es gern etwas wärmer, die anderen lieber etwas kühler. Dies gilt sowohl für die Luft als auch für das Badewasser. Das Schöne dabei: Kleine Kinder zeigen einem schnell und deutlich, wenn ihnen etwas nicht passt. Wenn der Zwerg also nicht aufhören will zu schreien, obwohl Papa ihm 37 Grad warmes Wasser eingelassen hat und die Lufttemperatur irgendwo zwischen den »idealen« 27 und 29 Grad pendelt, kann sein Wehklagen genau daran liegen. Im diesem Fall sollte Mann einfach einmal eine andere Temperatur ausprobieren. Vermutlich klappt es dann besser.

Papa sollte das Wasser einlaufen lassen, bevor sich der Zwerg in der Wanne befindet. Sonst muss die richtige Temperatur gefunden werden, während der Kleine schon mittendrin liegt. Und dann drohen im Eifer des Gefechts Verbrühungen oder wahlweise Erfrierungen. Wenn der Nachwuchs erst einmal misstrauisch wird, ist es mit der Ruhe schlagartig vorbei. Es gibt Kinder, die wehren sich nach Leibeskräften, wenn sie das erste Mal eine Badewanne sehen. Da rein? Mit mir nicht! Papa muss dann kräftig zupacken, um sich gegen Zwergis Tritte zu wehren und um einen Sturz auf den Kachelboden zu verhindern. »Schatz, pass doch auf!« gehört zu den Lieblingssätzen besorgter Mütter, wenn er mal wieder alles falsch macht. Aus ihrer Sicht.

Wie war das noch? Mit einer Hand den Nacken des Kindes abstützen, die andere unter den kleinen Poschi legen. Dann das Kind langsam eintauchen. Natürlich schreit es beim ersten Mal. Und sie guckt, als sei es seine Schuld. Nicht nervös werden, einfach weitermachen. Die Hand unterm Po langsam wegziehen, und dann mit der freien Hand das Kind waschen. So steht es in den Büchern. Doch wie soll das gehen, wenn sich der Zwerg windet wie ein Aal? Und wie kommt Mann nun an den bereitgelegten Waschlappen? Am einfachsten wäre es, man würde die Liebste bitten, ihn kurz herüberzureichen. Doch die guckt immer noch so seltsam. Besorgt und ärgerlich zugleich. Als würde Mann den Zwerg gleich ertränken wollen.

Zwergis erstes Bad kann in einen wahren Zweikampf ausarten. Mann sollte das vorher wissen. Wer dabei die Ruhe behält und weder die Liebste noch den Kleinen wüst beschimpft, ist ein Großer seines Fachs. Wem der eine oder andere Fluch rausrutscht, dem sei versichert, dass er sich dabei in guter Gesellschaft befindet. Letztlich gilt: Da muss Papa durch – und der Zwerg auch. Und beide werden es schaffen, und schon beim zweiten Versuch wird es einfacher gehen. Der Zwerg weiß, was ihn erwartet, und der nervöse Vater wird ein Stück weit weniger nervös sein. Und so übt Mann weiter. Es kann schnell funktionieren oder länger dauern. Die Wunschtemperaturen müssen gefunden werden, die ideale Dauer der Badezeremonie, das Einspielen der Handgriffe. Bis sich die nötige Routine eingestellt hat. Dann kommt der Spaß hinzu. Meistens. Der Ausnahmefall soll an dieser Stelle nicht verschwiegen werden: Es gibt Zwerge, die gewöhnen sich nicht ans Baden. Dauerschreien ist ein sicheres Zeichen hierfür. In diesem Fall gilt: Nur nichts mit Gewalt erzwingen wollen. Wenn der Zwerg das Bad partout verweigert, kann Mann ihn einfach mit einem feuchten Schwamm säubern. Für den Anfang reicht das völlig aus. In den folgenden Wochen immer mal wieder einen neuen Versuch starten. Irgendwann begreift der Zwerg dann zumeist, was ihm zuvor entgangen ist.

Keinerlei Geheimnisse birgt das eigentliche Bad. Das Kind muss lediglich sauber werden. Vom Scheitel bis zu den Fußspitzen. Ob Mann einen Waschlappen benutzt oder nicht, muss jeder Vater individuell für sich entscheiden. Der Einsatz dieses Hilfsmittels ist ungefährlich: Babys zarte Haut wird er damit nicht verletzen. Besondere Sorgfalt beim Säubern bedürfen die Stellen hinter Babys Ohren, wo sich schnell hartnäckiger Schmutz ansammelt und verkrustet. Das Gemisch kann derart fest werden, dass es sich mit Wasser kaum noch lösen lässt. Bevor dem Zwerg die Haut weggeschrubbt wird, sollte Mann zu einer Öllösung greifen, die den Dreck problemlos beseitigen hilft. Ebenso große Aufmerksamkeit verdient der Bauchnabel, der bei vielen Neugeborenen erst nach Wochen völlig abgeheilt ist. Er darf sich nicht entzünden, und einige Ärzte empfehlen das erste Vollbad sogar erst, nachdem sich der Nabel vollständig geschlossen hat. Von Beginn an gründlich gereinigt werden muss der Intimbereich. Auch Eltern, die mit der Bibel unterm Kopfkissen schlafen und beim Sex das Licht ausmachen, müssen ganz genau hingucken. Denn Schmutz an Zwergis Scheide oder Penis kann schnell zu Entzündungen führen. Daher muss hier aufmerksam gesäubert werden. Und kein falsches Schamgefühl. Dem Zwerg ist es herzlich wurscht, wie akribisch Papa oder Mama an ihm rumschrubben.

Nicht vergessen werden darf natürlich das Haarewaschen. Bei Kindern, für die das Baden ohnehin eine Tortur ist, kann diese Prozedur in eine wahrhaft haarsträubende Angelegenheit ausarten. Babyshampoos brennen zwar nicht in den Augen, doch die meisten Zwerge haben es nicht gern, wenn ihnen Schaum übers Gesicht läuft. Eine kurze Schreiattacke gehört hierbei fast schon zum guten Ton. Väter sollten Shampoo-Reste also möglichst nicht über Zwergis Gesicht rinnen lassen. Was allerdings im Ernstfall leichter gesagt ist als getan. Zu oft sollte es allerdings nicht vorkommen, da Kinder ansonsten schnell das Vertrauen in Papas Versprechungen verlieren. Ein Satz wie »Das tut doch nicht weh!« hat ohnehin keinen Sinn. Doch auch ein »Ich bin ganz vorsichtig« beruhigt den Zwerg nur dann, wenn ihn die Erfahrung lehrt, dass Papa dem Wort auch die Tat folgen lässt. Nach dem Haarewaschen ist das Baden zumeist beendet. Zumindest für Babys, die noch nicht gemeinsam mit Papa in die Wanne steigen dürfen. Jetzt gilt es, den Zwerg behutsam aus der Babywanne zu nehmen. Da die Luft kälter ist als das Wasser, ist dies ein Moment, den Kinder selten schätzen. Es kann sogar sein, dass sie sich mit Händen und Füßen dagegen wehren. Hier gilt wieder kräftig zuzugreifen und den Zwerg nicht fallen zu lassen.

Klingt einfach. Doch Vorsicht: Der Kleine ist nach dem Bad ausgesprochen glitschig.

Nach rund einem halben Jahr ist der Zwerg zumeist stämmig genug, um das erste gemeinsame Bad mit Papa zu nehmen. Wichtig ist, dass er seinen Kopf bereits problemlos halten und auch schon erste Spielsachen greifen kann. Nun beginnt für viele Väter der Badespaß erst so richtig, weil ab sofort aus dem Baden des Zwergs ein Baden mit dem Zwerg wird. Am einfachsten geht es, wenn Mama den Kleinen in die Wanne reicht und Mann sich den Zwerg dann vor sich zwischen die Beine setzt, wobei Vater und Kind in dieselbe Richtung gucken. Wenn der Zwerg noch zu klein ist, um selbst auf dem Badewannenboden zu sitzen, ohne dass dabei sein Kopf in den Fluten versinkt, muss Papa eine Hand zum Stützen opfern – oder der Zwerg wird einfach auf Papas ausgestreckten Beinen positioniert. Dann kann nach Herzenslust geplanscht werden. Eine Quietscheente ist ein Muss. Ein Spritzfrosch freut auch jedes Kinderherz. Und wenn Papa dann noch gemeinsam mit seinem Zwerg eine Sprudelkugel auflöst, ist selbst der düsterste Regentag gerettet. Ganz zu schweigen von dem Körperkontakt, der in der Wanne so eng ist wie sonst nirgendwo. Keinen Schreck sollten Väter bekommen, wenn ihr Zwerg während des Bades drauflospischert. Kleinkinder lieben das. Vermutlich, weil das warme Wasser sie geradezu dazu einlädt. Doch die Wanne ist so groß, dass ein wenig Kinderpipi kaum eine Rolle spielt. Wer sich dadurch den Spaß verderben lässt, ist sowieso selbst schuld.

Aufpassen sollten Väter, dass das gemeinsame Bad zeitlich nicht ausartet. Kleine Kinder haben empfindliche Haut und dürfen nicht stundenlang in der Wanne sitzen. Wie das so ist mit Dingen, die Spaß machen: Sie gehen immer zu schnell vorbei. »Ich will aber noch drinbleiben!« ist Zwergis Standardsatz, wenn Papa zum Aufbruch mahnt. Dann kann ein Abschlussritual hilfreich sein, das dem Zwerg anzeigt, dass nun tatsächlich die letzte Baderunde eingeläutet wird. Wie wäre es beispielsweise mit einem gegenseitigen Haarekraulen (klappt gut mit älteren Kindern) oder einem kleinen Lied (hören Babys gern, vor allem, wenn Papa selbst drauflosträllert)? Praktisch ist es, wenn die Frau des Hauses Zwergis Abtrocknung und das anschließende Fönen übernimmt. Sonst muss Papa mit dem Zwerg gemeinsam aus der Wanne steigen – eine Aktion, die schnell halsbrecherische Formen annehmen kann. Doch selbst Männer, die das Bad im Alleingang erledigen, können regelrecht süchtig nach der Badewonne mit ihrem Zwerg werden. Mann fühlt sich dem eigenen Kind so nah. Und der Alltag ist weit weg. Diese Zeit zu zweit sollte sich kein Vater entgehen lassen. Dumm dran sind lediglich Familien, in deren Behausungen es keine Badewanne gibt. Ihnen kann der Autor nur einen gut gemeinten Rat ans Herz legen: umziehen. Sofort. Es lohnt sich. Übrigens: Egal, wie toll das gemeinsame Bad ist – sobald ein Kind nicht mehr mit Papa gemeinsam in die Wanne möchte, muss Schluss sein. Denn nicht der Vater entscheidet, wann es Zeit für Schamgefühle ist, sondern der Zwerg.

## Selbst erlebt ...

*Unser Sohn Mattis war von Beginn an eine echte Wasserratte. Auch mit seinen inzwischen viereinhalb Jahren badet er immer noch gern mit mir. Wir bauen gemeinsam Schaumhöhlen, lassen Schiffe fahren oder versenken alte Shampooflaschen in den Weiten der Badewanne. Ich liebe diese Momente, in denen ich noch mal Kind sein kann und die kindliche Phantasie verspüre, die uns Erwachsenen längst verloren gegangen ist. Unsere Tochter Finya war anfangs weitaus weniger begeistert, als es ums Baden ging. Sie schrie und trampelte mit ihren kleinen Füßen gegen meine Brust, als sie die Wanne sah. Auch als sie die Wärme des Wassers spürte, schrie sie weiter. Wir haben dann etwas herumprobiert, Wassertemperaturen verändert, mehr Wasser eingelassen, das Licht gedimmt. Irgendwann klappte es. Ganz plötzlich.*

*Statt Geschrei gab es einen lauten Freuden-Lacher. Woran es am Ende lag? Keine Ahnung. Aber inzwischen ist aus Finya ebenfalls eine echte Wasserratte geworden, die ihrer Mutter vor lauter Vorfreude fast vom Arm springt, wenn sie sieht, dass ich in der Wanne auf sie warte. Was mich natürlich mächtig freut, denn Mattis wird wohl schon bald lieber alleine baden gehen. Und so habe ich zumindest noch ein Kind, mit dem ich gemeinsam eine Zeit lang Schiffe fahren lassen und Schaumhöhlen bauen kann.*

## NACHTWACHE. ÜBER DEN SCHICHTWECHSEL IM KINDERZIMMER

Kinder machen Arbeit. Für einige Väter ist diese simple Tatsache eine erstaunliche Erkenntnis, die sie spätestens dann machen werden, wenn ihr Zwerg aus dem Krankenhaus in die eigenen vier Wände umgezogen ist. Wenn bei ihr nachts alle zwei Stunden der Wecker klingelt oder der Zwerg nach Mamas Brust schreit, dann liegen die männlichen Nerven schnell blank. Zumindest in den ersten Wochen und Monaten wird sich an diesem Prozedere wenig ändern. Fast jeder Mann kommt dabei irgendwann einmal an den Punkt, an dem er denkt: »Ich halte das nicht mehr aus!« Wobei Mann sich wundern wird, wie viel Schlafentzug ein Mensch aushalten kann, ohne zusammenzuklappen. Wer clever ist, sollte frühzeitig einen Plan aufstellen, der festlegt, wann er und sie für die Nachtwache zuständig sind. Gut für ihn: Solange sie dem Zwerg die Brust gibt, muss sie ran. Da gibt es kein Entkommen. Und er kann zumindest im Bett bleiben. Väter, die durchschlafen wollen, müssen allerdings entweder über einen sehr tiefen Schlaf verfügen, oder sie flüchten frühzeitig ins Gästezimmer.

Gänzlich aus der Verantwortung sollte er sich nicht stehlen. Wie wäre es, wenn er ihr anbietet, den Zwerg ins Bett zu bringen und obendrein die Abendschicht zu übernehmen? Klar, der Job schlaucht, und viele Männer sind es gewohnt, erst einmal die Füße hochzulegen, wenn sie von der Arbeit nach Hause kommen. Tja, liebe Geschlechtsgenossen, damit ist jetzt Schluss. Statt Bier und Fernsehen heißt es jetzt Windeln wechseln und den Zwerg bespaßen. Ist Stress, macht aber eben auch Spaß. Sehr viel Spaß sogar. Denn vielen Vätern bleibt zeitlich meist nur der Abend, um ausgiebig mit dem Nachwuchs zu knuddeln. Bestenfalls reicht die Zeit am Morgen noch, den Kleinen aus dem Bett zu hieven. Küsschen hier, Küsschen da, dann muss Daddy schon zur Arbeit. Die Tagesschicht bleibt an der Liebsten hängen. Genau wie die Nachtwache. Er sollte sich das klarmachen, bevor er nach einer Auszeit verlangt. Ganz nebenbei: Ruhepausen sind auch mit Kind möglich. Oftmals sind sie sogar noch viel schöner. So ein kleiner Zwerg, der auf Papas Arm langsam einschläft, der vor Freude gluckst, wenn Papa ihm durchs Gesicht streicht, der seine kleinen Arme und Beine reckt – was gibt es Tolleres auf der Welt?

Meckern liegt im männlichen Wesen begründet. Frauen beschweren sich selten, selbst dann nicht, wenn sie der Alltagswahnsinn fast erdrückt. Da Männer obendrein oft die Fähigkeit besitzen, zu übersehen, was sie leistet, kann es passieren, dass er denkt, alles bliebe an ihm hängen. Er holt das Geld rein, malocht für die Familie, und als Dank muss er sich abends auch noch um das Balg kümmern? Ja, ganz genau! Denn sie braucht auch einmal eine Pause. Nachts alle paar Stunden hoch, tagsüber immer auf dem Sprung, um nachsehen zu können, ob es dem Zwerg gut geht. Das schlaucht. Und zwar gewaltig. Mehr als jeder Job. Da hat sie jedes Recht der Welt, ihm abends den Kleinen in den Arm zu drücken. Und er sollte es als Chance sehen, seinem Kind ganz nah zu sein. Wenigstens für die Zeit zwischen Arbeit und Bettruhe. Bevor sie ihn am nächsten Morgen wieder weckt: »Schatz, es ist Zeit. Die Arbeit ruft.«

Immer mehr Vorgesetzte nehmen keinerlei Rücksicht auf ein geregeltes Familienleben. Überstunden? Gerne. Spontane Nachtschichten? Kein Problem. Fünfzig Kilometer Anfahrtsweg? Was soll's! Flexibel muss man sein. Anpassungsfähig. Allen Ansprüchen des modernen Arbeitslebens gerecht werden. Der Konkurrent steht schließlich schon vor der Tür. Den Chef kümmert es einen Dreck, dass zu Hause ein Zwerg auf Papa wartet. Nein. So weit darf es nicht kommen. Wer kein reiner Guten-Abend-Papi sein möchte, der sein Kind nur sieht, wenn es bereits im Bett liegt, muss auch mal den Mut haben, auf den Tisch zu hauen und seine Rechte einzufordern. Manchmal reicht es schon, den Vorgesetzten um ein Gespräch zu bitten. »Ich bin gerade Vater geworden. Könnten wir es so einrichten, dass ich in nächster Zeit keine Überstunden machen muss?« Vielleicht gibt es Kollegen, die eine Zeit lang einspringen können. Vermutlich sogar. Oder ist sein Ehrgeiz, es im Job zu etwas zu bringen, größer als alle Vaterliebe? Dann wird es brenzlig, denn jeder Tag hat nun einmal nur 24 Stunden. Vater sein hin oder her. Wer die Karriere über die Familie stellt, sollte sich ernsthaft fragen, ob ein Kind in seinem Leben überhaupt Platz hat. Denn jeder Zwerg braucht neben einer Mutter auch einen Vater. Diese Einsicht ist trivial – aber doch so wahr.

Wer wann für den Zwerg die Verantwortung übernimmt, sollten sich Paare gut überlegen. Wenn der Kleine nicht mehr an Mamas Brust nuckelt, kann Papa auch nachts in die Planungen mit einbezogen werden. Im Idealfall läuft es dann so ab, dass Papa den Zwerg ins Bett bringt, um ihm etwa bis Mitternacht die Flasche zu geben, falls nötig. Dann ist die Mama dran, um bis zum Morgen die Wache im Kinderzimmer zu übernehmen. Wochentags lässt es sich in der Regel kaum vermeiden, dass die Liebste tagsüber das Kind hütet, während der Mann seiner Arbeit nachgeht. Nach wie vor sind Paare die Ausnahme, bei denen er in den Vaterschutz geht und sie das Geld ranschafft. Vielen Männern kommt so ein Modell nicht einmal in den Sinn. Darüber nachzudenken ist jedoch jederzeit erlaubt. Es ist auch möglich, dass er und sie sich die Zeit des Mutterschutzes aufteilen. Sie bleibt die ersten drei Monate zu Hause, dann ist er dran. Oder Mann gönnt sich gleich sechs Monate. Und ihr auch. Je länger, desto besser. Der Zwerg wird es genießen, derart umsorgt zu sein. Und

Väter bauen eine umso intensivere Beziehung zu ihrem Kleinen auf, je näher sie ihm sind.

Für viele Väter beschränkt sich wirkliche Nähe auf die Wochenenden. Manch einer versucht, während dieser zwei Tage das nachzuholen, was er in der Woche versäumt hat. Dabei kommt es gelegentlich zum Overkill. Vormittags Eis essen, mittags ein langer Spaziergang mit Kind und Kegel, nachmittags gemeinsam in den Zoo und abends Einkehr bei Oma und Opa zum Klönschnack samt Sonntagsbraten. Was gut gemeint ist, kann schnell für alle zur Belastung werden. Oder besser: zur Überlastung. Ein Tag mit der Familie muss kein Multi-Event-Ereignis sein. Zu viel Entertainment sieht eher nach blindem Aktionismus aus. Und nach einem schlechten Gewissen. Dafür besteht kein Grund. Also lieber den Ball flach halten, an einem Tag in den Zoo gehen, an einem anderen die Großeltern beglücken. Das reicht aus. Die restliche Zeit lieber nutzen, um mit der Liebsten in Ruhe über die abgelaufene Woche zu sprechen. Was war gut? Was ist verbesserungswürdig? Sicher freut sie das Angebot, am Wochenende eine komplette Tagesschicht zu übernehmen. Papa kann die Zeit nutzen, um mit dem Zwerg allein etwas zu unternehmen. Warum sich nicht mal gemütlich zu zweit in ein Café setzen und die Passanten beobachten? Vermutlich kommt Mann bald ins Gespräch mit einem anderen Kinderwagen-Schieber. Mit etwas Glück ergeben sich so sogar neue Freundschaften. Zumindest entlastet es die Liebste und gewährt ihr eine Erholungspause. Und Mann spürt, dass er ein elementarer Bestandteil der Familie ist.

Je älter der Zwerg wird, desto intensiver kann sich der gewordene Vater in die Erziehung einbringen. Den Kleinen zum Kindergarten zu fahren oder von dort abzuholen gehört für viele Väter zu ihren Lieblingsbeschäftigungen. Manch einer opfert dafür gar seine kostbare Mittagspause. Ist ja auch niedlich, wenn der Zwerg einen schon am Zaun sehnsüchtig erwartet und lauthals losgrölt »Papa, Papa!«, wenn Mann sich dem Kindergarten nähert. Auch zu Hause kann Mann den Zwerg nun in sein Tagwerk mit einbinden. Kinder in diesem Alter lieben es regelrecht, wenn sie ihren Eltern helfen können. Warum also nicht gemeinsam ran an die Gartenarbeit. Papa mäht den Rasen, Junior kann das Gras zusammenharken. Oder Arbeitsteilung beim Heckeschneiden. Papa kümmert sich um die obere Hälfte, der Nachwuchs beschnippelt die unteren Gefilde. Dabei sollte Papa allerdings nicht erwarten, dass der Zwerg eine wirkliche Hilfe ist. Nach spätestens zehn Minuten ist seine Begeisterung meist verflogen, und statt Rechen und Schere wird der Tretroller aus dem Schuppen geholt. »Papa, ich hab keine Lust mehr« ist das typische Zeichen, dass die kindliche Ausdauer an ihre Grenzen stößt. Macht ja nichts. Auch zehn Minuten gemeinsamer Arbeit verbinden. Und es gibt dem Zwerg das gute Gefühl, richtig nützlich gewesen zu sein.

Und im Winter? Wenn alles Gras gemäht ist und die Hecke gerade nicht wächst? Wenn es draußen friert und der Himmel grau in grau ist? Dann ist Mann ans Haus gefesselt. Und Kind auch. Deshalb allerdings auf Fernseh-Dauerberieselung umzusteigen muss nicht sein. Es gibt Kinder, die kennen alle Serienhelden mit Vornamen, bevor sie in die Schule kommen. Bob der Baumeister, Thomas die Lokomotive, die Teletubbies, Ernie und Bert aus der Sesamstraße, SpongeBob Schwammkopf und, und, und. Dank Super RTL, Nick und Kinderkanal können Eltern ihre Kleinen den ganzen Tag vor der Glotze abstellen. Und da Kinder Neuem gegenüber extrem aufgeschlossen sind, werden sie alles toll finden. Wer daraus den Rückschluss zieht, dass Fernsehen für Kinder eine prima Sache ist, irrt. Fernsehen ist eine passive Beschäftigung, genau wie das Computern. Damit Kinder ihre natürliche Kreativität ausschöpfen können, müssen sie jedoch aktiv sein. Selbst etwas erleben. Holzeisenbahnen aufbauen, Bauklötze stapeln, Bilder malen, Laternen basteln. Dazu brauchen sie meist die Anleitung eines Erwachsenen. Das bedeutet: Papa oder Mama müssen Zeit in den Nachwuchs investieren. Das strengt an. Viel einfacher ist es natürlich, den Zwerg einfach vor die Glotze zu setzen. Wer aus seinem kleinen Liebling einen Dummi machen will: bitte sehr. Für den Rest gilt: Glotze aus – und Hirn einschalten.

Ab welchem Pensum der Fernsehkonsum zur Verdummung führt, ist unter Fachleuten umstritten. Dass die Glotze für Kinder schädlich sein kann, hingegen nicht. Immer mehr Eltern verbieten ihren Kindern das Fernsehen ganz und gar. Ein durchaus vorbildlicher Ansatz. Nur dass die Realität oft daran vorbeigeht. Wie soll der Zwerg mitreden können, wenn sich seine besten Freunde im Kindergarten über die letzte Schwammkopf-Folge unterhalten? Was soll er tun, wenn seine Kumpels die letzte Thomas-Folge nachspielen wollen? Und was soll er sagen, wenn ihm sein bester Freund seinen neuen Ernie-Rucksack zeigt – und er keine Ahnung hat, wer Ernie überhaupt ist? Fernsehen ist selbst bei den Jüngsten längst zum Bildungsträger geworden. Und für Kinder ist es nicht leicht, sich dieser Parallelwelt zu entziehen. Vom Grundsatz her gilt: Wenn schon Fernsehen, dann in Maßen. Eine Stunde am Tag ist das Limit. Sollte es zumindest sein. Und nie den Zwerg allein vor der Glotze positionieren. Sonst bekommt er unter Garantie Albträume. Selbst von der Sesamstraße. Kinder brauchen jemanden, den sie fragen können, wenn sie etwas nicht verstehen. »Wer, wie, was? Wieso, weshalb, warum? Wer nicht fragt, bleibt dumm.« Und Papas kennen schließlich jede Antwort ...

## Selbst erlebt ...

*Als wir die Arbeit im Kinderzimmer aufgeteilt haben, fiel mir die Spätschicht zu. Gegen ein Uhr habe ich Mattis für gewöhnlich das letzte Mal die Flasche gegeben. Hundemüde bin ich in die Küche gewankt, habe das Wasser zum Kochen gebracht, das Milchpulver eingefüllt, das Ganze gemixt, bis sich der letzte Klumpen aufgelöst hat. Dann wieder die Treppen hoch, rein ins Kinderzimmer, die heiße Flasche in ein kaltes Wasserbad gestellt, gewartet, bis die Trinktemperatur erreicht war, währenddessen meinen Sohn bespielt, um ihn vom Hungergefühl abzulenken. Dann den Nuckel angesetzt – und nach zwei oder drei Schlucken war oft schon wieder Schluss mit hungrig.*

*Dann habe ich Mattis auf meinem Schoß geschaukelt, bis das Bäuerchen kam, habe ihn wieder in den Schlafsack gelegt – und kaum war ich raus aus seinem Zimmer, fing das Geheule wieder an. Ich also noch mal rein, Mattis aus dem Schlafsack geholt, noch mal den Nuckel angesetzt, und oft genug trank er dann die ganze Flasche in einem Zug aus. Wahrscheinlich hat er dabei still in sich hineingegrinst. Papa verarschen. Tolles Spiel. Irgendwann wurde es mir zu bunt – und bin nicht noch mal ins Zimmer zurückgegangen. In der nächsten Nacht hat er die Flasche gleich geleert. Ab diesem Zeitpunkt verlief die abendliche Speisung ohne Probleme. Erzähle mir keiner, dass Babys noch nicht wissen, was sie tun.*

## Über Friseurbesuche und unbemerktes Nägelschneiden

Kinder sind der Wahnsinn. In jeder Beziehung. Sie machen Arbeit. Sie verblüffen einen. Vor allem aber ist es faszinierend zu beobachten, wie aus einem Zwerg ein eigenständiger Mensch wird. Wobei: Es gibt Zwerge, die scheinen bereits mit ihrem ureigenen Dickkopf auf die Welt gekommen zu sein. Den Beweis liefern einige Babys schon im Krankenhaus, wenn sie in Mamas Armen nach Leibeskräften schreien, auf Papas Brust hingegen in Windeseile einschlafen. Das Ganze setzt sich kontinuierlich in den folgenden Wochen fort. Zum Beispiel beim Fläschchengeben. Milch von Mama? Nix da! Das Kleine schreit nach Papa. Oder später, wenn feste Nahrung gefragt ist. Nudeln mit Tomatensoße? Lecker, lecker. Huhn mit gemixtem Allerlei? Bäh! So eine Pampe kommt gar nicht erst in Zwergis Mund. Es gibt Kinder, die geben sich schon im ersten Lebensjahr ausgesprochen wählerisch. Väter, die das als Zeichen für die Zukunft verstehen, liegen in der Regel goldrichtig. Angst und bange muss einem deshalb jedoch nicht werden. Kinder mit einem ausgeprägten eigenen Willen garantieren Momente, die Papa nie vergessen wird. Anrührende, lustige, oft sogar urkomische. Und zwar in allen Lebenslagen.

Die meisten Kleinkinder funktionieren nach einem einfachen Prinzip: Was ich nicht kenne, lehne ich erst einmal ab. Sollen mir Mama und Papa doch beweisen, dass es gut für mich ist. Dann können wir vielleicht drüber reden. Diese Grundhaltung führt dazu, dass Zwerge oft losbrüllen, wenn sie ahnen, dass Mama und Papa schon wieder an ihnen herumexperimentieren wollen. Und Kinder haben ein ausgeprägtes Gespür für elterliche Anliegen jeder Art. Was vermutlich daran liegt, dass sie den Angstschweiß von Mama und Papa riechen. Denn die wissen natürlich auch, dass ihr kleiner Sonnenschein erst einmal überzeugt werden muss. Beispielsweise vom Nägelschneiden. Eine harmlose Sache – könnte Mann denken. Der Zwerg sieht es anders. Wenn Mama oder Papa sich ihm nähern, sieht er zuerst die Schere. Ein gefährlich blitzendes Etwas, vor dem der Zwerg am liebsten Reißaus nehmen würde. Da das noch nicht funktioniert, setzt er seinen erprobten Abwehrmechanismus ein: Schreien. Und zwar so laut wie möglich. Vielleicht hört ja ein Nachbar mit und kommt, um ihn zu retten.

»Geht das schon wieder los«, denkt der gestresste Vater, während die Liebste mit gutem Zureden versucht, die Lage in den Griff zu bekommen. »Ach, mein Kleiner. Nicht schreien. Dir passiert doch nichts. Tut auch gar nicht weh.« Mann sollte die Verständnisfähigkeit von Kleinkindern nicht unterschätzen. Solche Sätze wirken. Allerdings ist dabei eine elementare Grundregel zu beachten: Das Wörtchen »nicht« überhören Zwerge gern. Und so heißen Mamas Sätze für sie: »Kräftig schreien. Dir passiert gleich was. Und das tut weh.« Also rattert es im kleinen Gehirn. Gefahr ist in Verzug. Ganz Entsetzliches wird gleich passieren. Da hilft nur eines: Noch lauter schreien. Eltern, die diese Situation möglichst vermeiden möchten, sollten darauf achten, wie sie formulieren. Möglichst alle Negativformen vermeiden. Und dabei die eigene Nervosität überspielen. Je gekonnter, desto besser, denn Zwerge sind wahre Meister darin, die Mimik ihrer Eltern zu deuten. Es gilt, dem Zwerg möglichst viel zu erklären. Er wird sicherlich nicht alles verstehen, aber er wird sich Bruchstücke herauspicken. »So, mein Kleiner. Wir wollen die Fingernägel schneiden. Das hier ist eine Schere. Geht ganz schnell.« Spätestens beim letzten Satz sollten die ersten Nägel schon geschnitten sein. Dann weiß der Zwerg, dass es nicht weh tut, und Mama und Papa können sich weitere Erklärungen ersparen.

Wer Glück hat, der kommt damit durch. Schon beim nächsten Mal wird der Zwerg nicht mehr schreien, wenn Mann mit der Nagelschere anrückt. Und beim dritten Mal streckt der Kleine Papa vielleicht schon seine Hände entgegen. Das soll signalisieren: »Komm ruhig her. Ich weiß, was du vorhast, und ich habe keine Angst.« Wie gesagt: Wer Glück hat. Wem das Schicksal weniger hold ist, wird weiter um Zwergis Vertrauen kämpfen müssen. Fatal ist es, wenn Mama gleich beim ersten Nägelschneiden vor lauter Aufregung Zwergis Fingerkuppe rasiert. Dann helfen alle Beschwichtigungen nichts mehr. Das Geschrei wird ungeahnte Ausmaße annehmen. Und lange dauern. Sehr, sehr lange. Manchmal hilft es, auf Ablenkungskurs zu gehen. Beispielsweise mit Spielzeug aller Art. »Guck mal, dein Lieblingsteddy. Der ist ja so kuschelig. Kuschi, kuschi, kuschi.« Wenn das nicht klappt, hilft vielleicht die Schneekugel weiter. »Guck mal, wie schön es schneit. Schneeflöckchen, Weißröckchen …« Singen beruhigt fast immer. Doch egal, wie schnell Mama und Papa den Kleinen wieder ruhig gestellt bekommen: Er wird die Schmerzen nicht vergessen. Und sie mit der Nagelschere in Verbindung bringen. Unterbewusst. Und noch Monate später.

Da Kindernägel überraschend schnell wachsen, kann Mann nicht warten, bis der Zwerg den Ausrutscher verziehen hat. Also muss tief in die Trickkiste gegriffen werden. Ganz Clevere versuchen es gern mit Bestechung. »Wenn du brav bist, dann bekommst du anschließend auch ein Stück Schokolade.« Diese Variante führt selten zum Ziel, vermutlich, weil es dem Zwerg egal ist, ob er in ferner Zukunft ein Stück Schokolade bekommt. Was für ihn zählt, ist ausschließlich das Hier und Jetzt. Und da droht Ungemach. Und die scharfe Schere. Und der Schmerz. Ein anderer Weg ist erfolgversprechender. Der lautlose. Anpirschen, wenn der Zwerg schläft, Schere zücken und drauflosschnippeln. Der Kleine bekommt von dem Attentat gar nichts mit. Also auch kein Geschrei. Einfach wunderbar. Dabei darf jedoch nicht verschwiegen werden: Es kann auch schiefgehen. Und zwar so richtig schief. Denn wenn der Zwerg mittendrin aufwacht, ist das Entsetzen groß. Was wird da mit mir gemacht? In aller Heimlichkeit. So etwas gräbt sich ein in Zwergis Psyche. Und stärkt nicht gerade das Urvertrauen in Mama und Papa.

Ähnlich widerborstig verhalten sich einige Zwerge, wenn es ums Haareschneiden geht. Noch so ein Klassiker, der vielen Eltern schon im Vorfeld selbst die Haare sprichwörtlich zu Berge stehen lässt. Wie war das noch, als Mann selbst klein war? Gruselig. Der Friseur mit seiner großen spitzen Schere. All die Haare auf dem Boden. Der weiße Kittel, den man umgehängt bekam. So etwas muss einem Kind doch Angst machen. Ganz so wild ist es nicht. Die meisten Kinder haben keine Angst. Viele gehen sogar gern zum Friseur, weil die Kopfmassage so schön kitzelt. Und es ist ja auch spannend zu sehen, wie die Frisur langsam Form annimmt. Ein guter Kinderfriseur erklärt viel. Und lässt den Zwerg mitentscheiden, wie er aussehen möchte. Den Pony noch etwas kürzer? Bitte sehr. Die Haare über den Ohren lassen? Kein Problem, wenn Mama nichts dagegen hat. Da Kinder ihren Friseur selten wechseln, entsteht schnell ein Vertrauensverhältnis, und wenn der Figaro seinen Salon in direkter Nachbarschaft hat, sollte es Eltern nicht wundern, wenn ihr Nachwuchs sie schon im Kindergartenalter belehrt, dass er auch allein zum Haareschneiden gehen kann.

So machen es die Mutigen. Doch es gibt auch die ängstlichen Typen. Denen graust es, wenn sie nur daran denken, dass ihnen ein Fremder ihre Haarpracht stutzen soll. In diesem Fall bedarf der Friseurbesuch gründlichster Planung. Möglichst nicht schon Tage vorher sagen, dass es demnächst losgehen wird. Sonst macht sich der Kleine sinnlos lange Gedanken, und die Angst wird größer und größer. Lieber im richtigen Moment sagen: »Lass uns mal eben Haare schneiden gehen.« Wann der richtige Moment gekommen ist? Tja, genau hier liegt das Problem. Generell gilt: Zwergi sollte gut drauf sein. Sonst wird es eng. Und Mann darf sich nicht von seinem Geschluchze erweichen lassen. Das klingt zwar herzzerreißend, doch irgendwann ist der Pony so lang, dass der Zwerg nichts mehr sieht. Kleinkinder, die mit ihrem Friseur schlechte Erfahrungen gemacht haben, kann man eventuell auf Kurs bringen, indem Papa selbst ans Werk geht und Zwergis Pony kürzt. Das zeigt ihm, dass Haare schneiden keine Schmerzen verursacht. Und der Zwerg vertraut Papa natürlich tausend Mal mehr als jedem Friseur dieser Welt. Wenn Papa dann noch verspricht mitzukommen, ist die Angst häufig wie weggeblasen. Wenn der Zwerg trotz allem nicht aus der Reserve zu locken ist, kann nur der Faktor Zeit helfen. Denn mit der Zeit gewöhnen sich (fast) alle Kinder ans Haareschneiden.

Die Eigenwilligkeit, mit der sich Kinder entwickeln, treibt oft seltsame Blüten. Die einen mögen partout keine Kartoffeln, lieben aber dafür Oliven. Die anderen lernen erst mit 18 Monaten langsam laufen, können aber schon mit einem Jahr ganze Sätze sprechen. Und wieder andere gehen ohne jede Scheu auf Erwachsene zu, brauchen aber einen Teddy im Bett, um einschlafen zu können. Diese Art der Individualität zu beobachten ist hoch spannend. Und es zeigt, dass Kinder schon von klein auf ihre eigenen Wege gehen. Noch immer streiten die Experten darüber, welcher Teil des Menschen genetisch veranlagt ist und wie viel auf Erziehung und sozialem Umfeld beruht. Wer Kinder hat, wird schnell dazu tendieren, den Genen eine bis dahin ungeahnte Bedeutung zuzusprechen. Während der eine Zwerg schon mit zwei Jahren ohne Stützräder Fahrrad fahren, dafür jedoch mit vier immer noch nicht bis drei zählen kann, löst ein anderer im gleichen Alter schon erste Additionsaufgaben, hat dafür aber selbst auf dem Tretroller noch Probleme, das Gleichgewicht zu halten.

Gern prahlen vor allem Mütter damit, was ihr kleiner Schatz schon alles kann. Andererseits überfällt sie die Panik, wenn ihr Zwerg noch nicht alles das kann, was die Fachliteratur für ein bestimmtes Alter voraussetzt. Dann geht es zu Sprachtherapeuten, zum Psychologen oder zum Lauflern-Training. Alles natürlich zum Wohl des Zwergs. Und ein klein wenig vielleicht auch, um sich selbst nicht eingestehen zu müssen, dass das eigene Kind auch Schwächen hat. In der Regel gilt der Grundsatz: Ist ein Kind gesund, dann lernt es auch laufen und sprechen. Genau wie alles andere, was zum Menschsein dazugehört. Nur die Lerngeschwindigkeiten variieren. Wer der Natur ihren Lauf lässt, ist gut beraten, denn meistens hat es Gründe, warum ein Kind das eine schneller kann und auf einem anderen Gebiet der sogenannten Norm hinterherhinkt. Vielleicht liegt es ja daran, dass Kinder nicht alle Sinne zeitlich in Normgeschwindigkeit ausbilden können. Und so konzentrieren sie sich eben auf die Dinge, die ihnen von Natur aus besonders liegen. Oder die ihnen wichtig erscheinen. Und vernachlässigen für eine gewisse Zeit die anderen. So entwickelt jeder Zwerg von Beginn an seine ganz individuellen Stärken und Schwächen. Zum Prahlen gibt es also keinen Grund. Wirkliche Wunderkinder sind rar gesät. Stolz sein aber darf Mann auf seinen Zwerg hingegen jederzeit. Und Frau natürlich auch.

## Selbst erlebt …

*Es gab Zeiten, da hätte ich Stein und Bein geschworen, dass der Mensch fast alles lernt. Die Gene? Klar, die gibt es. Aber für das eigentliche Menschsein sind vor allem die Umstände entscheidend, in die ein Kind hineingeboren wird und in denen es aufwächst. Ganz nach dem Motto: Der Mensch ist, was er und sein Umfeld aus ihm machen. Nachdem ich zwei Kinder habe, weiß ich, dass ich mit dieser Ansicht falsch lag. Komplett falsch. Der Mensch kommt nicht als weißes Blatt Papier zur Welt, einen Großteil des Ichs bestimmen die Gene. Zweifellos ist die Erziehung mit entscheidend für die Wesensausprägung. Doch sie kann nur bis zu einem gewissen Punkt in Bahnen lenken, was von den Genen bereits vorgegeben ist.*

*Unser Sohn Mattis war von Beginn an ein lebhaftes, zu Aggressionsausbrüchen neigendes Kind. Ein ausgesprochen sensibler Junge, der es bis heute nicht mag, wenn sich seine Eltern streiten oder sonst etwas die häusliche Harmonie ins Wanken bringt. Dann schreit und tobt er und ist nur schwer wieder zu beruhigen. Ich selbst hätte mich in vergleichbaren Situationen in seinem Alter mit all meiner Angst in mich selbst geflüchtet und geschwiegen.*

*Ein anderes Beispiel dafür, wie verschieden Vater und Sohn sein können, ist Mattis' Empfindlichkeit. Ein kleiner Kratzer reicht aus, und er fängt an zu weinen. Hemmungslos. Egal, ob vor uns oder vor Fremden. Ich kann mich erinnern, dass ich im Kindergarten einmal schwer mit dem Rad gestürzt bin und solche Schmerzen hatte, dass ich kaum noch atmen konnte. Ich hätte nie auch nur einen Mucks von mir gegeben. Ein Indianer kennt keinen Schmerz. Zumindest lässt er ihn nicht raus. Mattis' Verhalten finde ich heute wesentlich sympathischer. Schließlich gibt es keinen Grund, sich für seine Schmerzen zu schämen. In mir hingegen steckt noch immer viel von dem Indianer. Leider. Aber keiner kommt aus seiner Haut heraus. Wer das verhindert? Ganz genau: die Gene.*

## Der Sex »danach«. Bloss keine Beziehung wie Brüderchen und Schwesterchen

Früher, da ging's im Schlafzimmer so richtig zur Sache. Und in der Küche. Und unter der Dusche. Und am Strand. Und zu jeder Tages- und Nachtzeit. Und mehrmals täglich. Und heute? Tote Hose. Nichts geht mehr. Sie will nicht, hat Angst vor jeder Berührung. Und er? Er weiß nicht, wie er sich verhalten soll und warum die Geburt des Zwergs aus seiner Liebsten offenbar ein asexuelles Wesen gemacht hat. »Fass mich nicht an!« Das ist ihr Lieblingssatz, wenn sie spürt, dass er Sex will. Hat sie Angst vor ihm? Fühlt sie nichts mehr? »Schatz, was ist nur los mit dir?« Seinen Stoßseufzer beantwortet sie mit einem Schulterzucken. »Ich weiß es doch auch nicht.« Ein Schreckensszenario. Aber kein utopisches. Der postnatale Wahnsinn kann eine Beziehung auf eine harte Probe stellen. Wer glaubt, nach der Geburt ist gleich vor der Geburt, wird sein blaues Wunder erleben. Obwohl: Es gibt Paare, da klappt es mit dem nahtlosen Übergang. Die pure Gier, die volle Lust. Bei Ottonormalvater ist die Lage anders.

Wenn sie das Krankenhaus verlässt, ist sie als Mutter einsatzbereit. Körperlich wieder voll auf der Höhe ist sie deshalb noch lange nicht. Die gewordene Mama ist erschöpft, physisch wie psychisch. Seele und Körper verlangen nach einer Auszeit, und bei einigen Frauen kann diese sehr lange dauern. Es gibt Männer, die müssen sich monatelang in Geduld üben, ehe sie sich ihrer Liebsten wieder nähern dürfen. Körperlich. Sexuell. Gründe gibt es zuhauf. Mann muss nur danach suchen. Das heißt: Reden, reden, reden. Wer schmollt, schweigt und wartet, bis sich etwas an der Lage ändert, kann dabei alt und grau werden. Manche

Frauen finden sich schlichtweg nach einer Geburt unattraktiv. Der Körper ist ausgeleiert, der Busen hängt, die Haut ist aschfahl. Wer ein solches Selbstbild hat, möchte aufgebaut werden. Schmeicheleien, hier und da ein Lob, ein Kuss, ein »Ich liebe dich«. Schon sieht die Welt wieder anders aus. Wenn Mann ihr dann auch noch ins Ohr flüstert, dass er sie versteht, auch wenn ihre Bedenken der pure Unsinn sind, weil sie schön ist und begehrenswert, dann ist die Chance groß, dass das Bett nicht länger nur zum Schlafen genutzt wird.

Bei einigen Frauen liegen die Ursachen tiefer. Eine Geburt ist zwar keine Krankheit, doch der Körper kommt dabei an seine physischen Belastungsgrenzen. Ein Schädel von knapp einem halben Meter wird durch das Becken und den Genitalbereich gedrückt. Das ist happig und will erst einmal verarbeitet sein. In den Tagen danach ist der Genitalbereich oft wund und schmerzt. Die Dammnaht kann noch wochenlang spannen, auch eine Kaiserschnittnarbe verheilt oft aufreizend langsam. Mann sollte diese Details kennen, bevor er sie fragt, warum sie nicht will. Wenn sie dennoch ihr Okay gibt und der erste Versuch gestartet wird, kann der Griff zum Gleitmittel sinnvoll sein. Bei einigen Frauen fangen die Drüsen, die den Vaginalbereich feucht halten, erst langsam wieder an zu arbeiten. Wenn sein bestes Stück mittendrin stecken bleibt, muss es also nicht daran liegen, dass sie keine Lust hat. Vermutlich ist lediglich die Regenerationsphase ihres Körpers noch nicht abgeschlossen.

Noch problematischer kann die Lage werden, wenn sie in ein psychisches Loch fällt. Fachleute sprechen von »postpartaler Depression«. Der sogenannte »Babyblues« verfliegt nach einigen Tagen oder Wochen zumeist wieder. Es gibt jedoch Frauen, die kommen mit der veränderten Situation nicht zurecht. Der Zwerg bleibt ihnen fremd, das Leben wird für sie zum Kampf gegen Windmühlen. Frauen, die ihre eigene Mitte verlieren, benötigen dringend ärztliche Hilfe. Je früher, desto besser. Denn dieses Psycho-Loch kann tief sein. Ausgesprochen tief. Und dabei ausschließlich auf familiären Beistand zu vertrauen ist der verkehrte Weg. Die Wochenbettdepression ist eine ernst zu nehmende Erkrankung, die sich in Symptomen wie Müdigkeit und Antriebslosigkeit äußert. Hinzu kommen oft Schuldgefühle, Panikattacken und eine innere Leere. Wenn Mann solche Warnsignale bei der Liebsten beobachtet, muss gehandelt werden. Neben einer Psychotherapie gibt es inzwischen auch Medikamente, die helfen, ihr seelisches Gleichgewicht wiederherzustellen. Doch das ist ein langer Prozess, bei dem er ihr oft nur unterstützend zur Seite stehen kann.

In der Regel geht es um simplere Ursachen, wenn sie keine Lust auf Sex hat. Meistens ist es ein Konglomerat aus unzähligen Kleinigkeiten. Schlaflosigkeit, Alltagsstress, die neuen Anforderungen, die ein Zwerg mit sich bringt. Zusammengenommen wird all das zu einem ausgewachsenen Lustkiller. Das Problem dabei: Von heute auf morgen sind diese Dinge nicht aus der Welt zu schaffen. Die Schlaflosigkeit wird zum Bestandteil des neuen Lebens, der Alltag spielt sich erst allmählich wieder ein, und der Zwerg gehört von Tag zu Tag ein Stück weit mehr zur Normalität. In diesem Fall kann Mann nur darauf vertrauen, dass die Zeit die Wogen glättet. Männer mit Taktgefühl lassen sie bestimmen, wann es so weit ist. Wobei Mann natürlich zart nachhelfen darf. Aber bitte nicht verbal wie die Axt im Walde über sie herfallen. Immer schön den Ball flach halten und den Kavalier herauskehren. Mit ausgewählten Worten beginnen, dann zu sanften Streicheleinheiten übergehen, und wenn bis dahin keine Gegenwehr erfolgt ist – einfach mal vorsichtig gucken, ob schon wieder mehr machbar ist.

Wenn sie Ja sagt und er denkt, nun schalten und walten zu können wie gewohnt, dann kann es eine böse Überraschung geben. Denn es dauert Wochen, bis bei ihr die inneren Verletzungen nach der Geburt verheilt sind. Die wenig appetitlich aussehende Geschichte heißt Wochenfluss und bezeichnet das blutig-dickflüssige Etwas, das während der ersten Tage nach der Geburt aus ihrer Scheide kleckert. Später ändert der Ausfluss sein Aussehen und bekommt eine hellbraune Farbe, bevor er nach einigen Wochen versiegt. Die Quelle des Ganzen ist die Wunde in der Gebärmutter, die sich erst einmal wieder schließen muss. Der Wochenfluss ist – wenn keine Krankheiten vorliegen – nicht infektiös. Wenn er also keine Abneigung entwickelt und sein bestes Stück aufrecht seinen Mann steht, dann steht dem Sex nichts im Weg. Wenn doch, muss er sich notgedrungen in Geduld üben. Es sind ja nur ein paar Wochen. Meist ist nach einem Monat die Geschichte ausgestanden.

Übrigens: Wann wieder Sex erlaubt ist, dafür gibt es keinen genau festgelegten Zeitpunkt. Wenn ihn und sie die animalischen Triebe überfallen, dann kann es schon nach wenigen Tagen wieder zur Sache gehen. Wobei etwas Vorsicht angebracht ist, damit auch sie ihren Spaß hat und nicht nur das Gesicht verzieht, weil ihr Körper schmerzt.

Wer etwas mehr Geduld aufbringt, kann sich als Frist die Nachsorgeuntersuchung setzen, die sechs Wochen nach der Geburt auf dem Plan steht. Wenn der Arzt seinen Check beendet hat und ihr grünes Licht gibt, ist das so eine Art offizielle Sexerlaubnis. Dann ist auch an Stellungen wieder möglich, was der Körper und die Gelenke hergeben. Verbote gibt es nicht mehr, und in den meisten Beziehungen gleiten Mann und Frau nun langsam wieder hinüber in die sexuelle Normalität. Wobei etwas Experimentierfreude durchaus angebracht ist. Denn der Körper der Liebsten ist nach einer Geburt selten der, der er vorher war. Was nicht negativ gemeint ist. Oft bleiben vor allem die Brüste noch monatelang viel empfindlicher als gewohnt. Daraus lässt sich natürlich etwas machen. Er muss nur die entsprechende Phantasie dafür mitbringen.

Zu wild sollte Mann allerdings nicht zu Werke gehen. Viele Frauen müssen sich erst einmal an ihr neues Körpergefühl gewöhnen. Und an ihr neues Aussehen. Einige Frauen glauben beispielsweise, dass große Brüste Männer abturnen, und versuchen deshalb, sie möglichst im Verborgenen zu halten. Zu große Brüste? Die meisten Männer würden über diesen Irrglauben nur fassungslos den Kopf schütteln. Warum gibt es denn so viele Frauen, die sich die Brüste vergrößern lassen? Genau – weil Männer darauf stehen! Wenn sie also von Hängeeutern faselt und auf schamhaft macht, sollte er ihr sagen, dass es dafür keinen Grund gibt. Ganz im Gegenteil. Wobei Schwangerschaftsbrüste ihre Tücken haben. Sobald Mann sich ihnen mit der Zunge nähert, wird er wissen, wovon hier die Rede ist. Die Brüste sind ja nach einer Geburt nicht derart überdimensioniert, um ihn glücklich zu machen, sondern um den Zwerg zu ernähren. Wer also gern daran nuckelt, muss sich darauf einstellen, dass Muttermilch fließt. Denn ihren Brüsten ist es egal, wer sie anzapft. Ob Zwerg oder Mann – Unterschiede werden in diesem Fall nicht gemacht.

Eher selten kommt es vor, dass er nach der Geburt die Lust am Sex verliert. Auch das kann verschiedene Ursachen haben. Manche Männer brauchen Zeit, um sich daran zu gewöhnen, dass ihr bestes Stück dort eindringen soll, wo vor kurzem noch der Zwerg durchgeschlüpft ist. Andere sind mit der neuen innerfamiliären Situation überfordert und müssen erst einmal den Alltag wieder auf die Reihe bekommen. Wo die Gründe auch immer liegen: Er sollte mit ihr darüber sprechen. Nein: Er muss. Denn sonst könnte sie denken, dass er sie nicht mehr attraktiv findet oder dass die Beziehung kriselt. Und derart elementare Sorgen sollte Mann seiner Liebsten nach einer Geburt ersparen. Vor allem, wenn sie unbegründet sind. Wenn er offen zugibt, zurzeit kein großes Verlangen nach Sex zu haben, und ihr das auch begründet, dann wird sie es verstehen. Die Chancen stehen gut, dass es ihr ähnlich geht. Also wird schiedlich-friedlich gemeinsam die sexuelle Auszeit eingeläutet. Ideal ist es, wenn man sie auch wieder gemeinsam beendet.

Wie genau die Beziehung wieder auf Vordermann gebracht werden kann, muss Mann letztlich individuell entscheiden. Wichtig ist, dass er weiß, dass sich jede Beziehung durch eine Geburt verändert. Manchmal weniger, manchmal mehr. Der gewohnte Alltagstrott gerät aus den Fugen, der Körper der Frau verändert sich, und auch der gewordene Vater braucht Zeit, um sich in die neue Situation einzuleben. Wenn bei all dem Wirrwarr die Lust auf Sex für eine Weile auf der Strecke bleibt, ist das absolut normal. Wer allerdings nach Monaten noch immer ein Leben wie Brüderchen und Schwesterchen führt, sollte überlegen, wo die Ursachen liegen könnten. Jede Partnerschaft ist eine ewige Baustelle, die stets aufs Neue gehegt, gepflegt und umgestaltet werden möchte. Zurück zum Sex heißt oft auch zurück zum Spaß. Und nur, weil Mann es geschafft hat, einen Zwerg in die Welt zu setzen, muss damit ja nicht gleich der Sexualtrieb in den Dauerurlaub geschickt werden.

### Selbst erlebt …

*Es ist manchmal gar nicht so leicht, den Wiedereinstieg zu schaffen. Er schweigt, sie schweigt. Jeder nimmt Rücksicht auf den anderen. Nur nicht zu früh fragen. Vielleicht will sie noch nicht wieder. Sie könnte denken, Mann sei rücksichtslos. Und welcher Mann will schon, dass seine Frau ihn für ein Sexmonster hält? Also wird gewartet. Bis die Partnerin die Initiative ergreift. Doch die denkt gar nicht daran – weil sie genauso abwartet wie er. Und so vergeht die*

*Zeit, und Mann richtet sich ein. Die sexuelle Enthaltsamkeit wird zur Normalität, und die Erinnerung an die gemeinsamen Momente der Lust verblassen langsam.*

*So etwas kann passieren. Uns wäre es nach Mattis' Geburt fast so ergangen. Es braucht Fingerspitzengefühl, um nach einer Geburt den sexuellen Alltag wieder einzuläuten. Ich musste erst einmal verstehen lernen, wie sich meine Frau verändert hatte. Wie ihr Körper auf Mattis' Geburt reagierte. Wo ich vorsichtig sein musste. Und wann die Kaiserschnittnarbe nicht mehr zwickte. Also hielt ich mich zurück. Offenbar zu lange, denn irgendwann fragte meine Frau, ob ich keine Lust mehr hätte. »Reicht dir das, was wir momentan an Sexleben haben?« »Was? Nee. Aber ich dachte …« Natürlich reichte es mir nicht. Ihr unverkennbar auch nicht. So kann man aneinander vorbei schweigen. Rücksicht ist gut, aber zu viel davon kann ab und an fatale Folgen haben.*

## Beruf und Familie – wie passt das zusammen?

Es ist eine Zerreißprobe, an der etliche Männer scheitern. Er will ein guter Vater sein, und dazu gehört natürlich häusliche Präsenz. Und er will für den Lebensunterhalt seiner kleinen Familie sorgen. Dazu gehört natürlich Präsenz in der Firma. Familie und Beruf unter einen Hut zu bekommen ist die wohl größte Herausforderung, die sich modernen Vätern stellt. Wer sich bei der Aufgabe nicht selbst verliert, hat schon viel gewonnen. Schnell kann es passieren, dass Mann sich an den eigenen Ansprüchen aufreibt. Überall voller Einsatz, immer gut drauf, und dabei stets die Antworten auf alle Fragen parat haben. – Wer sich solche Ziele setzt, kommt zwangsläufig in Teufels Küche! Alles und immer und mit Bestnote geht nicht. Mission impossible. Ruckzuck sind die Schuldgefühle da. Und die Selbstzweifel. »Ich bin kein guter Vater.« Natürlich nicht, wenn einem das Perfekte gerade gut genug ist. Mann sollte sich Ziele setzen, und von gewordenen Vätern wird heute zu Recht erwartet, dass sie für ihre Kinder mehr sind als der liebe Onkel, den sie nur zu Gesicht bekommen, wenn er ihnen abends einen Gutenachtkuss auf die Wange drückt. Doch Ziele müssen realistisch bleiben. Arbeit und Familie sind nur vereinbar, wenn er bereit ist, auf beiden Ebenen Kompromisse einzugehen. Die können durchaus schmerzhaft sein, vor allem dann, wenn er sich ein gutes Stück weit über seinen Beruf definiert. Doch ohne auf der einen Seite Abstriche zu machen, ist die andere nicht zu bekommen. Und diese andere Seite, das ist der Zwerg. Und der ist wirklich jedes Opfer wert.

Jahrzehntelang war die Sache klar: Er malocht und schafft die Kohle ran, sie kümmert sich um den Nachwuchs und hält Haus und Hof zusammen. Seit Frauen ihr Recht auf Emanzipation einfordern, sind die alten Werte ins Wanken geraten. Immer mehr Frauen wollen nach der Elternzeit so schnell wie möglich wieder in ihren alten Beruf einsteigen. Der einstige Ernährer des Hauses muss sich dann fragen, wo er bleibt und wie er seine Rolle definieren möchte. Eine Möglichkeit: Er bleibt zu Hause und nimmt selbst die Elternzeit in Anspruch. Das Modell »Hausmann« war allerdings schon einmal beliebter. In der Hochzeit der 68er-Bewegung galt der Rollentausch geradezu als schick. Zwischenzeitlich hing dem Hausmann dann das Softie-Etikett an. Und welcher Mann hat nicht die Angst, als Weichei und Warmduscher bezeichnet zu werden? Doch er muss ja nicht gleich sein Innerstes nach außen stülpen, um zu testen, wie viel Arbeit ein Zwerg macht. Bis zu drei Mal können Mann und Frau während der Elternzeit hin und her tauschen. Es ist also gut möglich, dass er einige Monate zu Hause bleibt, bevor sie an der Reihe ist, bevor er wieder übernimmt. Wobei es nicht schaden kann, diesen Zeiten-Mix zuvor mit dem Arbeitgeber abzustimmen, denn es gibt Berufe, da macht es wenig Sinn, wenn er für ein paar Monate vorbeischaut, um dann wieder wochenlang zu verschwinden. Chefs sehen es in der Regel lieber, wenn sie mit ihren Mitarbeitern planen können. Zumindest langfristige Projekte sollte Mann nicht übernehmen, wenn feststeht, dass er noch einen Teil der Elternzeit ausschöpfen möchte. Auch während der Elternzeit darf Mann übrigens arbeiten gehen. Erlaubt ist eine Teilzeitbeschäftigung mit bis zu dreißig Wochenstunden. Immerhin. Und: Während der Elternzeit darf Mann nicht gekündigt werden. Frau natürlich auch nicht.

Für die meisten jungen Familien bleibt diese Variante eine theoretische Möglichkeit, sich Kind und Arbeit zu teilen. Denn noch immer ist das alte Denkmodell weit verbreitet, in dem ihm die Ernährerrolle zufällt. Auch in Deutschland gilt für rund die Hälfte aller jungen Eltern die konservative Aufteilung: Er geht arbeiten, und sie kümmert sich um den Nachwuchs. Auf gut Deutsch: Er schafft das Geld ran, und sie gibt die Rolle des Hausmütterchens. War ja schließlich immer schon so. Und ist ja auch am bequemsten. Und der Nachbar macht es genauso. Und überhaupt. Die alten Rollenklischees werden erstaunlich selten überdacht und in Zweifel gezogen. Männer klagen oft, dass sie viel lieber viel mehr Zeit mit ihrem Zwerg verbringen würden. Doch die Gründe, warum sie es nicht tun, sind bei genauerem Nachfragen oft fadenscheinige Ausreden. An allererster Stelle wird die Arbeit genannt. Die ist ihm wichtig, und der Job ist gut bezahlt, und die Aufstiegschancen möchte er nicht gefährden, und so muss er schuften, Tag und Nacht, sonst bricht alle Zukunftsplanung in sich zusammen. Ob es in der Realität wirklich so dramatisch käme, wenn er es nur ernsthaft versuchen würde? Häufig sicherlich nicht. Und sie? Sie ergibt sich mindestens ebenso häufig in ihre Rolle. Der alte Beruf? Klar, der war gut bezahlt, und Spaß hat die Arbeit gemacht, und gute Aufstiegschancen gab es auch. Und natürlich könnte sie zurück. Theoretisch. Doch wie soll das praktisch gehen, mit dem Zwerg am Rockzipfel und dem Mann, der schließlich arbeiten gehen muss, um die Familie zu ernähren. Und so ergeben sich beide in ihr Schicksal. Bis es kracht. Er wird von Tag zu Tag unzufriedener, weil ihn die Arbeit allein nicht mehr ausfüllt und ihm die Zeit mit seinem Zwerg fehlt, und sie wird von Tag unzufriedener, weil ihr zu Hause die Decke auf den Kopf fällt und ihr das Leben so leer vorkommt zwischen Babygebrüll und Windel-Großeinkauf. Und beide denken, der jeweils andere sei schuld an dem Dilemma.

Wenn er und sie sauertöpfisch ans ungeliebte Tagwerk gehen, wird es allerhöchste Zeit, miteinander zu sprechen. Um dem Partner zu sagen, was falsch läuft. Und um mit ihm die eigenen Wünsche zu diskutieren. Und um nach Auswegen aus der Misere zu suchen. Gemeinsam. Es ist schon schlecht, wenn ein Partner in eine Krise rutscht. Dass beide unzufrieden sind – das darf nicht sein. Dafür ist die Zeit nach der Geburt generell zu stressig. Und selbst die stabilste Beziehung ist nur begrenzt belastbar. Also nicht warten, bis einer von beiden sagt: »Ich kann nicht mehr.« Mann muss nicht übermäßig sensibel sein, um solche Krisen bereits zu erkennen, bevor sie kolossale Ausmaße angenommen haben. Wichtig ist dabei die Erkenntnis, dass es für Veränderungen nie zu spät ist. Wie auch immer er und sie sich die Aufgaben aufgeteilt haben – nichts steht in Stein gemeißelt, jede Entscheidung darf von Zeit zu Zeit hinterfragt werden. Und sollte es sogar. Wer feststellt, dass für ihn die traditionelle Rollenverteilung nicht das Nonplusultra ist, für den gibt es sicherlich Alternativen. Sie erfordern nur etwas geistige Flexibilität, Phantasie und etwas Mut. Zugegeben: Manchmal auch eine gehörige Portion Mut.

Gewordene Väter, die mit ihrem Chef das Gespräch suchen, klagen danach häufig darüber, dass er ihre Probleme nicht ernst genommen habe. Vermutlich täuschen sich diese Väter. Oft liegt es einfach am fehlenden familiären Background des Vorgesetzten, wenn er die Bitte um mehr Heimarbeit oder weniger Überstunden rigide zurückweist. Nicht jeder Chef hat Kinder. Und wer selbst kein Vater ist, für den ist es ausgesprochen schwer, sich in die Situation eines frisch gebackenen Papas hineinzuversetzen. Für andere Chefs gibt es keine zwei Meinungen darüber, dass der Job an erster Stelle stehen muss. Sie haben ihr Privatleben geopfert, um dorthin zu gelangen, wo sie heute sind. Ganz oben. In ihrem Beruf. Für diesen Typus Mensch ist klar, dass jeder Mann dieses Ziel haben muss. Und entsprechend wenig Verständnis werden sie für die Bitte eines Vaters aufbringen, der gern mehr Zeit mit seiner Familie verbringen möchte. Wer unter einem solchen Vorgesetzten arbeiten muss, ist schlecht dran. Es dürfte fast aussichtslos sein, mit ihm auf einen Nenner zu kommen. Es sei denn, der Vorgesetzte hat selbst einen Chef. Dann hat der junge

Vater natürlich das Recht, den Umweg über den Ranghöheren zu gehen, um seine Ziele durchzudrücken. Gern gesehen wird so ein Verhalten zwar nicht, aber in akuten Notfällen dürfen die guten Sitten schon einmal vernachlässigt werden.

Bevor Mann seinen Chef um eine Privataudienz bittet, ist es ratsam, sich mit Kollegen zu unterhalten, die sich vor kurzem in einer vergleichbaren Situation befunden haben. In größeren Betrieben gibt es fast immer Leidensgenossen, die gern Auskunft darüber geben, wie bei ihnen das Gespräch mit dem Vorgesetzten gelaufen ist. Mit etwas Glück können sie brauchbare Tipps geben oder wissen zumindest, wie die generelle Einstellung der Führungsetage zum Thema Jungväter ist. Verblüfft werden viele gewordene Väter feststellen, dass ansonsten in der Firma das Thema Kinder mehr oder minder gänzlich ausgeklammert wird. Das Familienfoto auf dem Schreibtisch wird zwar gern gesehen, zeigt es doch, das er für seine Familie sorgt und Chefs deuten dies vielfach als Hinweis auf Stabilität und Verantwortungsbewusstsein. Probleme junger Väter werden hingegen im Betrieb nahezu tabuisiert. Wer interessiert sich schon dafür, ob der Windelpreis gestiegen ist? Und wer will wissen, ob der Zwerg zu Hause mit Masern das Bett hüten muss? Gerade noch okay ist es zumeist, wenn Mann stolz erzählt, dass der Zwerg gestern die ersten Schritte gewagt hat.

Die moderne Arbeitswelt ist der natürliche Feind der Familie. Es hat schließlich Gründe, warum fast alle Industrienationen unter Kinderarmut leiden. Wer heutzutage einen Arbeitsplatz hat, der muss fit und nahezu grenzenlos belastbar sein. Gern wird von Arbeitnehmern Flexibilität eingefordert. Auf allen Ebenen. Die Frage sei erlaubt: Darf der Arbeitnehmer im Gegenzug von seinem Arbeitgeber dann nicht auch ein Stück weit Flexibilität verlangen? Oder zumindest erhoffen? Es ist ja nicht auf ewig. Kinder sind schließlich keine chronische Krankheit, sie werden größer, und spätestens, wenn das Kindergartenalter erreicht ist, normalisiert sich vieles wieder. Dann ist Mann wieder einsatzbereit, kann Überstunden schieben, auf Montage gehen und, und, und. Einige junge Väter fürchten, dass ihre Beförderungschancen sinken, wenn sie um Zugeständnisse bitten. Mehr Heimarbeit. Weniger Termine im Ausland. Verzicht auf Überstunden. All das hätten die meisten gewordenen Väter gern. Doch viele sind zu feige, um diese Themen überhaupt anzusprechen. Feige? Nein, sie haben schlichtweg Angst davor, weil ihnen pausenlos suggeriert wird, wie glücklich sie sein können, dass sie einen Arbeitsplatz haben. Und wie schnell der verloren gehen kann. Es gehört eine gehörige Portion Mut dazu, für die eigene Familie die Karriere zumindest eine Zeit lang hintanzustellen.

Vor einem Gespräch mit dem Chef muss Mann sich selbst erst einmal darüber klar werden, wie die eigene Zukunft aussehen soll. Die zentrale Frage lautet: Was will Mann? Will er zu Hause präsent sein und möglichst viel von seinem Zwerg haben? Möchte er miterleben, wie sein Kind sprechen und laufen lernt? Möchte er es sein, der bemerkt, dass der erste Zahn durchbricht? Wenn ja, dann muss die Arbeit ins zweite Glied zurücktreten. Notgedrungen. Denn Kinder warten nicht, bis Papa für sie Zeit hat. Ihre Entwicklungsschritte passieren nach dem Zufallsprinzip. Morgens wird noch gekrabbelt, und am Abend läuft der Zwerg bereits wie ein Weltmeister. Kein Tag lässt sich wiederholen. Vorbei ist vorbei. Und es gibt so viel zu verpassen. Männer, denen solche Momente viel geben, sollten mit aller Macht versuchen, sich Freiräume für die Familie zu schaffen. Diese Art Zeitmanagement funktioniert allerdings nur, wenn der Job keine beherrschende Position einnimmt. Steht bei ihm hingegen die Arbeit an erster Stelle, gibt es keinen Grund, sich dafür zu grämen. Doch Mann sollte ehrlich genug sein, es offen zuzugeben. Es gibt Männer, die finden nichts dabei, wenn sie abends nach Hause kommen und ihnen die Liebste mit den Worten um den Hals fällt: »Schatz, du glaubst gar nicht, was heute passiert ist. Unser Kleiner hat sein erstes Wort gesagt.« Diesen Männern reicht es, wenn sie aus zweiter Hand informiert werden. Dagegen ist nichts zu sagen. Solange die Frau des Hauses mitspielt. Stören darf diesen Typ Mann allerdings nicht, dass das erste Wort des Zwergs »Mama« sein wird. Für das erste »Papa« wird er vermutlich noch einige Wochen brauchen.

Über eines sollte Mann sich klar sein: Ideal ist es, wenn ein Kind von Mutter und Vater großgezogen wird. Wächst der Zwerg bei nur einem Elternteil auf, fehlt etwas. Ganz egal, mit wie viel Liebe und Einsatz der jeweilige Elternteil dieses Vakuum auszufüllen versucht. Mama und Papa sind deshalb so wichtig, weil das Kind den alltäglichen Umgang mit Männern und Frauen kennenlernt. Außerdem nehmen die Partner in der Beziehung oft unterschiedliche Rollen ein. Ein Beispiel: Der kleine Racker hat eine Bronchitis und hustet sich die Lunge aus dem Leib. Sie sagt: »Unser Zwerg tut mir so leid«, während er dem Kleinen nüchtern rät: »Nimm brav deine Medizin, dann geht es dir ganz schnell wieder besser.« Kinder brauchen beide Arten der Kommunikation: Mitleid und Sicherheit.

Es ist wahrlich kein Kinderspiel, Beruf und Familie unter einen Hut zu bringen. Vor allem nicht für junge Väter. Die Erwartungshaltung der Familie. Die Erwartungshaltung der Gesellschaft. Die Erwartungshaltung der Firma. Und nicht zuletzt das eigene Anspruchsdenken. All dies muss irgendwie miteinander verknüpft werden. Kompromisse sind notwendig, wenn ihn das Ergebnis befriedigen soll. Nicht maßlos werden und immer alles gleich haben wollen. Neues Haus, neues Auto, einen neuen Computer. Er muss mit ihr sprechen, dass dies nicht möglich sein wird. Zumindest nicht, wenn auch er seinen Teil zur Kindererziehung beitragen möchte. Und Mann muss herausfinden, was er selbst will.

Zuallererst Karriere und die Familie lediglich als schmückende Staffage, als Zugabe? Wenn die Liebste es akzeptiert – kein Problem. Es gibt eine ganze Reihe Frauen, die nichts dagegen haben, sich auf Kinder, Haus und Hobbys zu konzentrieren. Für jeden Topf gibt es bekanntlich den passenden Deckel.

Wichtig ist letztlich nur, dass alle glücklich werden. Er. Sie. Der Zwerg. Wenn für ihn hingegen der Zwerg an erster Stelle steht, dann muss umgedacht und umgebaut werden. Vor allem im eigenen Kopf. Raus mit dem Ernährer-Denken. Rein mit neuen Ideen. Beide arbeiten halbtags? Warum nicht. Den Konsumwahnsinn herunterschrauben und mit weniger Geld auskommen? Geht auch. Auf alle Fälle sollte Mann sich regelmäßig klarmachen, was wirklich Wert hat. Für ihn persönlich. Ganz individuell.

## Selbst erlebt …

*Es war einmal. Ein Mann, der in einer Münchner Literatur-Agentur seinem Tagwerk nachging. Der die Junior-Partnerschaft anstrebte. Der Karriere machen wollte. Nicht zwanghaft, aber doch ausgesprochen ehrgeizig. Für Gedanken an Familie und Kinder war wenig Platz. Ihm war klar: Alles geht nicht – und so hatte er sich entschieden. Für den Beruf, gegen das Private. Bis sie kam. Nicole. Er lernte sie im fernen Hamburg kennen, seiner Heimat. Auf dem Weihnachtsmarkt, während eines Wochenendaufenthaltes. Komischer Zufall. Oder Amors Fügung? Fast schon kitschig. Er verliebte sich.*

*Und fortan war die Arbeit nur noch Arbeit und nicht mehr Lebensmittelpunkt. Da fasste er einen Entschluss: Er würde zurückgehen nach Hamburg. Wegen ihr. Und weil er fühlte, dass es die richtige Entscheidung war. Für ihn. Herz über Kopf. So richtig kitschig. Ein halbes Jahr blieb er noch in München, weil sein Chef ihn darum bat. Keine einfache Zeit. Voller Sehnsucht. Für ihn war es der Beweis, die richtige Entscheidung getroffen zu haben.*

*Eineinhalb Jahre später wurde geheiratet, zehn Monate später kam Mattis zur Welt. Drei Jahre später folgte Finya. Er gründete zwischenzeitlich eine eigene Agentur und arbeitet seit einigen Jahren von zu Hause aus. Eigenes Büro, und die Zwerge nur ein Zimmer entfernt. Er genießt die Nähe, auch wenn es nicht immer einfach ist, Kinder ins Berufsleben zu integrieren. Und auch heute noch, sieben Jahre nach der Münchner Entscheidung, weiß er, dass er es richtig gemacht hat.*

*Und vor allem bin ich immer noch stolz darauf, dass ich damals den Mut hatte, diesen Schritt zu wagen. Raus aus allen Sicherheiten und mitten hinein ins Unbekannte. Es ist das großartigste Abenteuer meines Lebens.*

## Phase 3:

# Mit Zwerg den Alltag meistern

### Vater werden ist nicht schwer, Vater sein dagegen ...

## Das tollste Kind der Welt! Verfluchtes Balg!

In einer Zeitschrift war vor kurzem ein Foto von einem Wohnzimmer zu sehen, das einem Schachtfeld glich. Eine mit Penaten-Creme über und über besudelte Couch, ein Teppich, über den kleine Fußspuren führten, Wände, die mit weißen Handabdrücken verziert waren. Irgendwo in der Creme lagen Bücher herum, und mittendrin saß ein kleiner Zwerg und freute sich seines Lebens.

Ein Mordsspaß. Für den Kleinen. Und für alle, die das Bild gesehen haben. Nur nicht für die Eltern. Die dürften vor Wut rot angelaufen sein. Alles kaputt. Die Garnitur, der Teppich, die Tapeten. Totalrenovierung. Neukauf. Zeit und Geld. Das sind die Gedanken, die den Eltern als Erstes durch den Kopf geschossen sein dürften. Und wer war schuld an dem Desaster? Ihr Zwerg. Das blöde Balg. Hatte Mann ihm nicht gestern noch gesagt, er soll die Finger von der Creme lassen? Vermutlich ist er wie ein HB-Männchen in die Luft gegangen: »Das kann doch nicht wahr sein.« Und sie wird fassungslos den Kopf geschüttelt haben: »Oh, mein Gott!« Zur Beruhigung: Den meisten Eltern gelingt es, um Katastrophen derart biblischen Ausmaßes herumzukommen. Aber jeder Vater wird zumindest ähnliche Erfahrungen machen. Früher oder später. Vermutlich überraschend zeitig. Und im unpassendsten Moment.

Kinder sind immer Traum und Albtraum zugleich. Und ihr Kreativpotential ist unbegrenzt. Jederzeit sind sie in der Lage, Papas schlimmste Befürchtungen wahr werden zu lassen. Das Kabel des Rasenmähers mit der Kinderschere durchschneiden? Klar, macht schließlich Spaß. Ein komplettes Manuskript mit einer Tastenkombination löschen, die Papa bisher noch gar nicht kannte? Kein Problem. Kinder zerlegen eine komplette Wohnzimmereinrichtung binnen Minuten – und ein Lächeln genügt, und schon kann Mann ihnen nicht mehr böse sein. Das ist der eigentliche Wahnsinn inmitten dieser Art von Zwergenaufstand. Was das kleine Ungeheuer auch anrichtet – Papa wird ihm verzeihen. Ruckzuck. Nach dem Fluchen wird noch kurz gemeckert, doch dann reicht meist schon ein Blick in Zwergis Augen, die verzweifelt nach den Gründen für Papas Wutausbruch suchen, um das schlechte Gewissen hervorzukitzeln. Der Kleine weiß es schließlich nicht besser. Die pure Unschuld. Und dieser Blick. Wenn dann auch noch die Tränen zu fließen beginnen, ist Mann mit seiner Wut am Ende. Er spürt nur noch ein tiefes Verlangen, seinen Zwerg in den Arm zu nehmen, um ihm zu zeigen, dass alles gut ist. Die Couch, der Teppich, die Tapeten. Das sind doch alles nur wertlose Dinge. Kann man neu kaufen. Ist alles wieder zu reparieren. Geht ganz fix. Hauptsache, der Zwerg lacht wieder. Und morgen kommt die Creme auf das nächsthöhere Regal. So viel ist klar.

Kein Zwerg ärgert seine Eltern absichtlich. Das ist die Wahrheit. Die reine Wahrheit, und nichts als die Wahrheit. Doch jeder Vater und jede Mutter werden Momente erleben, in denen sie diese Tatsache in Zweifel ziehen werden. Ist es wirklich keine böse Absicht, wenn der süße Teufel den Herd mitsamt dem Sonntagsbraten mittendrin abstellt, ohne dass Mama es merkt? Ist es wirklich nur kindliche Neugier, wenn der kleine Terrorist Papas neues Handy im Gartenteich versenkt? Die Antwort heißt Ja. Doch in den jeweiligen Momenten ist Mann anderer Meinung. Und Frau auch. »Der Lümmel boykottiert uns doch«, denkt sie. Und er würde seinem Zwerg am liebsten den Hosenboden versohlen, damit das Balg lernt, wie teuer so ein Handy ist und wie schwer es ist, das Geld dafür zu verdienen. Das geht natürlich nicht. Stattdessen macht Vater dem Kleinen deutlich, wie sauer er ist und dass er so etwas nie wieder erleben möchte. Es folgen Zwergis verständnisloser Blick, die Tränen, die Aussöhnung. Jedes Mal. Stets aufs Neue. Und am Ende nimmt Papa sich vor, beim nächsten Mal die Ruhe zu bewahren. Es gelassener zu nehmen. Der Zwerg kann schließlich nichts dafür. Komisch nur, dass der kleine Lump anscheinend ganz genau weiß, wie er Papa auf die Palme bringen kann. Und wenn Mann es nicht besser wüsste, dann könnte er denken, dass der Zwerg sich auch noch freut, wenn Papa sich so richtig ärgert.

Das Schöne: All diese Momente brennen sich tief in Papas Erinnerung ein. Väter tragen sie oft ein Leben lang in ihrem Herzen. Der Zorn auf den Zwerg ist dabei schnell vergessen. Handys, Tapeten und Teppiche ebenfalls. Was bleibt, sind die Situationen mit all ihrer unfreiwilligen Komik. Diese Erinnerungen sind kleine Schätze, die einem niemand mehr nehmen kann, wärmen einen und geben Kraft. Und sie sind angenehm weit entfernt von schnödem Mammon, Machtgier und Ruhmsucht. Es klingt ein wenig pathetisch, aber Kinder zeigen einem, wie leicht es ist zu verzeihen. Das tut gut und kann selbst den stärksten Mann noch Jahre später zu Tränen rühren. Dann wird sie fragen: »Weißt du noch, damals, als der Zwerg dein Handy in den Teich geworfen hat? Und sein trauriger Blick, als du ihn so wütend angeraunzt hast?« »Ja«, wird Mann antworten, »und wie keck der Kleine geguckt hat, als Papa ihn in den Arm nahm, und wie er dann grinsend sagte: ›Putt‹?« Das sind die Momente, in denen der Zwerg für einen Vater immer der Zwerg bleiben wird. Unauslöschlich. Selbst dann noch, wenn aus dem Zwerg längst selbst ein stattlicher Mann geworden ist.

In Erinnerung bleiben natürlich auch die rundum schönen Momente. Jene Augenblicke, in denen sich Mama und Papa wie die Schneekönige über ihren kleinen Liebling freuen. Und auch von diesen Momenten gibt es unzählige. Was nicht zuletzt an der Tatsache liegt, dass sich Eltern in Bezug auf ihren Zwerg über jede Kleinigkeit freuen können. Das fängt an mit dem ersten Wort. Selbst ein simples »da« verschlägt den Eltern oft für Minuten die Sprache. Unser Zwerg hat etwas gesagt. Unser Zwerg kann sprechen! Gänsehaut-Feeling. Stolz ist Mann auch, wenn der Zwerg seine ersten zaghaften Schritte wagt. Am besten noch direkt in Papas starke Arme. Der Wahnsinn. Wahre Begeisterungsstürme entfachen Zauberworte wie »bitte« und »danke« – vor allem, wenn der Zwerg sie im richtigen Moment benutzt. Dann sind Mama und Papa auch auf sich selbst stolz. Unsere Erziehung. Sind wir gut. Oder wenn der Zwerg Papa erklärt, wo er drücken muss, damit das Telefon auf stumm geschaltet wird. Was habe ich für ein kluges Kind, denkt Mann dann. Oder wenn der Zwerg einfach nur dasitzt und lacht. So laut und offen lacht, wie es nur Kinder können. Dann ist die Welt in Ordnung. Und all die Schufterei vergessen, die einfach dazugehört. Das tollste Kind der Welt. Es ist immer das eigene.

Vom kleinen Zwerg zum großen Kind ist es ein weiter Weg. Ihn begleitend gehen zu dürfen ist Papas größtes Glück. Wenn er es halbwegs richtig anstellt, wird er zu Zwergis ganz persönlichem Helden aufsteigen. Jeder Vater hat eine Vorbildfunktion für sein Kind. Er kann alles, versteht alles und macht alles richtig. Aus Sicht des Zwergs ist die Sache klar, schließlich fehlen dem Kleinen die Vergleichsmöglichkeiten und Erfahrungswerte. Dass kein Vater perfekt ist, es nie war und niemals sein wird, lernen Kinder erst, wenn sie größer sind. In den ersten Jahren werden sie versuchen, ihrem Idol nachzueifern. Papa trinkt Kaffee? Dann muss das ein ganz besonders leckeres Getränk sein. Papa raucht Pfeife? Sieht toll aus und schmeckt bestimmt auch so. Papa guckt abends immer stundenlang fern? Wahrscheinlich ist Fernsehen das Coolste, was diese Welt zu bieten hat. Mann sollte also aufpassen, in welche Richtung der Zwerg durch das Sehen und Abgucken gelenkt wird, das jedem Kind eigen ist. Kleinkinder registrieren die kleinste Kleinigkeit. Papa bindet sich selbst die Schuhe zu. Papa lässt im Flur immer das Licht brennen. Papa gießt jeden Tag die Blumen. Papa bringt den Müll raus. Ein Konglomerat an Nichtigkeiten, das in Zwergis Kopf ein großes Ganzes ergibt. Mann muss nicht unentwegt auf der Hut sein, um Zwergis Lerneifer auf Kurs zu halten. Aber ab und an ist es schon ratsam, über sich selbst und seinen Vorbildcharakter nachzudenken. Und damit auch über sein Handeln.

Ganz egal, wie sehr der Zwerg einen anhimmelt: Den perfekten Vater gibt es nicht. Diese Erkenntnis ist rudimentär. Andererseits ist selbst der schlechteste Vater aus Sicht des Zwergs noch immer der perfekte Vater. Es kann einen schon überraschen, wenn der Zwerg ein anerkennendes »Oh!« von sich gibt, nur weil Mann ihm erklärt, warum eine Gabel in der Hand eines Kindes zur gefährlichen Waffe werden kann. Erstaunliche Folgen kann es auch haben, wenn Mann dem Zwerg erklärt hat, dass eine Straße nur überquert werden darf, wenn das Männchen der Ampel auf Grün steht. Dann kann es leicht passieren, dass der Zwerg bei jeder Ampel, an der Mann vorbei kommt, die Straßenseite wechseln will, nur weil er ein grünes Männchen sieht. Natürlich ist Papa der Wunsch des Kleinen Befehl, und so werden einige Fünf-Minuten-Einkäufe zu wahren Marathon-Spaziergängen. Dafür, dass der Zwerg die Ampelschaltung begriffen hat, schlägt Mann notfalls auch einen Kräfte zehrenden Zickzackkurs ein. Mann ist schließlich Vorbild. Und stolz darauf, dass er seinem Zwerg etwas beibringen konnte. Und dass eine grüne Ampel nicht bedeutet, dass man unbedingt die Straßenseiten wechseln muss, das wird der Kleine schon auch noch kapieren. Später einmal.

Einige Väter würden viel Geld dafür ausgeben, wenn sie das Vatersein lernen könnten. Dummerweise gibt es keine entsprechende Ausbildung. Mann wird ins kalte Wasser geworfen und muss zusehen, den Kopf oben zu behalten. Kein Vater weiß vorab, wie er sich verhalten wird, wenn der Zwerg erst einmal da ist. Und kaum ein Vater überrascht sich in dieser Situation nicht hin und wieder selbst. Dabei gilt: Jedem jungen Vater mangelt es an Erfahrung. Das ist logisch und selbstverständlich zugleich – und wichtig zu wissen, weil Männer dazu neigen, von sich Dinge zu erwarten, die an Perfektion grenzen. »Wie soll ich nur reagieren?« ist eine Frage, die Mann sich oft stellt, wenn wieder einmal eine unbekannte Situation auftaucht. Der Zwerg nervt rum. Der Zwerg macht etwas kaputt. Der Zwerg will nicht essen oder trinken. Für all diese Situationen gibt es keinen Verhaltenskodex. Stattdessen ist Intuition gefragt. Wenn Mann gut drauf ist, bekommt er es meist gut hin, doch wenn er müde ist oder gestresst oder ganz andere Probleme im Kopf hat, dann ist guter Rat teuer. Schnell fallen die Reaktionen dann weitaus weniger überzeugend aus. »Ich bin so ein Idiot«, denkt Mann dann, weil jeder Mensch zumindest ein gewisses Gespür für Richtig und Falsch hat. Zur Beruhigung: Das gehört dazu. Das passiert jedem Vater mal. Mann kann nur versuchen, meistens richtig zu handeln. Und es ist nie verboten dazuzulernen. Und es beim nächsten Mal besser zu machen.

Erziehung ist keine Glückssache. Väter, die denken, dass Kinder von sich aus wissen, was für sie gut oder schlecht ist, sind auf dem Holzweg. Einige halten ihren Zwerg bereits für einen kleinen Erwachsenen. Auch das stimmt nicht. Ein Kind ist ein Kind. Nicht weniger, aber auch noch nicht mehr. Menschen sind auch keine Tiere, die instinktiv bereits vieles wissen, was für ihr späteres Leben wichtig ist. Der Mensch bekommt erstaunlich wenig Wissen mitgeliefert. Fast alles muss ihm gezeigt, vorgemacht und erklärt werden. Das ist anstrengend, und selten einmal funktioniert es auf Anhieb. Von den Eltern wird vor allem Ausdauer verlangt. Immer wieder sagen, wie etwas zu laufen hat. Wie die Dinge funktionieren. Bis es dem Zwerg in Fleisch und Blut übergeht. Und Grenzen ziehen. Nicht dem Wahn verfallen, dass eine antiautoritäre Erziehung heißt, dem Kleinen alles zu erlauben. Wer mit Gut und Böse noch auf Kriegsfuß steht, muss verstehen lernen, was richtig und was falsch ist. Das gilt ebenso für das Benehmen. Mann muss ja nicht gleich einen kleinen Knigge heranziehen, aber ein gewisses Maß an Umgangsformen sollte jedes Kind vermittelt bekommen. Auch hier gilt: Ausdauer beweisen. Von heute auf morgen geht wenig, Kinder wollen alles immer wieder gezeigt bekommen. Es ist ein innerer Drang, den die Natur ihnen nicht umsonst mitgegeben hat. Denn nur so ist es ihnen möglich, ihre Fähigkeiten zu entfalten. Kinder wollen lernen. Es liegt an den Eltern, ihnen etwas beizubringen. Wie schon gesagt: Kindererziehung ist ein langer Weg. Und trotz aller Mühen, Zweifel und Rückschläge ein wunderschöner.

## Selbst erlebt ...

*Jungen spielen mit Autos, Mädchen mit Puppen. Dieses Vorurteil fand ich schon immer grässlich. Kinder spielen mit dem, was ihnen ihre Eltern zum Spielen vorsetzen. Woher soll ein kleiner Junge schließlich wissen, dass große Jungs Autos toll finden? Und warum sollte sich ein kleines Mädchen in ihr Geschlechterschicksal fügen, das vor tausend Jahren vermutlich irgendwelche Patriarchen für sie erdacht haben? Als moderne Eltern ignoriert man derartigen Blödsinn einfach und schenkt Autos und Puppen. Sollen die Zwerge doch selbst entscheiden, worauf sie Lust haben.*

*Mattis hatte von Beginn an Lust auf Autos. Und Finya kann ohne ihren Teddy nicht sein. Sollte in dem Klischee eventuell doch ein Fünkchen Wahrheit lauern? Ich war ehrlich überrascht, wie kon-*

*sequent meine beiden Kleinen die vermeintlichen Vorurteile in die Tat umsetzten. Mit zielsicherem Griff und garantiert, ohne dass ich ihnen den Weg gewiesen hätte.*

*Nicht ich habe Mattis gezeigt, was ein Auto ist, sondern er hat es für sich ausgewählt. Nicht ich habe Finya den Teddy ins Bett gestopft, sondern sie hat ihn sich an die Wange gehalten und so lange damit gekuschelt, bis klar war, dass er mit ins Bett soll. Ich war schon drauf und dran, Abbitte zu leisten und anzuerkennen, dass Kinder bereits als kleine Zwerge wissen, was sie sind oder wer sie einmal sein werden. Zum Glück liebt es Finya seit einigen Wochen, sich an der Couch in unserem Wohnzimmer hochzuziehen, um dann die »Audos« vor unserem Fenster zu beobachten. Genau wie Mattis findet sie das ganz toll. Ganz so einfach ist das geschlechtsspezifische Verhalten dann wohl doch nicht zu ergründen.*

## Wie schwach darf das »starke Geschlecht« sein?

Väter sind stark. Sind Vorbild. Sind unverwundbar. Aus Sicht des Zwergs stimmt dieses Weltbild. Als Vater sollte man sich hüten, daran zu glauben. Sonst steckt Mann ganz schnell drin in der Überforderungsfalle. Alles können, alles tun, alles sein. Wer seine Ansprüche so hoch hängt, wird unweigerlich abstürzen. Dabei gibt es für Väter gar keinen Grund, sich im Alltag mit ihrem Zwerg unter Leistungszwang zu setzen. Kinder vergöttern ihre Väter. So viel Mist kann er gar nicht anrichten, dass sich daran etwas ändern wird.

Erst mit zunehmendem Alter beginnen Kinder ihre Eltern zu hinterfragen. Und finden heraus, dass Papa gar nicht so perfekt ist, wie sie es bis dahin gedacht haben. Doch auch bis es so weit ist, sind einige Spielregeln zu beachten, die das Verhältnis zwischen Vater und Zwerg auf Kurs halten. Die meisten sind Selbstverständlichkeiten. Zumindest erscheinen sie einem so, doch im Alltag gibt es Situationen, die schnell zum Bruch dieser Regeln führen können. Sei es aus Faulheit, aus Überforderung oder aus Unwissenheit. Mann sollte sich in solchen Momenten immer wieder einbläuen, dass diese Regeln ihren Grund haben und nicht aufgestellt wurden, um Väter aus lauter Spaß an der Sache zu quälen.

Regel Nummer eins: Niemals ein Kleinkind allein zurücklassen. Weder im Haus, noch im Auto, noch sonst wo. Mama oder Papa, Oma, Opa oder ein Babysitter – ein Erwachsener muss immer in der Nähe sein. Ist doch selbstverständlich, werden die meisten Väter jetzt sagen. Genau. Sollte es zumindest sein. Doch der Alltag hat seine Tücken, und es gibt Momente, da ist es wesentlich bequemer, den Zwerg kurz mal allein zu lassen. Morgens zum Beispiel, wenn Papa den Kleinen mit dem Auto zum Kindergarten bringt und vorher noch schnell beim Bäcker hält, um fürs Frühstück einzukaufen. Das Geschäft liegt nur einen Katzensprung vom Parkplatz entfernt. Und der Zwerg ist schließlich schon groß. Außerdem regnet es. Da kommt Papa schnell mal auf die Idee, allein zu gehen. Rein zum Bäcker, Brötchen gekauft, zurück zum Auto, und weiter geht's. Alles ganz harmlos, dauert höchstens fünf Minuten. Doch der Teufel ist ein bösartiger Geselle. Er weiß, wie er Angst und Schrecken verbreiten kann. Papa steigt aus, und der Zwerg ist plötzlich allein. Er sieht, wie Papa weggeht. Und fühlt sich noch mehr allein. Und da die halbe Welt morgens Brötchen kaufen möchte, steht Papa sich die Beine in den Bauch. Aus den fünf Minuten wird schnell eine Viertelstunde. Und draußen schreit sich der Zwerg vor lauter Angst die Seele aus dem Leib. Bis ihn ein Passant entdeckt, das Handy zückt und die Polizei verständigt. Dann hat Papa den Salat. Und steckt tief drin im Schlamassel. Der Polizist wird ihm sagen, dass so ein Verhalten nicht erlaubt ist, der Passant wird ihm sagen, dass er es ungeheuerlich findet, und die Liebste erfährt es natürlich auch und staucht ihn so richtig zusammen. Also trotz Regen und kurzer Wege: Den Zwerg lieber mit zum Bäcker nehmen. Und auch überall anders hin, wo Papa mal für fünf Minuten reinhuschen möchte.

Das Gleiche gilt für die heimischen vier Wände. Niemals einen Zwerg allein zurücklassen. »Kevin allein zu Haus« ist zwar unbestritten ein lustiger Film, selbst erleben möchte kein Vater ein solches Desaster. Dass ein Kind zu Hause vergessen wird, ist allerdings auch eher unwahrscheinlich. Meistens ist es Bequemlichkeit, die dazu führt, dass Zwerge unbeaufsichtigt zurückbleiben. Wenn Mann allein Wache schiebt und die Hände schon zittern, weil keine Zigarette in Griffweite ist, dann kann er schon einmal auf den Gedanken kommen, dass der nächste Automat nur einige Hundert Meter entfernt steht. Und da der Zwerg gerade seinen Mittagsschlaf hält, wird er vermutlich gar nicht merken, wenn Papa mal kurz verschwindet. Raus aus dem Haus, rüber über die Straße, im Sauseschritt zum Automaten und zurück. Dauert höchstens fünf Minuten. So kann es gehen. Und vermutlich wird es auch so ablaufen. Doch es muss nicht. Es kann auch schiefgehen. Die Straße ist verstopft, und Mann braucht eine Ewigkeit, bis die andere Straßenseite erreicht ist. Der Zigarettenautomat ist leer, und so muss er ins nächste Geschäft gehen. Das bedeutet: zehn Minuten zusätzlicher Fußmarsch. In der Zwischenzeit schmort zu Hause eine Leitung durch und ein Feuer bricht aus. Und der Zwerg liegt gefangen in seinem Gitterbettchen. Mutterseelenallein. Klar, dieses Horrorszenario ist ähnlich wahrscheinlich wie ein Sechser im Lotto. Aber warum spielen Millionen Menschen Woche für Woche Lotto? Genau: weil es immer mal wieder einen trifft. Und so ist es auch bei »Zwergi allein zu Haus«. Höchstwahrscheinlich wird alles gut gehen. Doch wie schon gesagt: Der Teufel ist ein bösartiger Geselle.

Regel Nummer zwei: Kinder sind sexuelle Wesen. Gut, auch diese Weisheit wird vermutlich keinen Vater überraschen. Doch wie sexuell aktiv schon kleine Zwerge sein können, ist eine erstaunliche Erfahrung, die so manchen Mann schier aus den Puschen hauen dürfte. Vor allem Jungen erproben schon in frühster Jugend ihre sexuellen Fähigkeiten. Liegt ja auch nah. Mit dem Pillermann lässt sich prima spielen. Und schnell wird der Zwerg herausfinden, dass man nur genug drücken, zerren und quetschen muss, bis er seine Gestalt verändert. Aus dem schlaffen Etwas wird ein stolzer aufrechter Geselle. Was für ein Experiment! Toll, toll, toll. So toll, dass der Zwerg es fortan regelmäßig wiederholen wird. Und weil es so toll ist, muss Papa sich das Ergebnis natürlich auch ansehen. »Guck mal, Papa, ganz groß.« Papa wird anerkennend nicken und sich fragen, ob das eine Form von überzogener Frühreife ist. Nein, ist es nicht. Der Zwerg testet nur schon einmal, wie es sein wird, wenn er größer ist. Noch irritierter ist so mancher Vater, wenn er sich im Schlafzimmer auszieht, und plötzlich die Tür aufgeht und der Zwerg hereinschneit. So weit, so normal. Doch dann geht der Dreikäsehoch schnurstracks auf Papa zu und zwickt ihn in dessen Penis, um sogleich lachend von dannen zu ziehen. So etwas kann passieren. Und Mann wird verblüfft feststellen, wie sprachlos Mann sein kann. Soll er meckern? Dann denkt der Kleine noch, es sei irgendwie unnatürlich. Soll er das Gespräch suchen und erklären, dass sich so etwas nicht gehört? Das würde den Zwerg überfordern. Soll er es einfach ignorieren? Beim ersten Mal ist dies gar keine schlechte Lösung. Und vermutlich wird sich die Geschichte nicht wiederholen. Und überhaupt: Auch Kleinkinder sind eben sexuelle Wesen.

Regel Nummer drei: Schläge sind tabu. Auch dies ist für die meisten Väter eine Selbstverständlichkeit. Zumindest in der Theorie. Ist jedoch der Zwerg erst einmal in einem bestimmten Alter, stellt Mann rasch fest, dass der kleine Engel ihn in den Wahnsinn treiben kann. Er hört nicht, er macht, was er will, mit einem Satz: Kinder sind unausstehliche Gören. Zumindest manchmal. Zum Beispiel beim Essen. Papa sitzt mit dem Kleinen am Tisch und wuchtet Löffelchen um Löffelchen in Zwergis Mund. Bis der Kleine ganz unvermittelt losprustet und das pürierte Etwas aus Nudeln, Fleisch und Tomatensoße auf Papas neuem Pullover landet. Wahrscheinlich ist das nur Zwergis Mittel zu signalisieren, dass er keinen Hunger mehr hat. Doch Papa wird es im Affekt anders deuten. Frecher Rotzlümmel! Der schöne Pulli. Alles hin. Einige Männer schaffen es, in solchen Situationen ruhig zu bleiben. Das ist vorbildlich. Die meisten meckern los. Der Zwerg wird es verschmerzen. Es gibt jedoch auch Männer, bei denen liegen die Nerven schnell blank. Dann setzt es schon einmal einen Klaps. Vorzugsweise auf den Po. War doch früher auch so, schadet auch keinem. So rechtfertigt Mann sich vor sich selbst. Doch woher weiß er das so genau? Vielleicht brennt sich der Klaps tief ein in die Seele seines Zwergs. Generell gilt: Väter (und auch Mütter) sollten sich stets so weit im Griff haben, dass ihnen die Hand nicht ausrutscht. Zwerge tyrannisieren ihre Eltern nicht absichtlich, darüber ist sich die Fachwelt einig. Wenn etwas nicht so läuft, wie Mann es sich wünscht, dann hat es andere Gründe. Statt zuzuschlagen, sollte er nach den Antworten suchen. Der Zwerg wird es ihm danken.

Regel Nummer vier: Nie das Kind für das eigene Elend verantwortlich machen. Noch so eine Binsenweisheit. Schließlich gilt: Was kann der Zwerg denn schon dafür, wenn Papa schlechte Laune hat? In der Praxis wird der Zwerg Papas Hochs und Tiefs allerdings sehr wohl zu spüren bekommen. Niemand ist eine Insel, und vor allem in den heimischen vier Wänden nehmen Männer allzu oft keine Rücksicht auf die Gefühlslagen ihrer Mitbewohner. Wo sonst soll er auch Dampf ablassen? Stress im Job. Meeting schlecht gelaufen. Projekt verbockt. Die Wut will raus. Und den Chef zur Minna machen verbietet sich von selbst. Also wird zu Hause losgeledert, und der eine oder andere Vater hat Probleme, sich wieder in den Griff zu bekommen, bevor der Zwerg darunter zu leiden beginnt. Nun sind Kinder ganz allgemein psychisch so robust gebaut, dass sie Papas Ausraster meist gut wegstecken und schnell vergessen. Doch zu häufig sollten diese Verbalattacken nicht in Gegenwart des Zwergs stattfinden, sonst könnte der Kleine denken, diese Art der Kommunikation sei normal und nachahmenswert. Dann wird aus dem braven Kind schnell ein aggressiver Rowdy, der gern mit Spielzeug wirft und sein Umfeld tyrannisiert. Andere Kinder ziehen sich vor lauter Schreck in sich selbst zurück und erinnern in ihrem Verhalten an Autisten. Es gilt also, die Nerven zu behalten und Wutausbrüche vor der Familie zu vermeiden.

Komplett inakzeptabel ist es, wenn Papa seinem Kind beweist, wie viel Alkohol er verträgt. In Deutschland gibt es immer mehr Familien, in denen dieses Thema zur Dauerbelastung wird. Wer sich betrinken möchte, der soll mit seinen Kumpels in die nächstgelegene Kneipe ziehen und einen draufmachen. Nach Herzenslust und so lange er will und kann. Alles kein Problem, solange er danach stillschweigend das heimische Schlafzimmer aufsucht und seinen Rausch ausschläft. Kinder, die regelmäßig mit ihrem angetrunkenen Vater konfrontiert werden, haben große Schwierigkeiten, dessen sonderbares Verhalten zu deuten. Torkeln, lallen, dummes Zeug erzählen. All das sind Ergebnisse von zu viel Alkohol. Hinzu kommen bei Alkoholkranken Apathie und die Unfähigkeit, einfache Zusammenhänge in den entsprechenden Kontext zu stellen. Das Kind schreit? Für Alkoholiker ist dies kein Zeichen für Hunger oder Schmerzen, für Alkoholiker schreit das Gör nur. Und es soll gefälligst damit aufhören. Die Konsequenzen für den Zwerg sind absehbar. Für Kinder können solche Erfahrungen zu einer Hölle werden, die sie ein Leben lang in ihrer Seele mit sich herumtragen werden. Dafür gibt es keinerlei Entschuldigung. Wer ein Kind in die Welt setzt, sollte reif genug sein, sich selbst im Griff zu haben, zumindest aber muss er wissen, wo er kompetente Hilfe bekommen kann. Alkohol und Kinder sind zwei Größen, die sich partout nicht vertragen. Und je weiter man sie voneinander fernhält, desto besser.

Regel Nummer fünf: Wirkliche Regeln gibt es nicht. Ja, zugegeben, das ist der Weisheit letzter Schluss. Doch bevor eine Regel in der Kindererziehung zum Dogma wird, sollte Mann sich klarmachen, dass jedes Kind ein Individuum ist mit ganz spezifischen Bedürfnissen und Vorlieben. In letzter Konsequenz heißt das: Was für Proband A die Ideallösung sein kann, führt bei Proband B zur Katastrophe. Also nie der Versuchung unterliegen, kluge Ratschläge welcher Art auch immer als unumstößliche Wahrheit anzusehen. Stets genug Spielraum lassen, um auf die Signale reagieren zu können, die der eigene Zwerg aussendet. Mit etwas Fingerspitzengefühl wird er Papa den Weg weisen. Und Papa ist gut beraten, sich darauf einzulassen. Er kann den Charakter seines Zwergs ein Stück weit formen, er kann ihm eine Richtung vorgeben, doch der Glaube, dem Wesen des Kleinen ein Korsett umschnallen zu können, mündet in einer Sackgasse. Die sensible Seite vieler Männer ist zwar verschüttet, weil ihr alltäglicher Kampf vor allem Ellenbogeneinsatz von ihnen verlangt. Doch jeder Mensch hat eine Antenne dafür, was ihm ein anderer Mensch sagen möchte. Der Zwerg kann dafür sorgen, dass bei ihm diese Antenne wieder zum Vorschein kommt. Wenn es klappt, ist es ein großes Glück. Für den Zwerg. Und für den Vater.

Das angeblich so starke Geschlecht darf sich zumindest zu Hause von der schwachen Seite zeigen. Schwach? Nein. Eher von der einfühlsamen Seite. Und Mann sollte jeden Augenblick genießen, den einem der Zwerg schenkt. Jede Kuschelminute ist ein Highlight. Jedes gemeinsame Bad. Jedes gemeinsam gelesene Buch. Ein solches Erlebnis trägt einen durch den Tag und hilft, selbst die Dinge mit einem Lächeln zu nehmen, die einen sonst zu Boden gedrückt hätten. Auftrag nicht bekommen? Es wird neue Angebote geben. Vom Chef gerüffelt worden? Ja und, niemand ist eine Maschine. Unfall gehabt? Hauptsache, keiner ist verletzt worden. Die Dinge verändern ihren Wert, wenn ein Zwerg auf die Welt kommt. Was gestern noch das Größte, das Wichtigste war, ist heute nur noch schmückendes Beiwerk. Priorität bekommt anderes. Was ist das Lächeln eines Kindes wert? Oder der Moment, in dem der Kleine das erste Mal »Papa« sagt? Diese Augenblicke sind unbezahlbar. Und das Schönste: Für Väter gibt es sie gratis. Und ohne jeden Hintergedanken. Um es deutlich zu sagen: Es gibt keinen Grund, Abstand zu halten und den starken Mann zu mokieren. Zwerge lieben Nähe, und sie zahlen Papas Aufmerksamkeit hundertfach zurück. Mit unendlich viel Liebe. Einer Liebe, die so ehrlich und tief ist, dass sie jeden Kitschroman sprengen würde. Also, liebe Väter: Nutzt das aus. Schamlos. So-oft ihr könnt. Es ist herrlich.

### SELBST ERLEBT …

*Das ABC der Kindererziehung. Was machen wir? Was verbieten wir? Von Anfang an ist dies ein beherrschendes Thema bei fast allen Eltern. Auch bei uns war es so. Ganz wichtig: Mama und Papa dürfen sich nicht auseinanderdividieren lassen. Wenn der Zwerg sich bei ihm ein Nein abholt, dann muss auch sie Nein sagen. Selbst dann, wenn sie nicht recht versteht, warum Papa so reagiert hat. Für den Zwerg ist es wichtig zu erkennen, dass beide Elternteile an einem Strang ziehen. Sonst hat der Kleine rasch heraus, wie er daraus seinen Vorteil schlagen kann. Mann wundert sich, wie früh so ein kleiner Winzling weiß, bei wem er auf welche Art und Weise zum Ziel kommen kann. Kinder haben ihn augenscheinlich noch, den sechsten Sinn.*

*Hier gilt wirklich: Je mehr Einigkeit auf Elternseite, desto besser. Ansonsten sind allgemeingültige Regeln rar gesät. Keine Schläge, kein Alkohol, und immer einen Erwachsenen in Zwergis Nähe lassen. So weit, so klar. Doch sonst? Wie wird aus dem Kleinen ein Großer, der aufrecht und zufrieden durchs Leben geht? Ich weiß es nicht. Meine Kinder sind ein und vier Jahre alt. Ich hoffe, dass sie einmal ihren Weg gehen werden. Ich versuche sie dahin zu lenken. Ob das immer auf die richtige Weise geschieht? Ich könnte wetten: nein. Aber ich gebe mein Bestes, Tag für Tag. Das ist es, was Mann tun kann. Und tun sollte. Kluge Ratschläge wird es von mir an dieser Stelle jedenfalls nicht geben. Die vergangenen knapp fünf Jahre haben gereicht, um einzusehen, dass es an Größenwahn grenzt, anderen Eltern einen Wegweiser mitgeben zu wollen. Na ja, vielleicht doch: Mit gesundem Menschenverstand ans Werk gehen. Mut haben. Dinge wagen. Manchmal haut's hin, mit manchen Ideen scheitert Mann. Dann müssen andere Lösungen gesucht werden. Ganz gemäß dem Motto: Versuch macht kluch.*

## Krankheiten und andere Nervenkiller

Nach einem solchen Schwung an Nähe, Wärme und heimeliger Geborgenheit wird es Zeit, mal wieder die dunkle Seite zu betreten. Zwergis Schattenreich sozusagen. Es ist das Reich der Gefahren und bösen Überraschungen. Ein Reich, das selbst die nervenstärksten Mamas und Papas an den Rand des Abgrundes führen kann. Es ist die Angst, die sie umtreibt, die Angst, dass ihrem kleinen Liebling etwas zustoßen könnte. Etwas Schreckliches, etwas schier Unaussprechliches. Und fürwahr, die Gefahren lauern überall. Das beginnt schon im Babybett. Plötzlicher Kindstod heißt das Schreckgespenst, das die Wissenschaft bis heute nicht restlos entschlüsseln konnte. Andere Kleinkinder ersticken, weil sie sich nachts die Decke übers Gesicht ziehen und es in ihrer Panik und Tollpatschigkeit nicht schaffen, sich von dem Stoffmonster zu befreien. Es gibt Bücher, die listen auf mehreren Seiten auf, wo dem Zwerg alles etwas passieren könnte – bis hin zu einer Entführung. Um diese Art Schwarzmalerei soll es hier nicht gehen. Doch auch so gibt es genügend Risiken, über die Mann informiert sein sollte.

Die Gefahrenzone Babybett lässt sich relativ einfach umgehen. Statt einer Decke reicht es vollkommen aus, den Zwerg in einen der Jahreszeit entsprechenden Schlafsack zu stecken, der auch für die kleinen Arme spezielle Eingänge hat. Ersticken ausgeschlossen. Aufpassen sollte Mann auch, was für Stofftiere dem Kleinen ins Bett gelegt werden. Es muss nicht gleich ein ganzer Zoo sein, damit sich der Zwerg sicher und geborgen fühlt. Ein oder zwei kleinere Stofftiere reichen vollkommen aus, und sie sollten nicht haaren, denn der Kleine wird unter Garantie versuchen, an seinen Spielkameraden zu nuckeln. Auch Bänder und

Schnüre sind im Babybett tabu, immer wieder einmal kommt es vor, dass sich ein Kleinkind nachts erdrosselt. Mobiles und ähnlicher Schnickschnack, der über Zwergis Bett an Decken und Wänden befestigt wird, sollte stabil angebracht werden. Das Urvertrauen des Kleinen kann arg beeinträchtigt werden, wenn mitten in der Nacht ein Holzungetüm auf ihn niederstürzt, nur weil der Haken für die Decke zu klein war oder die Schnur zu dünn. Wenn der Zwerg etwas größer ist und zu krabbeln beginnt, wird es allerhöchste Zeit, das Gitterbett eine Etage tiefer zu stellen. Mann glaubt gar nicht, wie gut Kleinkinder bereits klettern können – und sie lieben Herausforderungen. So kann es passieren, dass der Zwerg die Mittagsruhe nutzt, um zu erkunden, ob er über das Gitter seines Bettchens steigen kann. Dann macht es rums, und Mann bekommt einen riesigen Schreck. Und der Zwerg unter Garantie auch.

Generell gilt bei Kindern: Je mobiler, desto schlimmer. Je größer die kleinen Racker werden, umso mehr Gefahrenmomente ergeben sich. Vor allem die Zeit der ersten wackeligen Schritte hat es in sich. Scharfe Kanten lauern überall. An Tischen, an Stühlen, an Schränken. Auch die Fliesen in Bad und Küche sind eine prima Gelegenheit, sich eine blaue Nase zu holen. Ganz fatal kann ein Sturz gegen einen Heizkörper enden. Auch Treppen sind tückische Fallen, die Kinder geradezu magisch anzuziehen scheinen. Mann sollte sich lieber nicht ausmalen, wie so ein Sturz im schlimmsten Fall enden könnte. Und zum Glück haben Kinder eine eingebaute Schutzengelfunktion. Ganz und gar darauf verlassen sollte Mann sich allerdings nicht. Daher sind einige Sicherheitsvorkehrungen ratsam. Für spitze Ecken gibt es Gummi- oder Styroporecken, die auf die Gefahrenstellen geklebt werden können. Für Heizkörper gibt es Schutzabdeckungen, manchmal reicht es schon aus, wenn einfach etwas umdekoriert wird. Vielleicht passt ja die Couch vor den Heizkörper? Oder der Tisch?

Die Heizleistung wird dadurch zwar beeinträchtigt, doch das Provisorium soll schließlich nicht zum Dauerzustand werden. Wenn der Zwerg stabil auf beiden Beinen steht und die wildeste Spielphase abgeklungen ist, kann der Urzustand wiederhergestellt werden. Und vor Treppen gehören Türen. Und wenn es keine Türen gibt, dann muss ein Trenngitter her. Das bekommt Mann in jedem Baby-Fachmarkt. Es gibt sogar Gitter mit integrierten Türen, so dass Mama und Papa bequem von A nach B kommen, ohne jedes Mal zum Kletterkünstler werden zu müssen. Auch diese Gitter lassen sich später problemlos wieder abbauen.

Mindestens genauso gefährlich wie scharfe Kanten können Ventilatoren sein. Im Zeitalter von Klimakatastrophe und Treibhauseffekt hat inzwischen nahezu jeder Haushalt einen dieser kleinen Brummkreisel im Keller stehen. Wenn die Temperaturen im Sommer unerträglich werden, kommen die mobilen Raumkühler zum Einsatz und werden mit Vorliebe in einer Ecke des Wohn- oder Schlafzimmers postiert. Daran braucht sich auch mit Kind nichts zu ändern, nur eine Bedingung muss erfüllt sein: Der Ventilator darf nicht in Zwergis Reichweite stehen. Sonst wird der Kleine mit großer Sicherheit versuchen, dem Geheimnis der Rotation auf den Grund zu gehen – mit absehbarem Ergebnis. Auch Steckdosen sind Versuchung und tückische Falle zugleich. Diese beiden kleinen Löcher, in die Mama und Papa regelmäßig so ein komisches Ding zwängen, das sie Stecker nennen, sind ein geheimnisvoller Ort, dem jeder Zwerg auf die Schliche kommen möchte. Damit der Forscherdrang nicht im Krankenhaus endet, haben findige Menschen Schutzvorrichtungen erfunden, die sich einfach vor die Steckdosen kleben oder besser noch schrauben lassen. Für den Zwerg ist damit das Problem gelöst. Allerdings kann es sein, dass Mann zukünftig Schwierigkeiten hat, den Stecker in die zwei verborgenen Löcher zu zwängen. Denn manche Kindersicherung überfordert nicht nur kleine Zwerge.

Auch unter den lebenden Hausbewohnern gibt es solche, die nicht zwergentauglich sind. Nein, damit sind weder Hund noch Katze oder Maus gemeint, die natürlich dürfen bleiben – es sei denn, der kleine neue Erdenbürger hat eine Fellallergie. Dann heißt es in der Regel Abschied nehmen von Herrchens einstmals bestem Freund. Die Gefahren für den Kleinen lauern zumeist auf den Fensterbänken. Giftige Pflanzen, von denen Mann oftmals nicht einmal weiß, wie gefährlich sie sind. Es gibt eine ganze Reihe Ziergewächse, bei denen ein Happen reicht, um einen ausgewachsenen Menschen niederzustrecken. Was in einem solchen Fall mit einem Zwerg passieren würde, muss nicht näher erläutert werden. Und da kleine Kinder an allem interessiert sind, vor allem, wenn es gut aussieht und obendrein auch noch gut riecht, ist die Versuchung groß, einmal herzhaft zuzubeißen. Daher sollten sich die Eltern vor dem Einzug des Zwergs bereits schlaumachen, was da so alles auf ihren Fensterbänken, in Wintergärten und auf Balkonen wächst und gedeiht – und gegebenenfalls entsprechend aussortieren.

Unfallschwerpunkt Nummer eins ist jedoch: die Küche. In diesem Sammelsurium der Gefahren kann dem Zwerg so ziemlich alles passieren. Das fängt mit Muttis Spülmittel an. Sieht lecker aus, also wird es auch probiert. Ohnehin ist der Putzmittelschrank verführerisch. All diese Flaschen, Dosen und Sprays. Für Zwerge muss es der Himmel auf Erden sein, und Mann wird alle Hände voll damit zu tun haben, dem Kleinen klarzumachen, dass der Schrank für ihn eine verbotene Zone ist. Auch der Herd ist ein beliebter Spielplatz für den Nachwuchs. Da zischt es, da dampft es, da blubbert es in den Töpfen und Pfannen. Im wahrsten Wortsinn ein Katastrophenherd. Wenn Kleinkinder in der Nähe sind, muss der Koch besonders aufmerksam sein. Keinen Schritt ohne vorherigen Blick nach unten. Krabbelt da einer rum? Steht da einer hinter mir? Vorsicht ist hier wahrlich überlebenswichtig.

Um dem Zwerg das Spielen an den Herdknöpfen zu erschweren, gibt es Schutzgitter, die vor dem Herd angebracht werden können. Schön ist das nicht, wirklich praktisch oft auch nicht. Wer es irgendwie schafft, sollte am besten die komplette Küche für seinen Zwerg zur Sperrzone erklären. Sicher ist sicher. Apropos sicher: Versicherungen aller Art gibt es natürlich auch schon für die Jüngsten. Die wenigsten sind notwendig, zwei sollten aber auf alle Fälle abgeschlossen werden: eine Unfallversicherung sowie eine Haftpflichtversicherung. Denn wenn der Ernstfall eintritt, kann Mann sich nicht darauf berufen, dass der Kleine es nicht mit Absicht getan hat. Mama und Papa haften im vollen Umfang für den Schaden. Und Zwerge haben ein gutes Gespür, wann und wo es sich lohnt, eine Vase von der Vitrine zu stoßen.

Überängstliche Väter könnten nun auf die Idee kommen, ihren Zwerg in Watte packen zu wollen. Doch der Versuch, den Kleinen vor der großen bösen Welt da draußen fernzuhalten, ist zum Scheitern verurteilt. Zum Glück. Denn was würde der Zwerg alles verpassen? Gefahren sind ein Bestandteil des Lebens. Und der Zwerg wird sich ohnehin nicht davon abhalten lassen, seine ganz eigene Welt zu erschließen. Das Leben ist für ihn eine Aneinanderkettung von Abenteuern, die alle nur darauf warten, angepackt zu werden. Neues will erkannt, erprobt und verstanden werden. Väter dürfen dabei den Beobachter spielen, und sie müssen einschreiten, wenn sie merken, dass ihr Zwerg in sein Verderben rennt. Doch sie können ihren kleinen Liebling nicht ins Bettchen verbannen, damit ihm nichts zustößt. Für Kinder gibt es nichts Gefährlicheres als Langeweile. Sie wollen toben, erobern, austesten. Und nichts und niemand darf sie davon abhalten. Für einen gewordenen Vater gehört es zu seinem neuen Leben, damit klarkommen zu müssen. Und zur Beruhigung sei ein Blick in Nachbars Garten angeraten. Dort gibt es auch Kinder, und die toben, erobern und testen genauso wie der eigene Zwerg. Dabei kommt es höchst selten vor, dass sich eines schwerer verletzt. Klar, hier und da gibt es mal einen Kratzer, doch kleine Blessuren gehören zum Kindsein einfach dazu.

Ein unerschöpfliches Thema sind auch die diversen Kinderkrankheiten. Wer mit einem Zwerg Tür an Tür lebt, für den werden Erkältungen im Winterhalbjahr zum Dauerzustand. Ist der Kleine erst einmal verrotzt, dann ist Papa auch bald dran. Gern gesellt sich eine Mittelohrentzündung hinzu. Das schmerzt, und der Zwerg wird Mama und Papa tüchtig auf Trab halten. Tag und Nacht. Dauerbrenner sind auch Spucken und Durchfall. Beides kommt gern als Duo infernale, so dass es ratsam ist, immer mindestens zwei saubere Bettgarnituren als Ersatz zum Wechseln in Griffweite zu haben. Zu den Klassikern der Kinderkrankheiten gehören Masern, Röteln und Windpocken. Spätestens im Kindergarten geht es los – es sei denn, Mann hat seinen Zwerg bereits vorab gegen alles impfen lassen, was an Viren durch die Luft schwirrt. Die meisten Eltern entscheiden sich dagegen, wohl auch, weil jeder zumindest noch bruchstückhaft weiß, wie es ihm selbst ergangen ist. War doch harmlos. Ein, zwei Tage Bettruhe, dann ist alles ausgestanden. Doch wie es so ist mit der Erinnerung an ferne Zeiten – sie trügt einen. Kinderkrankheiten können lange dauern, eine Woche sollte Mann zur Sicherheit immer einplanen. Und der Zwerg wird leiden. Einigen gelingt es, ihre Rolle als jammerndes Elend zur Perfektion zu bringen. Und Papas Nerven zum Vibrieren. Generell gilt: Kranke Zwerge wollen betüddelt werden, wollen spüren, dass Mama und Papa mitleiden. Schließlich ist geteiltes Leid halbes Leid. Mehr können Eltern nicht tun. Und im Ernst: Es reicht auch. Was der Kleine an Medikamenten braucht, entscheidet der Arzt. Wenn die Eltern Zweifel an dessen Sachverstand haben, sollten sie umgehend einen zweiten Arzt zu Rate ziehen.

Schmerzen können auch die Zähne verursachen. Wenn Zwergis Wange plötzlich rot wird und sich der Kleine permanent irgendetwas in den Mund steckt, um darauf herumzukauen, dann sollte Papa einmal den Mund genauer inspizieren. Vermutlich bahnt sich gerade der erste Zahn seinen Weg. Wann der kommt? Dafür gibt es keinen genormten Zeitplan. Es soll Kinder geben, die bereits mit den ersten Zähnen auf die Welt kommen, bei anderen beginnt es nach drei Monaten zu sprießen. Wieder andere Zwerge sind nach einem Jahr noch komplett zahnlos. Fest steht allerdings die Reihenfolge: Als Erstes kommen die mittleren unteren Schneidezähne, dann die äußeren Schneidezähne, dann wiederholt sich das Prozedere auf dem Oberkiefer. Und die Erfahrung lehrt: Hat sich erst einmal ein Zahn seinen Weg gebahnt, folgen die nächsten meist unmittelbar. Einigen Kindern macht das offensichtlich gar nichts aus. Für andere wird es zur Qual. Sie schreien, sabbern und verweigern das Essen. Selbst der dünnste Brei wird für sie ungenießbar. Dann ist guter Rat teuer, bewährt hat sich die Ablenkungstaktik. Beispielsweise kann dem Zwerg bei jeder Mahlzeit eines seiner Lieblingsspielzeuge auf den Kindersitz gelegt werden. Oft klappt es, und der Kleine vergisst vor lauter Spieltrieb seine Zahnschmerzen. Apropos Zahnschmerzen: Fachleute raten, bereits mit dem Zähneputzen anzufangen, sobald der erste Zahn zu sehen ist. Dabei sollte eine spezielle Kinderzahncreme benutzt werden, sonst gibt es rasch eine ohrenbetäubende Schreiattacke: »Papi, zu scharf!«

Richtig brenzlig wird es, wenn der Zwerg ins Krankenhaus muss. Das ist für viele Eltern das Schlimmste, was sie sich vorstellen können. Entsprechend nervös sind sie. Doch genau diese Nervosität sollte der Zwerg nicht spüren können. Wenn der Ernstfall eintritt, ist es Hauptaufgabe der Eltern, ihren Zwerg in aller Ruhe und Sachlichkeit darauf vorzubereiten und ihm glaubhaft zu vermitteln, dass alles gut gehen wird. Nicht einfach morgens die Sachen packen, den Zwerg schnappen, und los geht's. Denn dann wird es für den Kleinen ein Tripp ins Ungewisse, der unter Garantie zur Horrorvorstellung wird. Ganz ruhig mit dem Kleinen darüber sprechen, was er hat und warum er ins Krankenhaus muss; ihm in kindgerechten Worten erklären, was dort mit ihm geschehen wird. Meistens können Mama oder Papa in der Klinik übernachten, um in Zwergis Nähe zu bleiben und ihm Sicherheit und Vertrautheit zu geben. Das ist ein elementarer Forschritt, vor allem dann, wenn sogar ein gemeinsames Zimmer hergerichtet wird. Natürlich wird Mann versuchen, seinen Zwerg zu beruhigen, doch dabei sollte er stets die Wahrheit im Blick haben. Nie sagen, dass alles ganz schnell gehen wird, wenn es nicht so ist. Nie sagen, dass es nicht weh tun wird, denn das ist fast immer schlichtweg gelogen. Immer bei der Wahrheit bleiben. Die darf strapaziert werden, aber nicht mehr. Sonst ist die elterliche Glaubwürdigkeit in Gefahr – und die sollte möglichst lange unerschüttert bleiben.

### Selbst erlebt …

*Unser Sohn Mattis hatte gut ein Jahr lang keine Krankheiten. Keinen Husten, keinen Schnupfen, nicht mal kleinste Wehwehchen. So darf es gern weitergehen, dachte ich. Und ahnte doch schon, dass es anders kommen würde. Natürlich kam es anders. Kaum hatte der zweite Winter begonnen, bekam er hohes Fieber. Das Thermometer schnellte auf knapp 41 Grad hoch. Wenn Mann so etwas als Vater das erste Mal miterlebt, bleibt einem fast das Herz stehen. Das eigene Kind liegt apathisch im Bett, und Mann kann nichts tun. Nur abwarten und darauf vertrauen, dass die Medizin anschlägt. Der Zwerg tut einem unendlich leid, und dann kommt der Kinderarzt daher und sagt: »Daran müssen Sie sich gewöhnen. Wenn der Kleine erst einmal in den Kindergarten kommt, wird das zum Dauerzustand.« Schöne Aussichten. Kaum war Mattis im Kindergarten, kam die erste fette*

*Erkältung. Es folgte eine Bronchitis. Und dann wurde gespuckt, was der kleine Körper hergab. Dann folgte die nächste Erkältung, die nächste Bronchitis und so weiter, das gesamte Winterhalbjahr lang. Immerhin: Kaum wurde es Frühling, waren die Krankheiten wie weggeblasen. Monatelang herrschte Ruhe an der Fieberfront. Eine Wohltat für Mattis und auch für uns als Eltern. Mann glaubt gar nicht, wie entscheidend das Wetter für unsere Gesundheit ist. Nässe und Kälte schwächen offensichtlich vor allem Kinder immens. Das bestätigte sich, als sich der nächste Winter ankündigte. Kaum zogen die ersten Herbststürme übers Land, kam auch schon die erste Erkältung. Natürlich samt Mittelohrentzündung, damit es richtig weh tat. Dieser jahreszeitliche Turnus gehört inzwischen zu unserem Alltag. Im Sommer sind die Kinder gesund, im Winter wird gekränkelt. Bei Mattis wie bei Finya, die natürlich alles mitnimmt, was ihr großer Bruder aus dem Kindergarten anschleppt. Das ist anstrengend. Da gibt es nichts schönzureden. Doch da muss Mann durch.*

## Erste Hilfe für den Alltag

Zwerge sind zwar ausgesprochene Individualisten, doch einige Kniffe sollte Mann dennoch kennen, um sich den Alltag zu erleichtern. Zu den wichtigsten, weil regelmäßig wiederkehrenden Handlungen gehört das Zu-Bett-Gehen. Die wenigsten Kinder hören das Kommando »Schlafenszeit!« gern. Die meisten wissen schnell, wie sie sich noch ein paar Zusatzminuten ergaunern können. Ein plötzlicher Kuschelanfall mit Mama. Ein Buch, das unbedingt noch gelesen werden muss. Oder, besonders raffiniert, der Hinweis: »Ich muss noch kackern.« Dann kann Papa oft nur die Schultern zucken und sich in Geduld üben. Wenn der Zwerg jedoch Kuscheln, Lesen und Kackern aneinanderreiht, hat Mann durchaus das Recht, dem Ganzen mit einer klaren Ansage ein vorzeitiges Ende zu bereiten. Der Zwerg weiß es zu schätzen, wenn er klare Grenzen gesetzt bekommt – auch wenn im Affekt ein verbaler Proteststurm losbrechen wird. Solange die Wortwahl des Kleinen dabei im Rahmen bleibt, sollte Papa einfach weghören und abwarten, bis sich Zwergis Ärger gelegt hat. Dann kann Mann zum Beispiel anbieten, noch eine Gute-Nacht-Geschichte im Bett vorzulesen. Samt Kuschelrunde. Die Chance ist groß, damit genau ins Schwarze zu treffen.

Beim Zu-Bett-Gehen sollte sich möglichst frühzeitig ein fester Rhythmus einspielen. Ausziehen, Schafanzug anziehen, Zähne putzen, ins Bett legen, der Geschichte lauschen, schmusen, Teddy in den Arm, Licht aus, einschlafen. So könnte das Prozedere idealerweise aussehen. In der Realität dürfte es eher so ablaufen: Papa zerrt am Pullover, der nicht über den kleinen Kopf passt. Der Zwerg schreit, dass es ihm weh tut und er sich nicht mehr ausziehen will. Papa weitet die Halspartie so weit, bis der Pulli fast zerreißt und zwängt den Kopf trotz starker Gegenwehr durch die Öffnung. Der Zwerg ist nun endgültig bockig und will sich die Hose lieber allein ausziehen. Das dauert ewig, weil es für ihn gar nicht so einfach ist, seine Beine freizulegen. Papa lobt seinen Kleinen danach dennoch in den höchsten Tönen, weil es am Ende doch funktioniert hat. Der Schlafanzug hat das falsche Motiv, der Zwerg möchte statt Bob der Baumeister lieber das gelbe Schwammkopf-Ungetüm, das für den Sommer eigentlich viel zu dick ist. Papa kramt den Schwammkopf-Anzug dennoch aus der Schublade, in dem Wissen, dafür von der Liebsten später einen Anpfiff zu bekommen, weil er für unnötig viel dreckige Wäsche sorgt.

Bis der Zwerg danach endlich ins Bad geht, um Zähne zu putzen, vergehen wieder zehn Minuten. Hab ich heute schon, brauch ich nicht mehr. Papa hält energisch dagegen. Dann putze ich selbst, ich kann das schon. Papa macht seinem Kleinen klar, dass er dafür noch zu klein ist. Auf die Geschichte freut sich der Zwerg, daher herrscht nun Ruhe. Allerdings erst, nachdem er fünf Minuten gebraucht hat, um das richtige Buch auszuwählen. Als Papa dann das Licht ausschalten möchte, ist das Geschrei dafür umso größer. »Ich habe Angst.« Logisch, Kinder haben immer Angst, wenn es ihnen zu dunkel ist. Also Nachtlicht anschalten oder die Tür einen Spalt weit offen stehen lassen. »So, jetzt wird aber geschlafen.« Wenn Papa jetzt glaubt, es sei geschafft, dann kennt er seinen Zwerg nicht. »Ich bin noch nicht müde.« Papa lässt allen Mut sinken, denkt bei sich: »Hört das eigentlich nie auf« und trabt zurück an Zwergis Bett. »Noch eine Geschichte?« Na klar, das zieht immer. »Aber dann wird geschlafen, einverstanden?« Der kleine Lausebengel nickt, und Papa ahnt schon wieder Böses. Nach einer weiteren Schmuserunde als Draufgabe ist es endlich geschafft, das Zu-Bett-geh-Prozedere. Genauso wie Papa. Über allen Bettchen herrscht Ruh'. Bis morgen der Kampf aufs Neue beginnt.

Es gibt Väter, die schwören sich jeden Abend, dass sie diesen Job ab sofort ihrer Liebsten übertragen werden. Doch so irrsinnig es auch klingen mag für alle Männer, die noch nicht Vater geworden sind: Diese Art des Nahkampfes hat auch ihre schönen Seiten. Mann spürt, wie der Zwerg seinen eigenen Willen entwickelt und austestet, wie weit er damit gehen kann. Und Papa kann seinem Nachwuchs zeigen, dass noch immer er es ist, der im Haus das Sagen hat. Wenn Mann schlecht drauf ist, kostet das Nerven, doch die sind gut investiert. Für den häuslichen Frieden. Und so schlimm, wie es klingt, ist es nun auch wiederum nicht. Der Zwerg wird sich zwar Abend für Abend etwas einfallen lassen, um Papa auf die Palme zu bringen, das komplette Repertoire kommt allerdings höchst selten zum Einsatz. Wichtig ist für den Zwerg vor allem, dass er Verlässlichkeit spürt. Jeden Abend zur gleichen Zeit ins Bett. Plus Geschichte, wenn er brav war. Mit Teddy und Nachtlicht. Und immer mit Schmuserunde zum Abschluss. Kinder danken all diese Details mit einem friedlichen und oftmals langen Schlaf. Väter sollten dabei stets darauf achten, dass sie mit allen Sinnen bei ihrem Zwerg sind, wenn das Zu-Bett-Gehen ansteht. Wenn der Kleine spürt, dass Papa das Fußballspiel im Fernsehen wichtiger ist als die Schmuserunde, wird er ihm das sehr übel nehmen. Denn der Zwerg möchte spüren, wie lieb Papa ihn hat und dass er für ihn das Allerwichtigste auf der Welt ist.

Wie lieb Papa seinen kleinen Racker hat, kann er auch bei der Gartengestaltung unter Beweis stellen. Je nach Größe der zur Verfügung stehenden Fläche darf alles herangeschafft werden, was dem Nachwuchs Freude bereitet. Allerdings muss ein Garten nicht gleich wie der ortseigene Kinderspielplatz aussehen. Zur Standardausrüstung gehören Sandkiste, Schaukel und Rutsche. Im Schuppen oder Keller sollten Bobbycar, Tretroller und eventuell ein Spielzeugtraktor geparkt werden. Mehr geht immer, muss aber nicht. Ein Baumhaus lässt natürlich jedes Kinderherz höher schlagen. Wenn Papa handwerklich das entsprechende Geschick mitbringt, wird er vermutlich viel Spaß bei der Montage haben. Es gibt aber auch Firmen, die den Job für die Männer übernehmen, die ihre Qualitäten in anderen Bereichen haben. Viele Gärten lassen sich ohne großen Aufwand so verriegeln, dass der Zwerg nicht allein auf Wanderschaft gehen kann. Diese Vorsichtsmaßnahme sei allen Männern mit Nachdruck ans Herz gelegt. Es beruhigt die Nerven, und der Zwerg kann auch einmal allein draußen spielen, ohne dass Mann gleich Angst haben muss, er könnte auf die Straße laufen. Dringend umzäunt werden sollten Gartenteiche jedweder Größe. Sie sind tödliche Fallen. Stürzt ein Zwerg in einen Teich, muss der nicht einmal besonders tief sein, um zur Katastrophe zu führen. In ihrer Panik verlieren Kleinkinder schnell die Orientierung und können sich selbst aus flachen Tümpeln oft nicht mehr selbst befreien.

Schlecht dran sind natürlich Wohnungsbesitzer oder Mieter, die über keinen eigenen Gartenanteil verfügen. Wer ein Kind plant oder bereits einen Zwerg hat und umziehen möchte, sollte den Faktor Garten unbedingt in seine Entscheidungsfindung mit einbeziehen. Kinder, vor allem solche, die in der Großstadt aufwachsen, brauchen grüne Oasen, um ihren Spieltrieb ausleben zu können. Nur die Wohnung, das wird dem Zwerg schnell zu eng. Zumindest ein größerer Spielplatz sollte in der Nähe liegen. Dorthin darf der Zwerg allerdings nur in Begleitung eines Erwachsenen gehen. Die meisten Spielplätze sind zwar TÜV-geprüft und überaus kindgerecht, doch ein Restrisiko bleibt. Der Kleine kann von der Schaukel fallen, oder die Rutsche ist so hoch, dass er sich nicht mehr allein herunter traut. Dann muss Mann einschreiten und darf den Retter in der Not spielen. Den meisten Vätern macht das unheimlich viel Spaß, weil sie ihren Zwergen auf diese Weise zeigen können, dass sie immer für sie da sind. In der Regel sind es allerdings die Mütter, die ihre Kleinen auf den Spielplatz begleiten. Einige treffen sich dort sogar regelmäßig zu Spielrunden. Väter werden dann oft eher reserviert beäugt. Ganz nach dem Motto: »Was will der denn hier? Hat der keine Frau?«

Weil das Wetter in Deutschland häufig mit Regen, Sturm und Schneematsch daherkommt, muss der Zwerg regelmäßig drinnen beschäftigt werden. Da Kinder es nicht schaffen, sich längere Zeit allein zu unterhalten, ist Entertainment gefragt. Ein heikles Thema für einige Väter, die ihre Kleinen am liebsten einfach vor dem Fernseher parken würden. Was spielt Mann mit dem Zwerg? Bei dieser Frage endet häufig ihr Kreativ-Potential. Aus purer Bequemlichkeit oder, weil Männer es wirklich nicht wissen. Gut, Lego, Bauklötze und Spielzeugautos sind jedem ein Begriff. Doch etwas mehr darf es schon sein. Beliebt bei Kindern ab drei Jahren sind einfache Spiele wie »Quips«, »Lalelu«, »Socken zocken« oder »Tempo, kleine Schnecke!«. Noch beliebter ist bei den Kleinen alles, was sich bewegt, blinkt und Krach macht. Davon gibt es in allen Spielzeuggeschäften mehr als genug, und wenn Papa einen guten Tag hat, freut sich der Zwerg bestimmt darüber, wenn er gemeinsam mit ihm einen kleinen Einkaufsbummel unternimmt. Eher untypisch für Väter sind Bastelnachmittage. Das ist eher Mamas Revier. Doch der eine oder andere Mann greift zumindest ab und an einmal gemeinsam mit seinem Zwerg zu Schere und Papier. Für die Motorik des Kleinen ist das ausgesprochen wichtig, und Spaß macht es ihm unter Garantie auch. Gebastelt werden kann alles, was Vater und Kind in den Sinn kommt. Fensterbilder, Papierflugzeuge, Laternen im Herbst, Sterne zur Weihnachtszeit. Wenn der Kleine dann noch nach Herzenslust mit Uhu, Pattex und Co. den Esstisch verwüsten darf, ist die Freude doppelt groß. Für die ruhigeren Momente gibt es nach wie vor nichts Besseres als das gute alte Buch. Vor allem die sogenannten Wimmelbücher, auf denen der Zwerg nach

Tieren, Formen und Gerätschaften aller Art suchen kann, stehen hoch im Kurs. Beliebt sind auch Lernbücher, die dem Zwerg zeigen, wie eine Uhr funktioniert, wie er von eins bis zehn zählen kann oder wie Rot, Gelb und Blau aussehen. Was gespielt wird, sollte Mann vorab mit seinem Zwerg klären. Denn wenn Papa entscheidet, wird der Kleine nicht lange durchhalten.

Ganz egal, ob nun zu Bauklötzen, Büchern oder zu Papier und Schere gegriffen wird: Eine fröhliche Zeit ist garantiert. Und der Zwerg wird Papa bewundern, weil der anscheinend alles weiß, alles kann und alles kennt. Und die Liebste wird es ihm danken, wenn Mann die eine oder andere Spielrunde mit dem Zwerg übernimmt. Denn Arbeit gibt es mit Kind im Haushalt überreichlich, und in vielen Beziehungen bliebt ein Großteil nach wie vor an ihr hängen.

Die Aufteilung der Hausarbeit sorgt in fast allen Partnerschaften regelmäßig für Ärger. Was macht sie? Welche Pflichten übernimmt er? Wer dies nicht rechtzeitig klärt, läuft Gefahr, sich wegen jeder Kleinigkeit in die Wolle zu bekommen. Abwasch, Geschirrspüler ausräumen, Boden wischen. Alles Dinge, die Männer lieber weiträumig umgehen. Doch mit Zwerg kommt so viel neue Arbeit hinzu, dass er helfen muss. Vor allem das Wäschewaschen nimmt plötzlich ungeahnte Dimensionen an und wird zur permanenten Last. Fast täglich rattert nun die Maschine. Oftmals sogar mehrfach, vor allem dann, wenn der Kleine krank ist oder draußen gespielt hat. Mann sollte der Liebsten dann von sich aus anbieten, ihr andere Pflichten abzunehmen. Und ob Männer es nun glauben mögen oder nicht: Staub wischen oder putzen können sie auch. Sogar Abwaschen ist kein Buch mit sieben Siegeln. Mann muss sich nur trauen. Und – trotz aller Monotonie – bei der Stange bleiben.

Da Hausarbeit auch bei vielen Frauen nicht sonderlich beliebt ist, wird immer wieder verglichen, wer welche Aufgaben erledigt. Ich mache die Wäsche. Und was macht er? Ich putze die Wohnung. Und was macht sie? Ich wechsle die Windeln. Und was macht er? Das sind Denkmuster, die jeder Mensch in sich trägt. Die meisten träumen von einer Beziehung, in der alles gerecht verteilt ist. Rechte und Pflichten. Bis ins kleinste Detail. Da so viel Ausgewogenheit in der Praxis kaum zu realisieren ist, kommt es regelmäßig zu kleinen Scharmützeln. »Ich musste schon wieder den Zwerg ins Bett bringen. Das ist doch eigentlich dein Part.« »Wie soll ich das denn machen, wenn ich erst so spät von der Arbeit nach Hause komme.« Vor allem bei der klassischen Arbeitsteilung, in der sie das Haus hütet und er das Geld verdient, können die Gräben schnell verteufelt tief werden. Im Kern lautet der Vorwurf: Du machst zu wenig. Sein Gefühl sagt ihm, dass er keinesfalls zu wenig macht. Schließlich muss sie sich »nur« um Haus und Kind kümmern, während er obendrein noch die Arbeit zu meistern hat. Doch das scheint sie gar nicht wahrzunehmen. Wenn dieses Denken einsetzt, ist der Moment, in der sich Mama und Papa zusammensetzen sollten. Und zwar zügig. Und dann gilt es, sich in Erinnerung zu rufen, wer welche Aufgaben übernehmen sollte. Mindestens ebenso wichtig ist es, dass sich beide Partner vor Augen führen, was der andere leistet. Er schuftet. Tagein, tagaus. Schafft das Geld ran. Da bleibt eben kaum Zeit für die Kindererziehung. Und überhaupt: Sie kümmert sich doch nur um Windeln, Wäsche und den Hausputz. Was heißt hier »nur«? Das ist Schwerstarbeit, und wenn er sich einmal ehrlich hinterfragt, wird er feststellen, dass er nie und nimmer mit ihr tauschen möchte. Es geht also darum, die Leistung des Partners anzuerkennen und auch sichtbar zu würdigen. Gewordene Mütter, die ihren Beruf für das Kind aufgegeben haben, wollen vor allem Verständnis für ihre Situation spüren. Männer dürfen diese Anerkennung gern auch einmal in Worte kleiden – selbst, wenn ihnen das traditionell schwerfällt.

Da Deutschland nicht besonders kinderfreundlich ist, kann der Zwerg schnell zu einer Belastungsprobe werden. Viele Frauen sehnen sich spätestens nach einem Jahr wieder ins Berufsleben zurück. Zu monoton ist das Leben als Hausfrau und Mutter. Die sozialen Kontakte werden dünner und dünner, thematisch kreist alles nur noch um Windelnwechseln und Kinderkrankheiten. So darf es nicht weitergehen. Also wird entschieden, den Kleinen in eine Krippe zu geben. So kann Mama zumindest vormittags einen Halbtagsjob annehmen. Die meisten Krippen nehmen Zwerge ab zwei Jahren an, einige sogar schon ab einem Jahr. Das Problem dabei: Es gibt in Deutschland bei weitem zu wenig Krippenplätze. Zwar ist die Politik dabei, die Versäumnisse der Vergangenheit anzupacken, doch es wird dauern, bis der Bedarf gedeckt sein wird. Wer keine Oma hat, die in die Bresche springen kann, muss sich notgedrungen nach anderen Lösungen umschauen. Ideal ist eine Tagesmutter, von denen es erstaunlich viele gibt. Die meisten bringen viel Erfahrung im Umgang mit Kleinkindern mit, dennoch sollte Mann sich sehr genau anschauen, wem der eigene Zwerg überlassen wird. Das Problem bei dieser Lösung: Tagesmütter kosten Geld, und zwar deutlich mehr als ein Krippenplatz. Günstiger geht es, wenn gemeinsam mit Gleichgesinnten eine Spielgruppe ins Leben gerufen wird, in der drei oder vier Kinder gemeinsam betreut werden können.

Mit drei Jahren hat der Zwerg dann einen rechtlichen Anspruch auf einen Kindergartenplatz. Das klingt gut. Doch Papier ist bekanntlich geduldig. Wenn der Kindergarten des Heimatortes keinen Platz frei hat, nützt einem der Anspruch herzlich wenig, und der Zwerg muss wie alle anderen auch auf der Warteliste Platz nehmen. Kein Wunder also, dass immer mehr Kleinstgruppen in privater Trägerschaft gegründet werden. Eigeninitiative zeigen. Auch dies kann ein Ausweg sein, damit das Familienleben wieder auf Touren kommt.

## Selbst erlebt ...

*Der Alltag mit Kind unterscheidet sich elementar vom Leben ohne Kind. Diese Erkenntnis machen alle Eltern bereits in den ersten Tagen und Wochen nach Zwergis Geburt. Abends mal eben auf den letzten Drücker einkaufen fahren, weil die Getränke alle sind? Geht nur, wenn Mama zu Hause ist und die Betreuung so lange übernehmen kann. Spontan zu Freunden gehen, die ebenso spontan eine Fete veranstalten? Geht nur, wenn Oma Zeit hat, um den Zwerg zu hüten. Der Kleine kettet seine Eltern ans Haus. Dieser Eindruck kann zumindest entstehen, und tatsächlich gibt es Familien, die sich in den eigenen vier Wänden regelrecht einkapseln. Dabei hat der Zwerg nichts dagegen, wenn er an Mamas und Papas Leben rege teilnehmen darf.*

*Meist sind Eltern nur zu faul, den Zwerg mitzunehmen, oder sie haben Angst, dass er andernorts Schwierigkeiten macht. Auch wir hatten Hemmungen, mit Mattis abends auf Tour zu gehen. Bis uns Freunde sagten, wir sollten unseren Sohn einfach mitbringen. Er könne doch im Gästezimmer schlafen. Alles kein Problem. Besonders für meine Frau war es ein riesiges Problem. Was, wenn Mattis dort nicht einschläft? Wenn er Angst bekommt? Wenn es ihm zu laut ist? Die Liste der Ängste wurde lang und länger. Wir einigten uns schließlich darauf, dass wir einfach umgehend zurückfahren würden, wenn es nicht klappen sollte. Nachdem wir rund eine Tonne Kinder-Equipment im Auto verstaut hatten, ging es los. Als wir unser Ziel erreichten, begrüßte meine Frau die Gastgeberin mit den Worten: »Hallo, ich fürchte, wir müssen gleich wieder los.« Mussten wir nicht. Mattis schlief im Gästezimmer sofort ein und wachte nicht einmal auf, als es spät in der Nacht zurück nach Hause ging. Kinder sind eben taff. Eltern leider nicht.*

## Auch Super-Väter brauchen Pausen

Kinder sind ein Traum. Sie geben einem das Gefühl, etwas sehr Wichtiges rundum richtig gemacht zu haben. Sie machen Spaß, und jeder Augenblick mit ihnen kann eine ganz neue Erfahrung sein. Sie erweitern den Horizont und sind schlichtweg das Süßeste, was diese Welt zu bieten hat. Das ist die eine Seite. Kinder machen Arbeit. Verflixt viel Arbeit. Sie müssen alles lernen, sind teuer im Unterhalt, und sie kosten immens viel Zeit. Sie stinken, spucken und zeigen oftmals keinerlei Dankbarkeit. Das ist die andere Seite. Die gehört dazu, und Mann muss sie zu meistern lernen. Jeder Vater kennt die Symptome: Schlafmangel, Gereiztheit, Zeitnot, Unausgeglichenheit. Aus dieser Mühle gibt es kein Entkommen. Und so wird Papa jeden Tag ein wenig gereizter, unausgeglichener, unausgeschlafener. Bis nichts mehr geht, der Fluchtinstinkt einsetzt und Mann am liebsten alles rückgängig machen würde. Es gibt Väter, die lassen es tatsächlich so weit kommen, die ergeben sich in ihr Schicksal. Dabei muss Mann sich von seinem Zwerg nicht zwangsläufig körperlich und psychisch aufzehren lassen.

Auch mit Kind hat Mann das Recht, sein eigenes Leben weiterzuleben. Dafür müssen Freiräume her. Doch wie soll Mann sich Raum und Zeit nehmen, wenn der Kleine Tag und Nacht Papas volle Aufmerksamkeit einfordert? Ein Patentrezept gibt es nicht, doch jeder Vater hat freie Stunden und Minuten, die genutzt werden sollten, um das eigene Ego zu streicheln und den eigenen Körper auf Vordermann zu bringen. Eben um den Akku aufzuladen, bevor es wieder heißt: Hinein in die Mühle.

Es ist ehrenhaft, wenn Mann sich vornimmt, der beste Vater der Welt zu sein. Doch jeder Mensch hat seine Belastungsgrenze, und niemand ist perfekt. Es ist sehr wichtig, dass er sich diese simple Weisheit regelmäßig ins Gedächtnis ruft. Wenn er merkt, dass er sich überfordert, dann ist es völlig okay, einen Gang zurückzuschalten. Bloß nicht nach dem Motto verfahren: Ich habe mir dieses und jenes vorgenommen, also muss ich es auch umsetzen. Zu jeder Regel gibt es Ausnahmen, und es ist legitim, den Plan zu ändern, wenn der eigene Körper SOS funkt. Schließlich soll der Spaß mit dem Kind nicht zu kurz kommen. Es gibt kaum etwas Schrecklicheres als die Vorstellung, dass Mann den Zwerg nur noch als Belastung ansehen könnte. Liebe Väter, so weit darf es niemals kommen. Wenn die Unausgeglichenheit in Wut oder gar Hass übergeht, dann ist Vorsicht geboten. Dann wird es allerhöchste Zeit, das eigene Handeln und die eigenen Ansprüche zu hinterfragen. Fast immer wird Mann feststellen, dass er sich irgendwo zwischen Zwerg, Familie und scheinbaren gesellschaftlichen Zwängen selbst verloren hat. In diesem Fall gilt es, die eigene Mitte wiederzufinden. Und zwar, indem Mann sich fragt, was er vermisst. Vielleicht den Sport? Früher, da ging er morgens immer joggen, bevor die Arbeit rief. Früher, da spielte er nach dem Job noch eine Stunde Tennis mit dem Kollegen. Früher, da fuhr er abends mit dem Rad noch eine Runde durch den Wald. Und heute? Keine Zeit für nichts mehr. Und woran liegt es? Genau: am Zwerg.

So einfach kann Mann es sich machen mit der Erklärung. Und da Männer es sich gern einfach machen, ist die Wahrscheinlichkeit groß, dass genau dieser Gedanke in seinem Kopf herumwabert. Er sitzt in der Kinderfalle – und es gibt kein Entkommen. Quatsch. Mit einem guten Zeitmanagement und der Konzentration aufs Wesentliche ist es fast immer möglich, sich Freiräume zu schaffen. Gewordene Väter sollten mit ihrer Partnerin frühzeitig klären, wann sich wer von beiden eine Auszeit nehmen darf. Wenn Papa den Zwerg ins Bett gebracht hat, ist es beispielsweise möglich, dass sie via Babyphon die Zwergenwache übernimmt, wenn im Fernsehen parallel ihre Lieblingsserie läuft. Der Zwerg wird vermutlich gleich einschlafen, und sie würde ohnehin in die Glotze gucken. Mann kann die Gelegenheit nutzen, sich aufs Rad zu schwingen, um dem eigenen Körper zu zeigen, was er immer noch drauf hat. Wenn die Liebste für die Morgenschicht zuständig ist, wird sie nichts dagegen haben, wenn er zum Joggen geht. Und mit ein bisschen Geschick lässt sich hier und da sicherlich auch noch eine mittägliche Tennisstunde mit dem Kollegen einschieben. Mann muss nur wollen – und begreifen, dass ein Kind nicht bedeutet, dass alle anderen Aktivitäten auf null gefahren werden müssen.

Sport zu treiben ist auch deshalb wichtig, weil durch Sport Stress abgebaut wird. Es ist ein aktiver Ausgleich zu den Herausforderungen, die zu Hause auf ihn warten. Genau wie der Körper sollte auch der Geist nicht zu kurz kommen. Ein Kind heißt nicht, alle anderen Hobbys aufgeben zu müssen. Ganz egal, ob er nun ein leidenschaftlicher Schachspieler oder Autoschrauber war – er kann es auch weiterhin bleiben. Zugegeben, die Zeit, die er in sein Hobby investieren kann, wird abnehmen. Doch der Zwerg ist kein Fallbeil, das einem die Hände abschlägt. Es gibt also keinen Grund, Schraubenschlüssel und Schachfiguren in die Ecke zu legen und in Depressionen zu verfallen. Hobbys bringen einen auf andere Gedanken, lenken ab vom Alltagsstress, und wenn Mann sie ernst nimmt, stellen sie ihn regelmäßig vor neue Herausforderungen. All das ist wichtig, um ein Gegengewicht zum familiären Alltag zu schaffen. Und noch eines: Hobbys sind ein verbrieftes Männerrecht. Es gibt Frauen, die das nicht auf Anhieb einsehen mögen. In diesem Fall sollte Mann sich den dafür notwendigen Freiraum Stück für Stück zurückerobern. Warum nicht einmal einen Freund zu einer Schachpartie am Abend nach Hause einladen? Oder andeuten, dass das eigene Auto irgendwie so komisch rattert – und einfach die Dame des Hauses entscheiden lassen, ob der Wagen für eine teure Inspektion in die Werkstatt gebracht werden soll oder ob er sich die Sache lieber einmal selbst anschauen soll. Frauen sind Sparfüchse, und die Chance ist groß, dass er zumindest am eigenen Auto herumbasteln darf. Pfiffigkeit kennt keine Grenzen. Nur: Mann muss es wollen. Und wissen, dass es machbar ist.

Freiräume kann Mann sich beispielsweise schaffen, indem er sich Hilfe ins Haus holt. Am einfachsten ist es, wenn Oma oder Opa auf den Zwerg aufpassen. Am besten wird vorab ein fester Zeitplan aufgestellt, wann wer die Zwergenaufsicht übernehmen soll. Beispielsweise: Oma kommt immer am Donnerstag um 15 Uhr und bleibt bis 18 Uhr, Opa kommt freitags gegen 19 Uhr und sollte spätestens um 22 Uhr wieder abgelöst werden. So kann Mann gut vorausplanen und weiß, wann Zeit für Hobbys eingeplant werden kann oder wann es möglich ist, mit der Liebsten auf Tour zu gehen. Wer Oma und Opa derart einspannen darf, ist gut dran. Die meisten Großeltern sind froh, wenn sie in die Erziehung ihrer Enkel eingebunden werden. Und sie wissen es zu schätzen, wenn ihr Engagement gewürdigt wird. Ab und an ein Blumenstrauß oder ein Päckchen Pralinen sollten dennoch drin sein. Als kleines Dankeschön. Oma und Opa freuen sich sicherlich auch, wenn Mann als Gegenleistung ihre Gartenhecke schert oder regelmäßig den Wocheneinkauf übernimmt. Wer keine Großeltern in der Nähe wohnen hat, die mal eben vorbeischauen können, hat ein echtes Handicap. Doch auch in diesem Fall gibt es Helfer, die für Freiräume sorgen. Am beliebtesten, weil am kostengünstigsten, sind jugendliche Babysitter. Fast immer babyvernarrte Mädchen aus der Nachbarschaft, die sich das Taschengeld aufbessern wollen. Auch Au-Pairs und Kindermädchen sind Alternativen. Vor allem Letztere kosten allerdings eine Stange Geld. Dafür gibt es zumeist fachlich hochqualifizierte

Kräfte, die sich auf pädagogisch wertvolle Weise um den Zwerg kümmern.

Mann wird schnell feststellen: Einen geeigneten Babysitter zu finden ist gar nicht so einfach. Vielleicht können andere Eltern eine Empfehlung aussprechen. Lohnend ist es, sich im Freundeskreis umzuhören. Auch Schulen oder Kirchengemeinden wissen oft, wer als Babysitter in Frage kommt. Vor allem Männer haben Bedenken, wenn sich ein junges Mädchen um den Zwerg kümmern soll.

Kann er guten Gewissens seinen Kleinen einer 15-Jährigen überlassen? Weiß das Mädel wirklich schon, was im Ernstfall zu tun ist? Und kann sie dem Zwerg das bieten, was er verdient hat und was er braucht? Natürlich ist kein Babysitter ein Elternersatz. Er ist bestenfalls eine Aushilfskraft, die für einen kurzen Zeitraum die Stellung hält. Und natürlich wird kein Babysitter alles genau so machen, wie Mann es sich erträumt. Genau das ist aber auch gar nicht notwendig. Wichtig ist lediglich, dass sich der Zwerg in Gegenwart des Babysitters wohlfühlt und Mann das Gefühl hat, der Kleine ist in guter Obhut. Schaden kann es nicht, wenn Babysitter, die Mann noch nicht kennt, Referenzen vorweisen können. Wenn die fehlen, ist es ratsam, selbst einige Erkundigungen einzuholen. Bevor der Babysitter dann mit dem Zwerg erstmals allein gelassen wird, sollte eine Proberunde eingeläutet werden, bei der dem Babysitter gezeigt wird, wie die Abläufe im Haus aussehen und wie Mann sich dessen Arbeit vorstellt. Wichtig ist es auch, dem Babysitter genau zu sagen, was er darf – und was nicht. »Fühl dich wie zu Hause« ist eine Verallgemeinerung, die schnell ins Auge gehen kann. Einige Grenzen sollte Mann schon setzen. Wo die gezogen werden, ist Geschmackssache und muss von Fall zu Fall geregelt werden. Bleibt nur noch die Frage der Entlohnung offen: Im Schnitt zahlt man für Jugendliche ohne große Erfahrung drei bis fünf Euro pro Stunde, ältere und erfahrenere Sitter verlangen in der Regel entsprechend mehr Geld.

Väter, die trotz Kind ihrem Beruf die meiste Zeit widmen, vermissen oft die Zweisamkeit mit ihrem Zwerg. Unter Papas Arbeitseinsatz leidet notgedrungen die Aufmerksamkeit. Die raren Momente mit dem Zwerg werden zu wahren Kostbarkeiten, die Mann voll und ganz ausschöpfen möchte. Jede Beziehung braucht Zeit – auch die zum Zwerg. Für einige Männer ist es schwer, sich die dafür notwendigen Freiräume zu schaffen. Sie wollen »bevatern«, und sehen doch Tag für Tag, wie ihr Zwerg seinen Weg ohne sie geht. Vor allem für diese Väter ist es wichtig, dass ihr Kind bestimmte Dinge mit Papa verbindet. Es gilt also, sich Nischen zu erschließen, die sein Terrain sind, die ausschließlich ihm und dem Zwerg gehören. Sei es das Zu-Bett-Gehen, das abendliche Füttern oder die Spielstunde am frühen Morgen. Mütter, vor allem solche, die es gewohnt sind, den Großteil der Kinderarbeit allein zu schultern, entwickeln einen ausgeprägten Beschützerinstinkt. Es kann gut sein, dass sie ihm bei allem wachsam über die Schulter schaut, was er mit dem Kleinen unternimmt. Und wehe, etwas läuft nicht so ab, wie sie es gewohnt ist. Dann kommen schnell wohlgemeinte Belehrungen. Er sollte dann das Gespräch suchen und ihr deutlich machen, wie wichtig ihm diese Momente der Zweisamkeit sind. Sie wird es verstehen und zukünftig etwas mehr Abstand halten. Allerdings sollte Mann sich darauf einstellen, dass der wachsame Blick bleibt. Auch Mütter können nicht aus ihrer Haut.

Während einige Väter gern mehr Zeit allein mit ihrem Zwerg verbringen würden, gibt es auch Väter, die Angst vor Situationen haben, in denen sie mit ihrem Kind allein gelassen werden. Der Grund ist denkbar einfach: Wer es nicht gewohnt ist, eigenständig mit seinem Zwerg umzugehen, weiß oft nicht, wie Mann sich richtig verhält. Und anstatt mit der Partnerin darüber zu sprechen, wird geblockt, ganz gemäß der Maxime: Lass mich bloß nicht mit dem Kleinen allein. Da Männer wahre Weltmeister darin sind, die Wahrheit hinter fadenscheinigen Ausreden zu verbergen, kann die Liebste leicht auf die Idee kommen, Papa möchte mit seinem Zwerg nicht allein sein. Und da Frauen solche Ansätze gern konsequent zu Ende denken, steht am Ende die Befürchtung: Papa hat seinen Zwerg nicht richtig lieb. Was natürlich vollkommener Unsinn ist, doch Männer sollten offen sagen, wo es hakt, damit es nicht zu derlei Missverständnissen kommt. Kann ich allein füttern? Wo steht das Essen? Weiß ich, wie Babymilch richtig gemixt wird? Wo liegen die Windeln? Wie wird der Zwerg richtig gewickelt? Alles das sind Fragen, die ihn quälen können. Wo er was findet, wird ihm die Liebste sicherlich gern verraten. Und wie was gemacht wird, kann Mann notfalls selbst herausfinden. Wie heißt es doch so schön: Try and error. Und Männer sollten das entsprechende Selbstvertrauen mitbringen. Wer mit seinem Junior allein sein möchte, der schafft das auch. Kinder sind kein Buch mit sieben Siegeln, und selbst wenn Papa mal einen Fehler macht, geht die Welt nicht unter. Babys sind robuste kleine Wesen. Und sie lieben es, wenn sich Papa um sie kümmert.

Bei aller Liebe: Das Bevatern kann auch überhandnehmen. Einige Väter versuchen, so viel Liebe in die wenige Zeit zu stopfen, die sie mit ihrem Zwerg verbringen können, dass der Kleine gar nicht weiß, wie er mit all der Aufmerksamkeit umgehen soll. Kleinkinder brauchen Abwechslung, stundenlang auf Papas Schoß sitzen ist nicht ihr Ding. Gleiches gilt für Bücher. Eines ist gut, zwei oft schon zu viel. Auch die am liebsten gemeinten Knuddeleinheiten werden für den Zwerg irgendwann langweilig. Zwischendurch ist alleine Spielen und Pausieren angesagt. Papa muss dabei keine Angst haben, dass sich der Kleine vernachlässigt fühlt, wenn er mal eine Zeit lang ohne väterliche

Führung auf dem Teppich im Wohnzimmer sitzt. Kinder finden alles spannend, und es wird nicht lange dauern, bis der Zwerg ein neues Spielzeug entdeckt hat, das ihn interessiert. Das kann ein Blumentopf sein, das Bücherregal oder Papas Hausschuhe. Zwerge müssen nicht pausenlos betüddelt werden. Mann sollte dem Kleinen also genügend Raum lassen und austesten, wie lange er sich allein beschäftigen kann. Wenn der Zwerg dann wieder angekrabbelt kommt und mit erwartungsvollem Blick zu Papa hochblickt, dann ist dies genau der richtige Zeitpunkt für die nächste Knuddelrunde, das nächste Buch oder das nächste gemeinsame Spiel.

## Selbst erlebt …

*Es ist ein Leichtes, sich als Vater selbst zu überfordern. Am schnellsten geht es, wenn Mann sich vornimmt, mit dem Zwerg genauso weiterleben zu wollen wie ohne Kind. Da ein Kind viel Aufmerksamkeit einfordert, kann dies nicht gelingen. Mann muss also notgedrungen umdenken. Und vieles passiert ganz automatisch. Hobbys, die Arbeit, Freundschaften. All das kann unter einem Zwerg leiden. Auch bei mir war es so. Als gewordener Vater braucht Mann seine Zeit, um sich an die neue Situation zu gewöhnen. Und da der Zwerg natürlich von Anfang an die oberste Priorität genießt, wird alles andere zu kurz kommen. Mir fehlt vor allem der Sport, das Austesten der eigenen physischen Grenzen. Wann ich das letzte Mal Tennis gespielt habe? Es muss Jahre her sein. Mein letztes Fußballspiel? Auf alle Fälle ist es zu lange her. Und zum Radfahren komme ich nur noch im Sommer. Zwei oder drei Mal pro Jahr. Das ist viel zu wenig, und auf Dauer muss ich es ändern. Irgendwann. Das ist eines der Lieblingswörter von gewordenen Vätern. Irgendwann wird alles besser. Irgendwann schaffe ich dies und das. Morgen, morgen, nur nicht heute. Ich weiß, dass das der falsche Ansatz ist – doch ein Patentrezept, wie ich es ändern könnte, habe ich auch nach fast fünf Jahren Vaterfreuden noch nicht gefunden. Freiräume schaffen. Das sieht auf dem Papier ganz einfach aus. In der Praxis ist es ein hartes Stück Arbeit.*

## Niemand macht immer alles richtig

Es gibt ihn nicht, den Profi-Papa. Selbst der am besten vorbereitete und kinderliebste Vater macht Fehler. Eine Menge Fehler sogar. Denn Zwerge sind ein schwieriges Klientel, das sich obendrein ständig wandelt. Was gestern noch ein strahlendes Lachen auslöste, wird schon heute mit einem Aufschrei der Entrüstung quittiert. Zum Beispiel die knallgelbe Quietscheente, ohne die der Zwerg bis vor kurzem nicht baden wollte; plötzlich heult er los, wenn er das Gummitier nur sieht. Verstehe Mann die lieben Kleinen! Oder die Rutsche im Garten, die Papa mit so viel Herzblut aufgebaut hatte. Bis gestern machte der Zwerg einen großen Bogen um das Ungetüm. Und heute? Da rennt er auf die Rutsche zu und klettert hoch, als ob er nie etwas anderes gemacht hätte. Verrückte Welt! Kinder sind ausgesprochen wankelmütige Geschöpfe. Und als Vater hat Mann es nicht leicht, mit ihnen Schritt zu halten.

Ein guter Vater wird, wer mit allen Sinnen die Signale seines Kindes aufnimmt und entsprechend reagiert. Natürlich gehört auch die unumgängliche Portion Basiswissen dazu. Doch wer ein perfekter Vater werden möchte, der sollte sich statt eines Zwergs lieber eine Puppe zulegen. Im Gegensatz zu einem Kind ist die berechenbar und hat keinen eigenen Kopf. Natürlich ist das keine wirkliche Alternative. Doch warum eigentlich nicht? Genau, weil Mann sich nach etwas Lebendigem sehnt. Nach einem unberechenbaren Dickkopf, der Spannung in sein Leben bringt. Der es mit links schafft, Papas wohlgeordnete Welt ins Wanken zu bringen. Nach einem Zwerg eben.

Wenn ein Vater sein Kind ansieht, sucht er dabei auch immer ein Stück von sich. Jeder Vater versucht, sich selbst in seinem

Zwerg wiederzuerkennen. Bei Söhnen ist dieses Verhalten naturgegeben besonders ausgeprägt. Das fängt an bei den Äußerlichkeiten: Hat der Kleine dieselbe Nase? Gleichen sich die Hände? Ist die Augenfarbe identisch? Später, wenn der Zwerg etwas größer ist, setzt sich der Abgleich bei den Charaktereigenschaften fort. Ist der Kleine genauso abgeklärt? Verfügt er über das gleiche Ballgefühl wie Papa? Und ist er ebenso schnell von Begriff? Natürlich sucht Papa vor allem nach positiven Übereinstimmungen. Wer möchte schon feststellen, dass einem das eigene Kind auch im Negativen nacheifert.

Es gibt Väter, die verlangen von ihrem Nachwuchs, dass er konsequent in Papas Fußstapfen wandelt. Schließlich ist Papa ein toller Kerl, und der Zwerg soll einmal genau so ein Prachtexemplar werden. Groß, männlich, ein Erfolgstyp eben, der weiß, was er will. Solche Väter verstört es regelrecht, wenn ihr Zwerg eher vorsichtig, abwartend und schüchtern daherkommt. Dann beginnt Papas Umerziehungsprogramm. Abhärten ist angesagt. Lass dir nichts gefallen! Immer zurückschlagen! Nimm dir, was du willst! Einige Zwerge lassen sich durch diese Art Gehirnwäsche brechen. Vor allem solche, denen die Natur nicht Papas Robustheit mitgegeben hat. Väter sollten sich klarmachen, dass ihr Zwerg nicht ihr Ebenbild ist, sondern ein eigenständiger Mensch, der seinen eigenen Weg finden muss. Diesen Weg können Väter begleitend gehen. Das ist etwas Wundervolles, wenn Mann begreift, dass der Zwerg den Kurs vorgibt. Und Väter werden dabei erstaunt feststellen, wie groß die Übereinstimmungen sind. Trotz aller Unterschiede.

Wer dies verinnerlicht, wird auch keine Probleme damit haben zu akzeptieren, dass Kinder ebenso wenig perfekt sein können, wie es Väter sind. Eine fundamentale Erkenntnis, die hilft, von Anfang an ein unverkrampftes Verhältnis zum Zwerg aufzubauen. Anderen Fehler zuzugestehen – so wie sich selbst auch –, fällt allerdings nicht jedem leicht. Väter neigen dazu, alle Schuld bei sich zu suchen, wenn es um ihren Zwerg geht. Der Kleine spuckt beim Essen. Vielleicht war der gereichte Happen zu groß. Oder der Nudelbrei zu heiß. Der Kleine beißt und kratzt. Vielleicht hat er Angst. Oder er spürt Papas Liebe nicht genug. Kann alles sein, muss aber nicht. Vielleicht ist der Kleine nur schlecht drauf, hat keinen Hunger, ist unausgeschlafen oder ist von Natur aus leicht reizbar. Väter wollen allem auf den Grund gehen. Schließlich gibt es für alles eine Erklärung. Die muss gefunden werden. Und dann muss Mann das Problem aus der Welt schaffen. Alles streng logisch. Alles streng nach Plan. Die meisten Männer ticken so. Viele Frauen hingegen kommen mit Zwergis Aussetzern besser zurecht. Sie suchen nicht nach tiefgründigen Erklärungen, verlangen von sich selbst auch nicht, das Problem umgehend auszumerzen. Sie wollen nur, dass der Kleine anständig isst und sich ordentlich benimmt. Und darauf konzentrieren sie sich. Meistens reicht ein Lächeln, um den Zwerg zu besänftigen. Alles ganz einfach. Aber eben nicht unbedingt kompatibel mit dem männlichen Denkschema.

Warum so viele Männer von sich selbst Perfektion einfordern? Vermutlich ist es ein Gemisch aus Genen und modernem Anspruchsdenken. Mann hat eben zu funktionieren. Das ist Unsinn. Der Zwerg verlangt keine Perfektion, er möchte Nähe. Körperkontakt. Mit einem Satz: So viel Papa wie möglich. Genau danach sehnen sich auch die allermeisten Väter, doch einige bleiben auf Distanz, weil sie nie gelernt haben, dass auch Männer Nähe zulassen dürfen. Für diese Männer gilt es, sich langsam an den eigenen Nachwuchs heranzutasten. Wie wäre es, mit dem Kleinen das fachgerechte Hochheben zu üben? Ist ganz einfach und schafft zwangsläufig Nähe. Rechtshänder legen ihre linke Hand unter Zwergis Hals und die rechte unter den Po. Mit dem linken Unterarm kann so prima der Rücken des Kleinen gestützt werden.

Klingt komplizierter, als es tatsächlich ist. Alles eine Frage der Routine. Wichtig ist vor allem, dass der Zwerg so fest und sicher gehalten wird, dass er auch bei einem plötzlichen Strampelanfall nicht aus den Händen gleiten kann. Wer seinen Zwerg spazieren tragen möchte: Bei der liegenden Position ruht Zwergis Kopf in Papas Armbeuge, während die Hand dem Po Halt bietet. Bei der sitzenden Position wird eine Hand unter Zwergis Po geschoben, während die andere Bauch und Brust stabilisiert. Diese Variante ist allerdings erst dann empfehlenswert, wenn der Kleine schon allein seinen Kopf halten kann, also etwa ab dem dritten oder vierten Lebensmonat. Auch andere Varianten sind möglich, beispielsweise mögen es einige Zwerge gern, wenn sie bäuchlings auf Papas Arm liegen dürfen.

Nähe schafft auch eine Babymassage. Dabei sind schier unendlich viele Varianten möglich. Es gibt sogar spezielle Kursangebote, bei denen Mann einzelne Massagetechniken lernen kann. Wem dafür die Zeit fehlt, der sollte sich entsprechende Fachbücher besorgen, am besten solche, in denen die einzelnen Übungen mit Fotos oder Abbildungen erklärt werden. Einfach draufloskneten sollte Mann besser nicht, der Zwerg könnte darunter leiden. Babymassagen haben wenig mit dem zu tun, was Mann vom letzten Besuch beim Physiotherapeuten kennt. Generell gilt: Der Massageraum – meist ist es die Wickelkommode im Kinderzimmer – sollte so warm sein, dass sich der Zwerg wohlfühlt. Etwa 25 Grad Celsius sind ein guter Anhaltspunkt. Wichtig ist auch eine ruhige Atmosphäre, die die Entspannung fördert. Und ganz wichtig: Väter sollten nur dann massieren, wenn Mann selbst den Kopf frei hat. Denn der Zwerg spürt schnell, wenn Papa nicht voll konzentriert bei der Sache ist. Und dann ist es vorbei mit der Entspannung – Idealtemperatur hin, ruhige Atmosphäre her. Und natürlich darf Mann nie zu fest zudrücken. Die meisten Massagen beginnen im Gesichtsbereich mit Stirn und

Wangen. Weiter geht es mit dem Rumpf, wobei der Bauch ausschließlich mit kreiselnden Bewegungen im Uhrzeigersinn massiert werden darf. Warum das so ist? Ganz einfach: Der Darm verläuft in derselben Richtung und seine Tätigkeit wird auf diese Weise unterstützt. Der Rücken wird vom Nacken zum Po hin massiert, die Arme vom jeweiligen Oberarm hin zur Hand, die Beine von den Oberschenkeln zu den Füßen. Wobei Mann immer darauf achten sollte, ob der Zwerg noch entspannt ist. Wenn er anzeigt, dass es ihm reicht, ist Feierabend. Selbst dann, wenn Mann am liebsten gar nicht mehr aufhören würde.

Die meisten Zwerge werden ganz schnell ganz ruhig, wenn sie massiert werden. Es gibt jedoch einige Kinder, die sich nur ungern massieren lassen. Wenn sich der eigene Zwerg auch nach einigen Minuten noch unruhig hin und her wälzt oder sogar schreit, dann sollte Mann den Versuch abbrechen. Vielleicht klappt es ja morgen besser. Wichtig ist: Der Zwerg sagt, was geht und was nicht. Das ist eine Binsenweisheit, die sich wie ein roter Faden quer durch die Kindererziehung zieht. Manchmal nervt es, die Macken des kleinen Ungeheuers erdulden zu müssen, doch mit Gewalt gegenzusteuern hat sich als untaugliches Mittel erwiesen. Zwerge haben ein dickes Fell, und einige scheinen es zu lieben, wenn sie Papa auf die Palme bringen können. Sätze wie »Hör sofort auf zu schreien!« führen unter Garantie zum genau entgegengesetzten Ergebnis. Manchmal ist es schlauer, den Kleinen einfach zu ignorieren. Soll er doch brüllen, weil er seinen Schnuller nicht bekommt. Papa hört es gar nicht. Zumindest tut er so.

Derart hinterhältige Finten durchschauen Zwerge zumeist noch nicht. Und wer seine Nerven im Griff hat und seine Linie durchhält, der kann ernsthaft darauf hoffen, dass der Kleine über kurz oder lang aufhört zu schreien. Ist schließlich langweilig, wenn Papa einfach still und ruhig sitzen bleibt. Da spart sich mancher Zwerg die Energie lieber für eine andere Gelegenheit auf. Zum Beispiel für das Bäuerchen nach dem Essen. Wenn das nicht gleich flutscht wie geschmiert, wird Papa immer so schön nervös. Dann klopft und klopft und klopft er auf Zwergis Rücken. Und wartet und wartet und wartet. Schließlich muss die Luft raus. Zehn Minuten, eine Viertelstunde. Und die Arbeit ruft. Verflixtes Gör. Das macht der Lümmel doch mit Absicht. Dann endlich ist es so weit. Natürlich kommt das halbe Essen wieder mit raus. Und Papa hat das Spucktuch vergessen. Wie war das noch mit dem unberechenbaren Dickkopf, der Spannung in Papas Leben bringen sollte?

Für Väter gibt es unzählige Möglichkeiten, etwas falsch zu machen. Manchmal bildet Mann es sich nur ein, manchmal gehen Dinge wirklich daneben. Schnell sind die falschen Windeln gekauft oder Essen, das der Zwerg nicht verträgt. Das sind Kleinigkeiten, die schlimmstenfalls bei der Liebsten ein Kopfschütteln hervorrufen werden. Kennt der Kerl etwa sein eigenes Kind nicht? Mütter wissen natürlich, welche Windelgröße gerade aktuell ist und ob der Zwerg gegen Tomaten allergisch ist. Väter wissen es oft nicht – und tapsen ahnungslos in die Falle. Macht nichts. Ist harmlos. Kommt bestimmt wieder vor. Es gibt allerdings auch ernster zu nehmende Vorfälle. Der Zwerg schneidet sich an Papas Taschenmesser, probiert, wie Mamas Spülmittel schmeckt, oder fällt gar von der Wickelkommode. All dies kann passieren. Und es passiert häufiger, als Mann glauben mag. Männer neigen dazu, in solchen Situationen den Kopf in den Sand zu stecken. Vor allem dann, wenn sie gerade für das Wohl und Wehe ihres Kleinen allein verantwortlich waren und es niemand sonst mitbekommen hat. War doch nicht so schlimm. Wird schon wieder. Fast immer geht es tatsächlich glimpflich ab, doch Papa darf nicht einfach so tun, als wäre nichts gewesen. Stürze können Gehirnerschütterungen auslösen, Spülmittel zu ernsten Vergiftungen führen. Daher ist ein Gang zum Arzt oder gleich ins

Krankenhaus zur Kontrolle unumgänglich. Natürlich wird die besorgte Mutter fragen, wie das Unglück geschehen konnte. Der Arzt vermutlich auch. Doch wie schon gesagt: Väter sind auch nur Menschen. Und: Shit happens.

## Selbst erlebt …

*Ich frage mich immer wieder einmal, was ich alles falsch gemacht habe in den vergangenen knapp fünf Jahren. Da sind die großen Schnitzer. Gut, von der Wickelkommode sind mir meine Kinder nie gefallen, doch Finya hat bereits einen Sturz von der Couch schadlos überstanden. Ich habe mit ihr gespielt und sie mit Bananenstücken gefüttert. Dann klingelte das Telefon. Aufstehen, nur ein Schritt, wird schon nichts passieren. Natürlich passierte es. Plumps. Das Geschrei war groß. Und mein Schrecken auch. Zum Glück haben wir einen Teppich im Wohnzimmer.*

*Dann sind da die weniger sichtbaren Fehler. Die, die langfristigen Schaden anrichten können. Habe ich Mattis klar seine Grenzen aufgezeigt? Er war mein erstes Kind, und da neigt Mann als Vater schnell dazu, zu viel durchgehen zu lassen. Bin ich für Finya genügend da? Als Zweitgeborene hat sie es naturgemäß schwerer. Sie muss vieles mit Mattis teilen. Vor allem die Zeit, die ich für meine Kinder aufbringen kann. Wenn ich mal wieder so vor mich hin grübele, reicht meist ein Blick auf die beiden Zwerge, und ich weiß, dass es so verkehrt bisher nicht gelaufen sein kann. Die Kleine strahlt mich und die Welt pausenlos an, und mein Großer kann sich sogar schon richtig gut benehmen. Zumindest, wenn er es will. Das sind die Augenblicke, in denen ich wirklich stolz bin. Auf meine Zwerge. Und auf mich. Klar habe ich Fehler gemacht. Und es werden bestimmt noch unzählige folgen. Pfeif drauf! Die grobe Linie stimmt. Und an den Details wird weiter gearbeitet.*

## Nichts ist unmöglich. Mit Kind in den Urlaub

Es gibt Eltern, die sind zwei Mal mit ihrem Zwerg verreist – das erste und das letzte Mal. Urlaub mit Kind ist eines der großen Abenteuer unserer Zeit, und Mann kann ganz sicher sein, dass alles ganz anders kommen wird als geplant. Der Wahnsinn beginnt meist schon während der Vorbereitung. Was muss alles mitgenommen werden? Mann würde sagen: So wenig wie möglich. Die Liebste wird sagen: Möglichst alles. Und so kommt es dann auch. Der Kofferraum wird vollgestopft. Es folgen die leeren Plätze auf der Rückbank. Bis unters Dach, damit Papa im Rückspiegel nichts mehr sieht. Und wenn möglich, wird der Rest auf dem Dach festgeschnallt. Einigen Vätern reicht das schon, um ihnen den Urlaub zu vergellen. Wenn er dann mit seinem kleinen Handköfferchen ankommt, um es hinter den Beifahrersitz zu quetschen, kann es vorkommen, dass die Liebste loszickt: »Brauchst du wirklich so viel? Wir haben doch so wenig Platz.« Das bringt dann das Fass zum Überlaufen. Viel? Zwei Hemden und ein Ersatzpulli für eine Woche. Ist das etwa zu viel? Klar, Mann könnte den Kulturbeutel zu Hause lassen. Aber vorher sind andere am Zug. Drei Tonnen Windeln. Muss das wirklich sein? Babynahrung für ein komplettes Jahr. Der Wahnsinn! Pullis und Jacken für alle Jahreszeiten – und das mitten im Hochsommer. Und als krönendes Highlight der Monsterkoffer der Liebsten. Sperrig, schwer und wahrscheinlich bis an den Rand vollgestopft mit Unsinnigkeiten. Großartig. Toller Start. Urlaub mit Kind? Nie wieder!

Es gibt Eltern, die schaffen es, den Urlaub entspannter anzugehen. In Ruhe und mit entsprechendem Vorlauf wird die Reise geplant. Wo soll es hingehen? Ist der Zielort wirklich kindertauglich? Ist es eventuell sinnvoller, mit der Bahn anzureisen? Gibt es in der Nähe Geschäfte, in denen man das Notwendigste zu Fuß einkaufen kann? Zu viel Planung ist kaum möglich, wenn Mann mit Kind auf Reisen gehen möchte. Doch egal, mit wie viel Akribie die Tage in der Fremde vorausgeplant werden: Wer mit Kind auf Tour geht, braucht eine masochistische Ader, um dabei voll auf seine Kosten zu kommen. Selbst dann, wenn es in eines der typischen Kinderhotels geht, die vorgeben, sich speziell auf das Wohl der Kleinen eingestellt zu haben. Der Autor hat einen Freund, der eines dieser Domizile in Portugal getestet hat. Schön war es. Der Flug, das Zimmer, das Entertainment-Angebot. Weiß der Kuckuck, warum Papa sich trotzdem nicht recht erholen konnte. Vielleicht, weil Kinder auch im Urlaub immer Kinder bleiben? Abends, so erzählte der Freund mit zynischem Unterton, da sei es besonders spannend gewesen. Großer Speisesaal, und Leidensgenossen neben Leidensgenossen. Kaum eine Minute sei vergangen, in der nicht irgendein Vater aufgesprungen sei, um seinen Zwerg vor versammelter Mannschaft zusammenzustauchen. Scheiß Gör! Iss endlich! Und benimm dich ordentlich! War bestimmt sehr lustig. Aber nur für stille Beobachter. Und für die Väter? Alles reine Nervensache.

Der klassische Ersturlaub mit Kind führt Mama und Papa für gewöhnlich an ein nahegelegenes Ziel. Erst einmal austesten, ob der Zwerg reisetauglich ist. Im Notfall kann Mann schnell seine Zelte wieder abbrechen und nach Hause flüchten. Entsprechend günstig sollte die Unterkunft sein. Wobei: Jugendherbergen scheiden von vornherein aus. So spartanisch logieren die meisten Zwerge ungern, selbst ein Familienzimmer ist selten ihr Ding. Vor allem Kinder, die es gewohnt sind, in ihrem eigenen Zimmer zu schlafen, brauchen Zeit, um sich an den neben ihnen schnarchenden Papa zu gewöhnen. Ein Zwerg, der die ganze Nacht durchplärrt, raubt nicht nur seinen Eltern den Schlaf, sondern auch den Nachbarn. Denn Herbergen sind meist hellhörig, und Kindergebrüll tönt selbst durch dickste Wände. Wer es sich leisten kann, sollte ein Apartment buchen, in dem der Kleine sein eigenes Schlafgemach vorfindet. Wenn Mann nachts seine Ruhe haben möchte, ist ein eigenes Zimmer für den Zwerg fast schon ein Muss – es sei denn, der Kleine schläft auch zu Hause regel mäßig in der Bettritze zwischen Mama und Papa. Noch idealer ist es, ein komplettes Ferienhaus zu buchen. Länder wie Dänemark und Holland haben sich in ihren Küstenregionen auf entsprechende Angebote spezialisiert. Oftmals sind diese Häuser günstiger, als Mann im ersten Moment glaubt – vor allem dann, wenn noch ein oder zwei befreundete Familien mit auf Tour gehen.

Ein absolutes »No go« sind Hotels, in denen Zwerge ausdrücklich unerwünscht sind. Wer mit Kleinkind in einem solchen Haus auftaucht, muss sich nicht wundern, wenn es Ärger gibt. Auch Unterkünfte, die sich auf ältere Gäste oder Singles spezialisiert haben, scheiden von vornherein aus. Am besten ist es, Mann informiert sich im Reisebüro oder via Internet über Reiseanbieter, die sich auf Urlaub mit Kind spezialisiert haben. Zwar haben auch alle größeren Ferienanbieter längst junge Familien als lukrative Klientel erkannt, doch in vielen Reisekatalogen gleicht die Suche nach kindertauglichen Hotels der Suche nach der sprichwörtlichen Nadel im Heuhaufen. Bei Anbietern wie Bambino-Tours oder KI JU Reisen steht der Nachwuchs hingegen im Mittelpunkt, und die meisten der ausgewiesenen Unterkünfte haben sich auch in der Praxis bereits als kindertauglich erwiesen. Reiterferien, Leben auf dem Bauernhof, Fußballcamps. Nichts, was es nicht gibt. Allerdings sollten die Eltern darauf achten, dass sie vor lauter Action für den Kleinen nicht zu kurz kommen. Schließlich soll der Urlaub mit Kind nicht nur ein Urlaub fürs Kind werden. Auch Eltern brauchen Erholung. Und wer Bauernhöfe nicht riechen kann, für den macht es wenig Sinn, nur dem Zwerg zuliebe eine Woche zwischen Kühen und Pferden zu buchen.

Eine wichtige Entscheidung muss bereits vor dem Start in den Urlaub getroffen werden: Womit soll es auf große Fahrt gehen? Mit dem Auto? Der Vorteil: Das Vehikel fährt exakt dorthin, wo Papa oder Mama es hinsteuern. Also meistens von der eigenen Haustür bis auf den Parkplatz des gebuchten Hotels. Bequemer geht es kaum. Es sei denn, der Zwerg mag das Geschaukel während der Fahrt nicht und neigt zu Spuckattacken. Dann sollte der Pkw tunlichst in der Garage stehen bleiben. Erste Alternative ist die Bahn. Züge gleiten sanft durch die Landschaft, und wer im Schlafwagen reist, wird vermutlich ausgeruht und bester Laune sein Ferienziel erreichen. Allerdings muss für den Weg vom Bahnhof zum Hotel meist auf ein Taxi umgestiegen werden. Und es kann Nerven kosten, das Gepäck umzuladen. Mann denke nur an die Tonnen an Windeln, das viele Essen für den Zwerg und den Monsterkoffer der Liebsten. Möglich sind auch Touren mit dem Reisebus. Es gibt Veranstalter, die gezielt Familien ansprechen und entsprechende Ziele im Programm haben. Da der Wettbewerb der Anbieter hart ist, holen immer mehr Busse ihre Gäste direkt von der Haustür ab – samt Ein- und Ausladen des Gepäcks. Angst haben viele Eltern, wenn eine Flugreise mit Zwerg ansteht. Wer einen Trip mit seinem Kleinen in südliche Gefilde unternehmen will, kommt kaum umhin, einen Flug zu buchen. Kleiner Tipp: In den allermeisten Fliegern gibt es Plätze, auf denen es möglich ist, ein speziell konzipiertes Babybett einzuklinken, in dem der Zwerg ruhig vor sich hin schlummern kann. Ein Luxus, der selbst in der platzarmen Touristenklasse angeboten wird. Wer mit Baby reist, sollte sich bei den Airlines entsprechend vorab erkundigen. Ansonsten bleibt nur, eine schmerzfreie Reise zu wünschen. Denn wenn der Zwerg schon im Steigflug feststellt, dass seine Ohren den Druckausgleich nicht reibungslos meistern, kann die Tour zur Tortur werden. Doch keine Panik: Die meisten Kinder finden Fliegen spannend und haben keinerlei Probleme.

Egal, ob Auto, Bahn, Bus oder Flugzeug: Wer mit einem Kleinkind auf Reisen geht, sollte ein eigenes Reisebett mitnehmen, in dem der Zwerg vorher schon einige Male probegeschlafen hat. Dann hat er auch in der Fremde ein Stück Heimat, das ihm Sicherheit gibt. Hilfreich sind auch vertraute Spielsachen, genauso sollte eine CD mit Zwergis Lieblings-Kinderliedern nicht fehlen. Alles andere lässt sich nicht planen. Das eine Kind erweist sich rundum als urlaubstauglich und benimmt sich auswärts genau wie daheim. Das andere ist im Urlaub wie ausgewechselt und meckert, motzt und brüllt in einer Tour. Wer sich bei seinem Zwerg nicht sicher ist und lieber kein Hotelzimmer oder Apartment auf gut Glück buchen möchte, und wem ein Ferienhaus zu teuer ist, für den gibt es noch eine weitere Alternative: das gute alte Campen. Variante Nummer eins: Mann zieht mit dem Zelt los und hofft, dass der Kleine Papas Abenteuerlust teilt. Dies ist fraglos die günstigste Möglichkeit, seinen Urlaub mit Kind zu verbringen. Doch Zelte bieten wenig Schutz vor den Unbilden der Natur. Nachts kann es empfindlich kalt werden, Licht von Straßenlaternen und Autoscheinwerfern dringt nahezu ungehindert ein. Genau wie Ohrenkneifer, Mücken und Spinnen. Den Zwerg wird diese Art Viehzeug vermutlich nicht stören – bei der Liebsten kann ein solches Zusammentreffen hingegen zu ernsten Panikattacken führen – samt sofortigem Urlaubsende. Komfortabler ist ein Wohnwagen. Er bietet deutlich mehr Schutz, und zumeist hat der Zwerg sein eigenes Reich, das mit einer Schiebetür vom Rest des Campers abgetrennt werden kann. So können auch Mama und Papa ein Stück Privatsphäre genießen, auch wenn der Schallschutz nicht gerade höchsten Maßstäben genügt.

Elterliche Vergnügungen sollten also geräuschtechnisch auf Sparflamme ablaufen.

Campingplätze gibt es in Deutschland wie Sand am Meer. Richtig günstig ist das Vergnügen allerdings längst nicht mehr. Männer, die noch die Preise aus ihrer Jugendzeit in Erinnerung haben, werden sich wundern, wie teuer ein Stellplatz inzwischen geworden ist. Dafür gibt es auch deutlich mehr Annehmlichkeiten als anno dazumal. Die Toiletten sind zumeist picobello sauber und technisch einwandfrei, fast alle größeren Plätze haben einen eigenen Laden, in dem Camper auch für den Zwerg das Notwendigste vorfinden, die Hauptwege sind rund um die Uhr beleuchtet und geteert oder gepflastert, und jeder Platz hat seinen eigenen Stromanschluss. Auch Waschmaschinen gehören zum Standard. Obendrein gibt es auf vielen Campingplätzen mindestens einen Spielplatz sowie Zusatzangebote für Kinder. Das reicht vom gemeinsamen Grillen über Schatzsuchen und nächtliche Exkursionen bis hin zu Bastelnachmittagen und Kinderhorten, in denen sich ausgebildete Erzieher um den Nachwuchs kümmern. Die Kinderbetreuung ist in allen Urlaubsvarianten ein wichtiges Thema. Mann sollte sich vor Reisebeginn informieren, was im Hotel oder auf dem Campingplatz angeboten wird. Die einen stellen lediglich Spielgeräte bereit, die der Zwerg unter elterlicher Aufsicht nutzen darf, die anderen übernehmen die Rundumbetreuung des Kleinen. Dabei geht es nicht um besser oder schlechter, sondern um verschiedene Grundkonzepte. Und Mann sollte mit der Liebsten vor dem Start klären, ob Mann am Urlaubsort etwas gemeinsam mit dem Kleinen unternehmen möchte, oder ob Mann den Großteil der Tage zum Ausspannen benötigt.

Vor allem in Clubhotels wird Kinderbetreuung groß geschrieben. Es soll Eltern geben, die fliegen nur nach Teneriffa, Tunesien oder in die Türkei, weil sie wissen, dass das jeweilige Ressort dort besonders kinderfreundlich ist. Meist werden die Insidertipps per Mundpropaganda weitergegeben. »Ich war im Klub auf Mallorca, und es war ja so toll. Vor allem unserer Kleinen hat es gefallen, die haben sich dort rund um die Uhr um sie gekümmert.« So etwas hören Eltern gern. Denn Mama und Papa wollen natürlich, dass der Zwerg den Urlaub genießt. Und sie selbst wollen auch einmal Zeit für sich haben. Dabei gilt es, eine Grundregel zu beachten: Jeder Mensch hat seine ganz individuellen Vorstellungen von einem gelungenen Urlaub. Was dem einen gefällt, ist dem anderen ein Graus. Allerdings gibt es Warnungen, die ernst genommen werden sollten. Der Autor hat selbst vor einigen Jahren auf Kuba seinen Winterurlaub verbracht. In einer Vier-Sterne-Anlage, die im Katalog damit warb, besonders kinderfreundlich zu sein. Entsprechend viele Familien befanden sich unter den Gästen. Und die Betreiber gaben sich auch alle Mühe, doch so recht zündete der Funke nicht. Kaum ein Kind wollte beim Einüben des Theaterstückes mitmachen, das Spielzimmer lag im Keller und sah aus, wie sich Westler den untergehenden Sozialismus vorstellen. Der Pool war einfach zu tief, um wirklich kindertauglich zu sein, und das Deutsch der Animateure konnten sogar die meisten Erwachsenen nicht verstehen. Dazu kam: Das Wetter war mies, von den sieben Tagen regnete es sechs. Und viele Gäste kamen aus Russland und schienen den Urlaub vor allem dazu zu nutzen, die Rumvorräte des Landes zu dezimieren. Entsprechend war die Stimmung. Und so hieß es dann im hoteleigenen Werbeprospekt sehr treffend: »Animation spezielles Schau«. Zum Glück war der Autor damals noch kinderlos.

Wer glaubt, dass ein altersschwaches Hotel, ein dreckiges Zimmer, unfreundliches Personal oder ein fehlender Kinderpool schon das Schlimmste sind, was ein Urlaub mit Kind bieten kann, der sei gewarnt: Es geht noch schlimmer. Der Supergau ist ein Zwerg, der im Urlaub krank wird. Es muss gar nicht einmal etwas wirklich Ernstes sein. Meist reicht schon eine Erkältung samt Fieber, Gliederschmerzen, Halsweh und Triefnase, um aus den erträumten Tagen des Glücks eine Fahrt in die Hölle werden zu lassen. Aber solche Gedanken sollte Mann vorab verdrängen. Wie das geht? Hey, wir sind Männer. Wir können das. Wird schon schiefgehen. Und warum zum Teufel sollte es gerade den eigenen Zwerg treffen? Natürlich wird alles wie geschmiert laufen. Der Kleine genießt das stundenlange Autofahren, im Apartment gibt es sogar einen Kinderstuhl, das Wetter ist bombig, und der Zwerg erlebt ein Abenteuer nach dem anderen, während Mann sich prächtig erholt. Wem jetzt leichte Zweifel kommen: Wie wäre es mit einem Tagesausflug in den nächstgelegenen Themenpark: Wasserwelt, Safariland, Achterbahnirrsinn. Und am Abend geht es zurück in die eigenen vier Wände. Klingt doch gut, oder? Auch so ein Ausflug kann ausreichen, um den Zwerg bei Laune zu halten, ihm Abwechslung zu bieten und sich ihm besonders nah zu fühlen. Wer dennoch lieber um die Welt jettet, dem sei geraten: Einige Tage heimischer Resturlaub nach dem Kinderurlaub können nicht schaden. Mann weiß schließlich nie, was kommt, wenn es mit Zwerg auf Reisen geht.

## Selbst erlebt ...

*Urlaub mit Kind. Unsere erste Reise zu dritt führte uns auf die Nordseeinsel Amrum. Eineinhalb Stunden Autofahrt, dann noch mal gut eine Stunde Autofähre, dann noch zehn Minuten bis ins Apartment. Alles kein Problem. Mattis war ein Jahr alt, und er hatte bereits bei meinen Schwiegereltern in Hameln bewiesen, dass er bestens mit seinem Reisebett zurechtkam. Auch sonst sah es gut aus. Mein Sohn liebte es, im Auto durch die Gegend gefahren zu werden. Und das Apartment war so aufgeteilt, dass Mattis' Bett abends in unserem*

*Schlafzimmer stehen konnte. Wenn es für uns an der Zeit war, ins Bett zu gehen, wollten wir Mattis' Bett einfach ins Wohnzimmer tragen, wo er wie gewohnt allein und ungestört schlafen konnte. Wo zum Henker sollte es Probleme geben? Das Drama begann an der Fähre. Die kam und kam nicht, und so geriet unser Zeitplan aus den Fugen. Statt Essen im Apartment musste ich den Kofferraum durchstöbern, damit Mattis einen kalten Mix aus Reis und Gemüse herunterwürgen konnte. Als wir endlich auf Amrum angekommen waren, wollten wir Mittagsschlaf halten. Doch Mattis war so aufgedreht, weil alles um ihn herum neu war, dass er in seinem Babybett herumturnte, bis wir es aufgaben. Gemeinsam ging es in ein Lokal zum Essen. Inzwischen war Mattis so müde, dass er nur noch schrie. Also brachen wir das Essen ab, kauften uns ein paar Tüten Chips und trotteten genervt zurück.*

*Den Abend verbrachten wir, indem meine Frau und ich im Wohnzimmer saßen und wie gebannt darauf warteten, dass Mattis aus unserem Schlafzimmer heraus nach uns rief. Das tat er nahezu minütlich. Als ich dann sein Reisebett vom Schlafzimmer ins Wohnzimmer wuchten wollte, stellte ich fest, dass die Tür dafür zu schmal war. Also blieb Mattis bei uns – und schlief erst weit nach Mitternacht ein. Am nächsten Morgen weckte mich ein lautes »Papa, Mama!«. Wie lange ich geschlafen hatte? Mit Sicherheit keine ganze Stunde. Nachdem wir Kriegsrat gehalten hatten, stand unser Entschluss fest: Wir nehmen die erste Fähre und fahren nach Hause zurück. Das haben wir dann auch getan – und das Apartment für eine Woche bezahlt. Mein erster Urlaub mit Kind? Wehe, mich erinnert jemand daran. Apropos: Beim zweiten Mal ging's nach Büsum. Samt Finya im Gepäck. Es hat tadellos geklappt.*

## Bei allem Stress den Spass nicht verlieren

Wer sich so viel Stress macht, dass ein Kind zur Belastung wird, ist selber schuld. Auf diesen einfachen Nenner lässt sich das Verhältnis Vater-Zwerg bringen. Mann soll es sich zwar nicht zu einfach machen, aber die Dinge auch nicht derart komplizieren, dass der Spaß auf der Strecke bleibt. Klar, der Kleine stellt Ansprüche, und das Leben von früher kann Mann getrost vergessen. Doch vor allem ist ein Kind etwas Schönes, etwas schier Unglaubliches, das das eigene Leben bereichern soll. Wenn Mann feststellt, dass an einem die Unzufriedenheit nagt, müssen die Ursachen hinterfragt werden. Was stört mich? Und wie kann ich es ändern? Ist Mann zum Beispiel neidisch auf den Kleinen? Es ist ganz normal, dass die Liebste in den Wochen, Monaten und manchmal auch Jahren nach der Geburt ihre ganze Fürsorge und Liebe auf den Zwerg fokussiert. Er ist ein Teil von ihr, der in ihrem Bauch heranwuchs, und ihr Mutterinstinkt sagt ihr, dass sie ihn hüten und schützen muss. Da kann es schon einmal vorkommen, dass Väter sich nutzlos und ausrangiert vorkommen. Sieht sie mich gar nicht mehr? Habe ich mit der Zeugung meinen Dienst getan? Männer fressen die Dinge, die sie belasten, lieber in sich hinein, als darüber zu sprechen. Und so staut sich Wut auf. Wut auf die Liebste, auf den Zwerg – und auf sich selbst. Weil Mann unfähig ist, die Dinge beim Namen zu nennen.

Es nützt nichts: Wer aus dieser Falle heraus will, der muss reden. Mit der Liebsten. Offen und ehrlich, ohne dabei zu verletzend zu sein. Denn diese Art Aussprachen gleiten schnell ab in einen Stellungskrieg, in der der eine dem anderen alles um die Ohren haut, was sich in den vergangenen Jahren angestaut hat. Also bloß nicht pingelig sein und alles gegeneinander aufrechnen wollen. Und nicht auf ollen Kamellen herumreiten, das führt zu nichts – oder zu Ergebnissen, die nun wirklich niemand möchte. Besser ist es, wenn er ruhig bleibt und sich auf das beschränkt, was ihm aktuell auf der Seele lastet. Wir machen gar nichts mehr zusammen. Du würdest nicht einmal bemerken, wenn ich nicht mehr da wäre. Das sind die Kernsätze, um die es geht. Vermutlich wird es die Liebste schwer treffen, denn aus Frauensicht ist es völlig normal, dass der Kleine ins Zentrum des neuen Lebens gerückt wird und alles andere dahinter zurücktreten muss. »Aber ich liebe dich doch«, wird sie sagen und ihn mit fragenden Augen ansehen. Es liegt an ihm, ihr klarzumachen, dass ihn von dieser Liebe nichts erreicht und er mehr möchte. »Ich weiß ja, dass du mich liebst, aber ich spüre es nicht mehr genug«, ist ein guter Satz, um die Situation auf den Punkt zu bringen. Sie wird sagen, dass es natürlich nicht mehr so sein kann wie vorher. Dafür braucht der Zwerg zu viel Aufmerksamkeit. Dafür fehlt ihr schlicht die Zeit. »Ich weiß«, wird er antworten, »aber vor lauter Zwergenglück dürfen wir uns nicht verlieren.«

Die Erinnerung an die gute alte Zeit. Damals, als Mann noch kein Vater war und die Liebste noch keine Mutter. Als Kino, Sauna und Kneipe zum Alltag gehörten. Ist das wirklich alles Vergangenheit? Muss es so sein? Nein, Mann muss nicht alles aufgeben, was einem früher Freude bereitet hat. Mann muss nur wissen, wie Mann es in sein neues Leben einbauen kann. Abends spontan ins Kino? Das ist schwierig, aber mit ein wenig Planung und einem geeigneten Babysitter kann es losgehen. Gleiches gilt für die Sauna oder ein Abendessen zu zweit. Am besten in einem schicken Restaurant. Es sind kleine Fluchten aus dem neuen Alltag mit Kind, die Mann sich unbedingt gönnen sollte. Frauen beschleicht dabei schnell das schlechte Gewissen. Kann ich meinen Kleinen wirklich allein lassen? Es ist seine Aufgabe, ihr klarzumachen, dass es möglich ist und dem Zwerg ganz sicher nichts passieren wird, nur weil Mama und Papa sich ein paar Stunden zu zweit genehmigen. Diese Auszeiten müssen sein, sie helfen ihm und ihr, den Akku aufzuladen, und geben den Blick frei auf das Leben da draußen, in dem sich nicht alles permanent um Kinder dreht. Eltern neigen dazu, sich einzuigeln. Vater, Mutter, Kind. Eine in sich geschlossene Scheinwelt, in der jeder seinen Part zu spielen hat und aus der es kein Entrinnen gibt. Das ist Nonsens. Mann kann auch mit Zwerg ein Teil des Ganzen sein. Mann muss es nur wirklich wollen.

Wer den Ausbruch aus seinem familiären Glashaus wagt, wird mit Erstaunen feststellen, wie schnell Mann sich erholt. Und wie nah Mann seinem Zwerg ist. Denn der wird auch während des Essens zu zweit im Mittelpunkt stehen. Fast jedes Gespräch mit der Liebsten kreist um den Kleinen. Mit einem Unterschied: Im Restaurant, weitab von der Heimatfront, scheint alles ganz einfach. »Ist es nicht toll, wie viele Zähne der Kleine schon hat? Und wie niedlich er dich gestern Abend angesehen hat«, wird sie sagen. Und er wird nicken. Ja, das ist toll, genau wie alles andere, was der Zwerg macht. Genau um diese Erkenntnis geht es. Mit ein wenig Abstand klart der Blick auf, und Mann sieht, dass viele Probleme gar keine wirklichen Probleme sind. Bestenfalls Problemchen. Nicht der Rede wert im Vergleich zu dem, was einem der Zwerg gibt. Und nach einer oder zwei Stunden kommen bereits die ersten Sehnsuchtsattacken. Dann ist es Zeit, den Heimweg einzuschlagen. Frisch gestärkt geht es zurück, und Mann wird vieles gelassener nehmen. Soll der Zwerg doch schreien, spucken und mit Spielzeug werfen. Macht alles nichts. Am Ende bleibt er doch das tollste Kind der Welt. Sein Zwerg. Sein ganzer Stolz.

Das Innenleben einer Beziehung ist nicht so einfach auf Kurs zu bringen. Wenn er das Gefühl hat, von ihr vernachlässigt zu werden, dann muss er sich zuerst einmal fragen, was er von ihr erwartet. Sind es konkrete Dinge wie mehr Sex? Über Sex kann Mann mit ihr sprechen, und vermutlich findet man gemeinsam eine Lösung. Schwieriger wird es, wenn er das Gefühl hat, dass sie ihn zur Nummer zwei im Hause degradiert hat. Männer wollen im Mittelpunkt stehen, bewundert werden, geliebt. Wenn er all das nicht mehr spürt, dann wird es ernst. Vor allem, da Frauen ganz anders denken als Männer und das Problem entsprechend schwer zu thematisieren ist. Wenn sie ihm sagt »ich liebe dich«, dann meint sie es vermutlich ernst. Doch er möchte es nicht nur hören, er möchte es spüren. Sie soll sich um ihn kümmern, ihn verwöhnen, ihm seine Wünsche von den Lippen ablesen. So wie früher. Es ist fraglich, ob sie das mit Zwerg leisten kann. In dieser Situation sollte Mann begreifen, dass er Abstriche in Kauf nehmen muss. Um es klar zu sagen: Er ist nur noch die Nummer zwei im Haus. Daran gibt es nichts zu rütteln. Mütter sind von Natur aus kindfixiert. Und die Zeit, die sie dem Zwerg schenkt, geht ihm notgedrungen verloren. Das heißt aber nicht, dass sie ihn weniger liebt als zuvor. Nicht ihre Gefühle, nur die Rahmenbedingungen haben sich verändert. Für Männer sind diese Rahmenbedingungen allerdings oftmals schwer zu verstehen.

Es gibt Männer, die treiben die Eifersucht auf die Spitze. In Fachbüchern ist immer wieder die Rede vom Still-Neid. Er sieht, wie sie dem Kleinen die Brust gibt, und fühlt sich ausgeschlossen. Übersetzt heißt das: Sie ist eins mit dem Zwerg, und er steht im Abseits. Der Autor muss zugeben, dass er in seinem Freundes- und Bekanntenkreis niemanden gefunden hat, der sich offen zu dieser Art Neidgefühl bekannt hat. Vermutlich ist mit dem Still-Neid mehr die allgemeine Situation gemeint. Männer verstehen das Verhältnis Mutter-Kind oft als gottgegebene Einheit, während sie selbst hart um die Gunst ihres Zwergs kämpfen müssen. Dabei übersieht Mann leicht, dass es Frauen keinen Deut einfacher haben. Nur weil der Kleine in ihnen heranwächst und sie ihn mit ihrer Muttermilch ernähren können, herrscht längst noch keine permanente Einigkeit. Auch Mütter müssen sich erst an ihr neues Leben gewöhnen. Genauso, wie sie ihm zeigen sollte, dass sie ihn noch liebt, sollte er ihr das Gefühl geben, geliebt zu werden. Einige Väter seilen sich nach der Geburt ihres Zwergs in eine Art stille Beobachterposition ab, von der aus sie dem Treiben aus sicherer Entfernung zuschauen. In diesem Fall wird es nicht lange dauern, bis sie sich von ihm zurückgesetzt fühlt. Dagegen helfen: Komplimente, kleine Geschenke, ein zärtlicher Kuss und das richtige Wort an der richtigen Stelle. Vor allem aber: Voller Zwergeneinsatz, damit sie spürt, dass Mann den Kleinen genauso liebt wie sie.

Dabei gilt wie überall: Mann kann es auch übertreiben. Es gibt Väter, die versuchen mit aller Macht, die besseren Mütter zu sein. Im Vertrauen: Das wird nicht funktionieren. Denn Mann bleibt Mann – was auch gut so ist, denn eine Mutter reicht vollkommen aus. Obendrein haben Frauen es nicht gern, wenn Mann sich in ihre ureigensten Bereiche einmischt. Zusammengefasst heißt das: Mithelfen ja, aber nicht versuchen, omnipräsent zu sein. Sonst ist die Liebste schnell eingeschnappt, und Mann wundert sich am Ende, was sie hat. Schließlich gibt er sein Bestes. Und da müsste Frau doch heilfroh drüber sein. Oder sieht sie gar nicht, wie er sich reinhängt? Doch, sie sieht es. Und genau hier liegt das Problem. Für fast alle gewordenen Mütter ist es eine Art heilige Pflicht, immer für ihren Zwerg da zu sein. Doch wenn er bereits zur Stelle ist, wann immer der Kleine um Hilfe ruft, dann fühlt sich die Liebste rasch überflüssig. Das kann zu den sonderbarsten Kurzschlusshandlungen führen. Einige Frauen versuchen dann, ihren Männern durch subtile Unterstellungen einzureden, die Lage nicht im Griff zu haben. Oder es kommt zu völlig hirnrissigen Doppelungen. Er bringt den Zwerg ins Bett und wartet, bis der Kleine ruhig ist. Dann guckt sie noch einmal nach.

Angeblich nur, um sicherzugehen, ob der Zwerg auch wirklich friedlich schläft. In Wirklichkeit aber, um selbst mehr Zeit mit dem Kleinen verbringen zu können. Und um sich selbst zu beweisen, dass sie doch eine gute Mutter ist. Väter müssen also lernen, wann sie sich zurückziehen sollten. Diese Pausen helfen nicht nur, den eigenen Akku wieder aufzuladen, sondern sind sogar notwendig, damit auch die Liebste ihrer Zwergenliebe freien Lauf lassen kann.

Pausen sollte Mann übrigens nutzen, um wirklich abzuschalten. Einige Väter werden sogar in ihrer Freizeit vom schlechten Gewissen geplagt. Jetzt lasse ich die Liebste schon wieder mit dem Kleinen allein. Ich bin so ein fauler Sack. Das ist völliger Quatsch, zumindest für die Zeiten, in denen sie für die Zwergenbetreuung eingeteilt ist. Er kann dann getrost die Füße hochlegen, joggen gehen oder am Auto herumbasteln. Wenn der Partner dran ist, ist der Zwerg ausschließlich sein Job. Das gilt für sie wie für ihn. Und beide sollten diese Pausen zum Abschalten und Entspannen nutzen. Gleiches gilt auch für die rare Zeit, die beiden gemeinsam bleibt. Kino, Sauna, Restaurant. Väter lernen schnell, diese zweisamen Momente der Ruhe als kleine Kostbarkeiten zu verstehen, die es zu genießen gilt. Genauso ist es mit den verbleibenden Kuschelabenden. Wenn er und sie einmal nicht zu erschöpft sind, wenn kein Fußball im Fernsehen läuft und keine Serie, die sie nicht verpassen darf, dann darf Mann auf einen lauschigen Abend hoffen. Es sei denn, der Zwerg will nicht einschlafen. Zu bizarren Begegnungen kann es kommen, wenn der Kleine bereits etwas größer ist. Denn Zwerge bleiben nicht endlos in ihren Gitterbettchen gefangen. Irgendwann, meistens bereits bevor sie drei Jahre alt werden, steigen sie auf ein Kinderbett um. Ab diesem Moment sind sie mobil. Was die Kleinen gern und weidlich ausnutzen. Und wenn nebenan aus dem Schlafzimmer sonderbare Laute ertönen, dann muss der Zwerg natürlich nachsehen, ob bei Mama und Papa alles okay ist. Da Kinder generell niemals anklopfen, kann Mann sicher sein, dass der Kleine urplötzlich im Raum stehen wird. Mit fragenden Augen und hochinteressiertem Blick. Mama und Papa nackt auf dem Bett. Da stellt sich die Frage fast von alleine: »Was macht ihr da?« Mann wird versuchen, schnell die Decke über sich und die Liebste zu ziehen – und hoffen, dass ihr eine plausible Antwort einfällt. »Wir kuscheln nur etwas« ist kindgerecht, und meistens geben sich die lieben Kleinen damit auch zufrieden. Wenn der Zwerg dann aber nachfragt, warum Mama und Papa dabei so komische Geräusche machen, dann ist guter Rat teuer. Und Mann wird sich insgeheim schwören, gleich morgen früh ein Schloss an die Schlafzimmertür zu nageln.

Wer schon zu wenig Zeit für sich und seine Liebste hat, bei dem bleiben Freundschaften fast zwangsläufig auf der Strecke. Es gibt Eltern, die kapseln sich nach der Geburt ihres Zwergs regelrecht von ihrer Umwelt ab. Zugegeben, es ist nicht leicht, seine sozialen Kontakte wie gewohnt aufrechtzuerhalten, doch Mann sollte sich hüten, das ganze Leben auf den Zwerg zu reduzieren. Der ist zwar niedlich und ohnehin das Allertollste auf der Welt, aber Kontakte zu Gleichgesinnten und vor allem zu Gleichaltrigen kann er nicht ersetzen. Sonst kann es schnell passieren, dass der eigene Wortschatz auf Vokabeln wie »Audo«, »Püppi« und »Teddy« zusammenschmilzt. Natürlich ist es nicht leicht, mit Kind all die Freundschaften zu pflegen, die Mann vorher hatte. Es wird sicherlich Kontakte geben, die quasi von heute auf morgen gänzlich abreißen werden. Aber das sind zumeist solche Freundschaften, die das Wort eigentlich gar nicht verdient haben. Wirkliche Freunde werden sich zumindest bemühen, die neue Situation des gewordenen Vaters zu verstehen. In einem Buch wird Eltern gar geraten, ihre Freunde in das Spiel mit dem Baby einzubeziehen. Aus Erfahrung kann der Autor versichern:

Wer selbst keine Kinder hat, wird bei dieser Idee vor Begeisterung Rad schlagen. Von Vorteil ist es natürlich, wenn Freunde selbst Kinder im etwa gleichen Alter haben. Das sorgt nicht nur für endlosen Gesprächsstoff, sondern hilft auch, die Probleme von gewordenen Eltern gegenseitig besser verstehen zu können. Höchstwahrscheinlich werden sich auch neue Freundschaften ergeben, sei es zu Leidensgenossen aus dem Hechelkursus oder zu Eltern der Baby-Spielgruppe, um die fast kein Zwerg herumkommt. Und im Notfall bleiben immer noch die modernen Kommunikationstechniken, um eine Freundschaft zumindest auf Sparflamme weiter köcheln zu lassen. Telefon und E-Mail sind zwar kein wirklicher Ersatz für einen geselligen Abend, aber immer noch besser als gar keine sozialen Kontakte.

### Selbst erlebt …

*Den Spaß an meinen Kindern habe ich nie verloren. Nicht einmal in den Momenten, in denen ich sie am liebsten umgehend verschenkt hätte. Denn solche Momente gehören zum Vatersein einfach dazu, und Mann muss wissen, dass sie vorbeigehen. Meistens sind meine beiden kleinen Schätze wirkliche Spaßbomben. Und oft verblüffen sie einen mit ihren spontanen Antworten. Als meine Frau zu Mattis sagte, er solle endlich seinen Schnabel halten, guckte er sie nur vorwurfsvoll an: »Ich bin doch keine Ente.«*

*Stolz bin ich immer, wenn ich mit meinem Sohn Auto fahre. Er weiß mit seinen vier Jahren nicht nur, was ein Ortsschild ist, sondern erklärt mir jedes Mal, wenn wir ein gelbes Schild mit rotem Querbalken passieren: »Papa, jetzt darfst du wieder losrasen.« Sein neuester Trick: Irgendwo mitten in der Walachei ruft er: »Papa, hier sind nur sechzig erlaubt.« Dann bekommt Papa jedes Mal einen Schreck, weil das Tachometer gute hundert Sachen anzeigt. Bis der kleine*

*Frechdachs dann loslacht: »Papa, reingelegt.« Ich warte eigentlich nur darauf, dass wir mal in eine Polizeikontrolle geraten und Mattis mit todernstem Gesicht erklärt: »Papa fährt immer viel zu schnell.« Dann kann ich nur hoffen, dass der Polizist selbst Kinder hat und weiß, dass es ein Irrglaube ist, dass kleine Zwerge immer die Wahrheit sagen.*

## Deutschland einig Kinderhasser-Land?

Wer sich in Deutschland mit einem Zwerg in der Öffentlichkeit bewegt, muss ein dickes Fell haben. Kinder sollen zwar später einmal unser aller Renten sichern, doch bis dahin wäre es erstaunlich vielen Mitmenschen offenbar lieb, wenn sie die Kleinen nicht zu Gesicht bekämen. Kinder machen Krach. Vor allem diese Tatsache irritiert den einen oder anderen ganz augenscheinlich. Ein Klassiker unter den Kinderhasser-Episoden ist der Restaurantbesuch. Mann geht rein, Frau und Zwerg im Schlepptau. Schon die Bedienung guckt den Kleinen an, als ob er vom Mars käme. Natürlich wird einem der Katzentisch ganz hinten bei den Toiletten zugewiesen. Da fällt der Zwerg weniger auf, und die anderen Gäste fühlen sich nicht so schnell gestört. Glaubt zumindest die Bedienung. Doch Zwerge verschaffen sich überall Aufmerksamkeit. Und so folgt, was folgen muss. Der Kleine stößt Papas Bier um und bekommt so einen Schreck, dass er anfängt zu schreien. Mama nimmt den Zwerg auf den Arm, um ihn zu beruhigen, doch der Kleine brüllt unverdrossen weiter, während die Bedienung mit grimmigem Blick das Bier wegwischt. Mama und Papa ist das höllisch unangenehm, nicht zuletzt, weil sie vom halben Lokal angestarrt werden. Also schnappt sich Papa den Zwerg und geht mit ihm Richtung Ausgangstür. Mann kann ganz sicher sein, dass der Weg zum Spießrutenlauf wird. »Wie kann man nur mit einem Kind in ein Restaurant gehen. Unverschämter Rotzlöffel. So etwas von unerzogen. Rauswerfen sollte man die.« Mann muss sich schon gut unter Kontrolle haben, um in solchen Momenten nicht ausfallend zu werden. Zur Beruhigung: Mit der Zeit stumpft Mann ab, weil es in Deutschland einfach zu oft zu solchen Szenen kommt.

Nicht zuletzt, weil sich einige Eltern von dieser latenten Kinderhasser-Mentalität verunsichern lassen, wird der Spielraum der Kleinen immer weiter eingeschränkt. Wer sich einmal in einem Restaurant beleidigen lassen musste, überlegt es sich zwei Mal, ob er es erneut wagen soll, mit Zwerg essen zu gehen. Vielleicht gibt es in Deutschland inzwischen einfach so wenige Kinder, dass einige Menschen vergessen haben, dass Kinder keine kleinen Erwachsenen sind. Von Kindern kann man nicht erwarten, dass sie Normen, Verbote und Regeln einhalten, die in diesem Land Gültigkeit besitzen. Kinder sind radikal, unkontrollierbar und spontan und überraschen ihre Umwelt stets aufs Neue. Wer es nicht mehr gewohnt ist, mit Kindern zu leben, den überfordert so viel Eigensinn rasch. Und so kommt es, dass sich manch einer wünscht, dass diese lauten und unverschämten Wesen aus seinem Dunstkreis verschwinden. Folgerichtig wird es dann zur Selbstverständlichkeit, dass außer den Spielplätzen insgeheim nahezu alle öffentlichen Plätze zur kinderfreien Zone erklärt werden. Und taucht doch einmal eines dieser kleinen Ungeheuer auf, so scheint es manchen Leuten nur recht und billig, den Eltern unmissverständlich zu signalisieren, dass sie das Auftauchen eines Kindes als Unverschämtheit ansehen.

Doch nicht nur die wenig kinderfreundliche Grundstimmung ist schuld daran, dass es Kinder in Deutschland schwer haben. Früher – nein, da war nicht alles besser. Aber es gab mehr Raum für den Nachwuchs. Auf den Straßen fuhren weniger Autos, die Innenstädte waren noch nicht derart verbaut, und PCs gab es noch nicht. Für die meisten Erwachsenen gehörte es in ihrer Kindheit zur Normalität, sich nach dem Kindergarten oder der Schule aufs Fahrrad zu schwingen und in die Natur zu radeln. Kaulquappen fangen im See, Baumhäuser bauen am Waldrand. Alles war leicht und schnell erreichbar, und die Eltern hatten genügend Zeit, den Kindern die Geheimnisse der Natur näherzubringen. Heute ist

Zeit ein so knappes Gut, dass viele Eltern ihre Kinder nicht mehr fördern können. Im *Stern* erschien jüngst ein Warnruf: Kinder erlebten keine Abenteuer mehr. Hirnforscher und Psychologen schlügen Alarm. Zu Recht. Denn das Kindsein hat sich in den vergangenen Jahrzehnten dramatisch gewandelt. Bäume erklettern? Auf der Straße gemeinsam bolzen? Himmel und Hölle spielen? Vorbei. Heute hockt der Nachwuchs drinnen vor dem Computer oder der Spielekonsole. Abgekapselt, oft allein. Folgen sind häufig Kontaktarmut, Team-Unfähigkeit, eine eindimensionale Weltsicht und – am augenfälligsten – Bewegungsmangel. Viele Eltern reden sich zwar gern ein, dass die Speckfalten ihres Zwergs genetisch bedingt sind, doch es hat andere Gründe, warum immer mehr Kinder in Deutschland schon in jüngsten Jahren unter Übergewicht leiden.

Ein weiteres Problem sind überbesorgte Eltern, die versuchen, ihren Zwerg in Watte zu packen. Dass dem Kleinen bloß nichts passiert. Jeder harmlose Kratzer wird behandelt, als ginge es um Leben und Tod. Überbehütet und überversorgt lernen diese Kinder, dass das Leben aus einer Aneinanderreihung von Gefahren besteht, denen sie besser aus dem Weg gehen sollten. Auf Bäume klettern? Lieber nicht, man könnte herunterfallen. Fußball spielen? Nur wenn es sein muss, und schon gar nicht im Winter, da erkältet man sich zu leicht. Frösche fangen im See? Der ist zu weit weg, viel zu tief, und wer weiß, wer da noch so alles herumschleicht. Und Papa und Mama fehlt oft die Zeit, um mitzukommen. Dann lieber eine Runde surfen im Internet. Da weiß Mann wenigstens, wo der Kleine ist. Wer seinen Zwerg so aufwachsen lässt, der raubt ihm elementare Teile seiner Kindheit. Kinder wollen toben, entdecken, ihre Grenzen austesten. Nur so können sie herausfinden, wer sie selbst sind. Es gibt nicht nur viel mehr dicke Kinder als früher, immer häufiger fehlt ihnen auch das Bewusstsein für ihren eigenen Körper. Wie soll sich dieses Körperempfinden auch entwickeln, wenn Mann den Zwerg pausenlos an der kurzen Leine hält? Kinder brauchen elterliche Anleitung, aber sie brauchen auch einen möglichst großen Freiraum, den sie nutzen können, um ihre ureigenste Welt zu entdecken. Sonst verkümmern sie und werden im wahrsten Wortsinn weltfremd.

Kinder wollen nicht nur gefördert, sie wollen auch gefordert werden. Angst vor Rückschlägen, Misserfolgen und Verletzungen haben meist nur die Eltern. Für Kinder ist es völlig normal, wenn mal etwas nicht nach Plan läuft. Dann wird kurz gemeckert, geweint oder gebrüllt, und schon ist die Sache vergessen. Das geht so schnell, dass einige Eltern nur staunen können. Vor allem Mädchen werden gern von ihren Vätern ausgiebigst beschützt. Dieser männliche Urinstinkt lässt sich nur bedingt bändigen, doch Mann sollte sich klarmachen, dass Mädchen keine Porzellanpuppen sind, die bei der erstbesten Berührung in tausend Teile zerbrechen. Kinder haben ein Recht darauf, all die Erfahrungen zu machen, die bereits ihre Eltern machten. Wer glaubt, seinem Nachwuchs Erfahrungen aus zweiter Hand mit auf den Weg geben zu können, der irrt. Mann kann seine Kinder zwar warnen, kann ihnen von all den schlimmen Dingen erzählen, die einem einst selbst zugestoßen sind, doch wenn die lieben Kleinen Papa nicht glauben und lieber selbst erproben wollen, wie diese Welt tickt, dann kann Mann bestenfalls das drohende Unheil in Grenzen halten – und nachher den Tröster spielen. Zwerge, ob klein oder groß, sind geborene Entdecker. Sie wollen forschen, bis es nichts mehr zu erforschen gibt. Und die Natur hat es so eingerichtet, dass sie mit Rückschlägen zumeist gut zurechtkommen.

Die Freiheit, tun und lassen zu können, was ihnen gerade in den Sinn kommt, kennen immer weniger Kinder. Sogar Jungen und Mädchen, die gerade erst das Kindergartenalter erreicht haben, werden heute schon verplant. Schließlich wollen Mama und

Papa, dass aus dem Nachwuchs später einmal etwas wird. Ein gut bezahlter Job, ein Eigenheim, ein statusgerechtes Auto, angemessene Freunde. Heutzutage kann Mann mit den Vorarbeiten für den entsprechenden Karriereweg offenbar gar nicht früh genug beginnen. Montags geht der Sohn zum Fußball, das Mädchen zum Ballett. Dienstags lernen beide gemeinsam Englisch. Mittwoch ist Zeit für Freunde, natürlich streng nach Terminplan, und erst, nachdem die Eltern die Vorauswahl getroffen haben. Donnerstags wird im Kirchenchor gesungen, und das Gelernte dann am Freitag während der musikalischen Früherziehung vertieft. Und das oft schon mit drei oder vier Jahren. Der Zeitgeist treibt seltsame Blüten. Mann kann es so machen, doch muss Mann es auch? Sind Bildung, Karriere und Standesdenken wichtiger als die pure Freude am Leben? Darf Mann seinem Kind die Kindheit rauben? Sicher, er meint es gut mit seinem Zwerg. »Papa will doch nur dein Bestes.« Das stimmt vermutlich sogar. Doch wann schlägt die kindgerechte Forderung in Überforderung um? Diese Grenze muss Mann erkennen. Dabei sollte er daran denken, dass auch die beste Früherziehung keinen kleinen Einstein garantiert. Kinder, die Kind sein dürfen, werden diese positive Erfahrung hingegen mit durch ihr ganzes Leben nehmen.

Zu einer ausgelebten Kindheit gehört es, dass der Zwerg seine Neigungen erkennt, sich entsprechende Hobbys sucht und sich mit Kindern umgibt, die er mag. Bei den Hobbys sollte Mann seinem Zwerg freie Hand lassen. Hobbys nach Plan? Ausgerichtet auf die Zukunft? Mit dem Ziel, den Kleinen schon einmal auf seine Laufbahn als Chemiker, Staatsanwalt oder Profifußballer vorzubereiten? Das ist schlichtweg grausam, vor allem dann, wenn die Hobbys, die Mann ausgewählt hat, ganz und gar nicht den Talenten des eigenen Kindes entsprechen. Kinder finden Schritt für Schritt selbst heraus, was ihnen liegt und woran sie Spaß haben. Mann kann ihnen Wege aufzeigen, zwingen darf

Mann sie nicht. Dabei spielt es keine Rolle, ob Papa ein verkanntes Kicker-Genie war. Wenn der Kleine zwei linke Füße hat, wird es ohnehin nichts mit der Bundesligakarriere. Und selbst wenn der Kleine die nötige Begabung mitbringt: Ohne die entsprechende Begeisterung wird er den Weg nie konsequent zu Ende gehen. Und wenn der Kleine die Brocken dann entnervt hinwirft, ist die Gefahr groß, dass er seinem Vater vorwerfen wird, ihn in eine Ecke gedrängt zu haben, in die er selbst nie gewollt hat.

Mindestens ebenso wichtig ist es, dass der Zwerg in einem Umfeld aufwächst, das seinem Alter entspricht. Dabei gilt als Faustregel: Kinder brauchen gleichaltrige Freunde, Eltern sind kein Ersatz für Spielkameraden. Oma und Opa schon gar nicht. Es gibt Kinder, die mit fünf Jahren so altklug daherreden, als hätten sie bereits alle Geheimnisse dieser Welt entdeckt. Zumeist sind dies Kinder, die bei nur einem Elternteil aufwachsen. Vermutlich ist ihr Verhalten eine Folge der extremen Fixiertheit auf Mutter oder Vater. Und einige Alleinerziehende sehen in ihrem Kind eine Art Ersatzpartner, mit dem sie ihre Sorgen und Nöte teilen können. Diesem Anspruch ist kein Zwerg gewachsen. Schon gar nicht, wenn er außer dem jeweiligen Elternteil kaum soziale Kontakte hat. Das einstmals selbstverständliche Herumtoben auf Hinterhöfen und Nebenstraßen, das den Kindern wie von selbst unverzichtbare Regeln des Sozialverhaltens lehrte, ist heute eher zur Ausnahme geworden. Statt draußen zu spielen, wird drinnen gedaddelt. Kinder, die den Nachmittag vor dem Computer oder mit der Spielekonsole verbringen, vereinsamen oft. Hinzu kommt die Gefahr, dass sie im Internet Seiten besuchen, die ihren kindlichen Horizont übersteigen. Über die Auswirkungen der sattsam bekannten Ballerspiele rätselt die Wissenschaft zwar noch, doch die Schulmassaker der vergangenen Jahre lassen befürchten, dass es Zusammenhänge gibt. Meist waren die Täter Außenseiter, die von ihren Schulkameraden gemobbt wurden und die sich nach Lonesome-Cowboy-Manier rächen wollten. Mann sollte sich zwar hüten, dieses Phänomen als direkte Folge einer veränderten Kindheit anzusehen – aber vermutlich trägt sie ihren Teil dazu bei.

## Selbst erlebt ...

*Schwanger in Deutschland. Das ist ein Thema, zu dem jedes Paar seine ganz eigenen Anekdoten beisteuern kann. Als meine Frau und ich spazieren gingen – sie muss etwa im sechsten Monat gewesen sein –, fragte eine Bekannte, die wir zufällig trafen: »Nicole, bist du dicker geworden?«*

*Ohnehin ja schon kein sonderlich freundlicher Satz, aber einer, der verrät, wie es um unsere Gesellschaft bestellt ist. Kinder werden in diesem Land immer mehr zu Exoten. Dass meine Frau schwanger sein könnte, diese Idee kam unserer Bekannten gar nicht in den Sinn. Nicole hat es mit Humor genommen und geantwortet: »Ja, und ich werde noch viel dicker.«*

## Und beim Zweiten geht es doppelt einfach …

Es gibt sie noch, Mütter und Väter, denen ein Zwerg nicht genug ist. Trotz all der Plackerei, trotz der allgemeinen Tendenz hin zu Ein-Kind-Familien. Warum Mann ein zweites Kind in eine Welt setzt, die nicht gerade als kinderfreundlich zu bezeichnen ist? Nein, mit Masochismus hat das wenig zu tun. Es ist der Spaß an der Sache und das Begreifen, wie viel einem ein Zwerg geben kann. Und: Diese kleinen tapsigen Wesen werden verdammt schnell groß. Robben, krabbeln, der erste Zahn, das erste Wort, der erste zaghafte Schritt. All das passiert in Windeseile. Viel zu schnell werden die Windeln abgelegt und das Gitterbettchen gegen ein Kinderbett ausgetauscht. Dann verschwinden die Dinos und Mäuse von den Fenstern und werden durch Fußballhelden und Boy-Groups an den Wänden ersetzt. Baby, Kleinkind, Kind, Jugendlicher, Erwachsener. Es ist ein fließender Prozess, der einem im Alltag kaum auffällt. Doch plötzlich stellt Mann fest, dass der eigene Zwerg längst kein Zwerg mehr ist, und zum Glück gibt es immer noch eine stattliche Anzahl Männer, die dann die Sehnsucht plagt. Das Verlangen, die Zeit anzuhalten und zurückzudrehen. Da das trotz aller modernen Wissenschaft bisher nicht möglich ist, gibt es nur eine wirkliche Alternative: Ein neuer Zwerg muss her!

Wer mit seinem ersten Zwerg durchweg gute Erfahrungen gemacht hat, der steht einer Neuauflage naturgemäß besonders offen gegenüber. Wer bereits sein Talent erprobt hat und dabei feststellen durfte, dass die Vaterschaft einen Heidenspaß macht, dem wird es mit Zwerg Nummer zwei kaum anders ergehen. Wobei Mann sich klar darüber sein muss, dass ein zweiter Zwerg genauso viel Arbeit macht wie der erste. Wer glaubt, dass der große

Zwerg den kleinen schon irgendwie allein großziehen wird, der irrt. Und zwar gewaltig. Kinder sind simpelste Mathematik. Eins und eins macht zwei. Wer gezielt plant und den richtigen Altersabstand beachtet, der kann jedoch darauf hoffen, dass die Arbeit nicht rund um die Uhr mal zwei genommen werden muss. Drei Jahre Unterschied werden in vielen Fachbüchern als besonders günstig gepriesen. Der Autor kann das aus eigener Erfahrung bestätigen. Zwerg Nummer eins ist dann bereits aus dem Gröbsten heraus, und so kann Mann es wirklich genießen, noch einmal die Menschwerdung von Beginn an mitverfolgen zu dürfen. Da die wenigsten Familien heutzutage ein drittes Kind planen, sollte er sich jeden Tag klarmachen, dass es vermutlich das letzte Mal ist, dass er einen Zwerg so hautnah heranwachsen sieht. Wem dabei vor lauter Wehmut ab und an die Tränen kommen, der muss sich nicht schämen. Auch, wenn diese Gefühlsausbrüche für Außenstehende schwer zu verstehen sind.

Für gewöhnlich klappt es mit dem zweiten Zwerg wie geschmiert. Ein, zwei Mal geprobt, und schon ist die Liebste wieder schwanger. Wer also sein zweites Kind zeitlich exakt planen möchte, der sollte sich nicht wundern, wenn es bereits beim ersten Versuch klappt. Der weibliche Körper scheint eine Art Memory-Funktion zu besitzen, die auch nach Jahren noch weiß, wie es geht. Das Schöne beim zweiten Kind ist ja ohnehin, dass Mann sich keine Sorgen machen muss, ob er überhaupt zeugungsfähig ist. Das hat er schließlich bereits mit Zwerg Nummer eins bewiesen. Die Natur steht also nicht im Weg, wenn es um weiteren Nachwuchs geht. Die Entscheidung liegt ganz allein bei den Eltern. Wenn Zwerg Nummer zwei im Anmarsch ist, sollte Mann sich nicht wundern, wenn die frohe Botschaft im näheren Umfeld nicht die gleiche Euphoriewelle entfacht wie beim ersten Zwerg. Nummer zwei löst nie die gleiche Begeisterung aus. Die Freunde werden vermutlich nur mit den Schultern zucken und die Eltern die frohe Botschaft eher beiläufig zur Kenntnis nehmen. Schließlich wissen auch sie dank Zwerg Nummer eins bereits, dass Mann kann, und oft ist der zweite Zwerg ohnehin ein durch und durch geplantes Kind, das für Familie und Freunde keine wirkliche Überraschung ist. Und überhaupt: Weniger Euphorie bedeutet auch weniger Stress für die Eltern. Es hat eben alles seine guten Seiten.

Was für ein zweites Kind spricht? Ganz einfach: Der Wunsch, die eigene Kleinfamilie zu erweitern. Hinzu kommt: Geschwisterkinder werden sozialere Kinder. So sagt zumindest die Wissenschaft. Ein Zwerg lernt vom anderen, vor allem die Teamfähigkeit wird durch den täglichen Umgang mit Bruder oder Schwester geschärft. Doch bevor Mann nun glaubt, umgehend zur Tat schreiten zu müssen: Es gibt auch Argumente, die für ein Einzelkind sprechen. Zwerge, die sich nicht mit Geschwistern auseinandersetzen müssen, sollen selbstbewusster sein, ein größeres Allgemeinwissen haben (weil die Eltern alle Aufmerksamkeit auf sie fokussieren) und bessere Schulabschlüsse erreichen. Andererseits sehnen sich viele Einzelkinder nach Geschwistern. Die wenigsten Kinder genießen es, alleine aufzuwachsen. Der Mensch ist nun einmal ein Herdentier, und so ist es nur natürlich, dass der eigene Clan für die Kleinen gar nicht groß genug sein kann. Fast jedes Einzelkind stellt seinen Eltern irgendwann einmal die Frage, warum es keine Geschwister hat. Wenn Mann dann antwortet: »Damit du selbstbewusster wirst«, dürfte das bestenfalls zu verständnislosem Kopfschütteln führen.

Wenn Zwerg Nummer zwei im Anmarsch ist, beginnt das Spiel von vorn. Hechelkursus zur Auffrischung oder die Fachliteratur entstaubt. Das muss sein, denn Mann wird sich wundern, wie schnell er alles vergessen hat. Wie war das noch mit Elterngeld und Mutterschaftsurlaub? Was gehört alles in Zwergis Babymilch? Und wann hat der große Zwerg eigentlich das erste Mal durchgeschlafen? Gut dran ist, wer alles fein säuberlich dokumentiert hat. Denn beim zweiten Kind hilft es wirklich, wenn Mann nachschlagen kann, wie weit die Nummer eins im selben Alter bereits war – oder noch nicht war. Natürlich wird die Liebste wieder dick, verlangt um Mitternacht nach sauren Gurken, und der richtige Name für den zweiten Zwerg muss auch erst noch gefunden werden. Raus aus der Mühle, rein in die Mühle. So ist das mit den lieben Kleinen. Natürlich ist Mann beim zweiten Mal erfahrener. Mann weiß, was ihn im Kreißsaal erwartet, Mann hat keine Angst mehr, den Kleinen anzufassen, Mann steckt vieles abgeklärter weg. Ist doch normal. Habe ich schon einmal erlebt. Das ist ein gewaltiger Vorteil, der auch dem Zwerg zugute kommt. Denn ein relaxter Papa ist ein Papa, der nicht so leicht aus der Haut fährt. Wobei: Es gibt Momente, da fragt Mann sich: Geht das schon wieder los? Die Antwort ist ganz einfach: Ja. Ist das nicht toll!

### Selbst erlebt ...

*Es hat nicht lange gedauert, bis uns klar war, dass wir noch ein zweites Kind wollen. Mattis war zwar nicht immer einfach, aber selbst in den Momenten, in denen er kein kleiner Sonnenschein war, wusste ich doch immer, was ich an ihm habe. Für meine Frau stand ohnehin fest, dass sie ein zweites Kind wollte. Die Frage war jetzt nur: wann? Wir haben Freunde, die haben gleich nachgelegt, und so sind ihre Kinder kaum ein Jahr auseinander. Das hat den Vorteil, dass sie immer einen Spielkameraden im Haus haben. Dafür müssen Mama und Papa zwei Wickelkinder stemmen.*

*Das kostet Zeit, Arbeit und Nerven. Wir haben uns für eine dreijährige Pause entschieden, die wir obendrein für einen Umzug nutzen mussten, denn unsere alte Bleibe bot maximal für ein Kind Platz.*

*Es hat dann auch gleich mit Finya geklappt. Und im Nachhinein sind wir froh, unser zweites Kind so getimt zu haben. Mattis ist schon ein großer Junge, hat seine eigenen Freunde im Kindergarten, und seine Schwester findet er »supersüß«.*

*Er schmust mit ihr, bringt ihr Spielzeug wieder, das sie verloren hat, und als Oma einmal fragte, ob sie Finya mitnehmen soll, da hat er geantwortet: »Nein, Oma, das geht nicht, Finya gehört doch zu uns.« Das war einer dieser Sätze, die Eltern dahinschmelzen lassen. Gut, ab und zu ist Mattis auch sauer auf unsere Kleine, dann schimpft er, bis sie weint, oder klaut ihr das Spielzeug, das er ihr gerade erst wiedergegeben hat. Aber die befürchtete Eifersucht ist ausgeblieben. Und so genießen wir unsere Familienidylle. Mit allen Hochs und Tiefs, die dazugehören. Es gibt sogar stille Momente, da bin ich so stolz auf meine Liebsten, dass ich mir vorstellen könnte, noch einen dritten Zwerg anzusetzen.*

*Aber dafür bin ich wohl zu alt, und das Haus wäre wieder zu klein, und meine Frau hatte schon zwei Kaiserschnitte. Ach nee, es wird wohl bei zwei Zwergen bleiben. Vermutlich.*

## FÜR VÄTER, DIE ES EILIG HABEN

*Was jeder Papa wissen sollte.*
*Von »Arzt« über »Kindergeld« bis »Wickeln« und »Zähne«.*
*Das Wichtigste in Kürze.*

- *Alleinerziehende*: Immer mehr Kinder wachsen bei nur einem Elternteil auf. Zumeist bei der Mutter. Aber auch Väter werden zunehmend in die Pflicht genommen. Netzwerke sowie Informationen zum Thema finden sich im Internet, beispielsweise unter www.alleinerziehend.net, www.allein-erziehend.net oder www.alleinerziehend.info.
- *Arbeitsteilung*: Noch immer ist das traditionelle Modell, bei dem der Mann arbeitet und Geld verdient, während sich die Frau um Haus und Nachwuchs kümmert, weit verbreitet. Aber der Trend geht dahin, dass auch Väter zunehmend ihre Elternzeit in Anspruch nehmen. Eine ausgeglichene Arbeitsteilung ist auch möglich, wenn beide Elternteile in Teilzeit arbeiten.
- *Augenfarbe*: Alle Babys kommen mit blauen Augen zur Welt, doch erst im Laufe der ersten Lebensmonate erhalten die Augen ihre endgültige Farbgebung. Einige Babys schielen nach der Geburt – was sich nach sechs bis acht Wochen zumeist von ganz allein erledigt.
- *Babyfotos*: Jeder Vater sollte so viele machen wie möglich. Fotos sind einmalige und unwiederbringliche Zeitdokumente.
- *Babysitter*: Schaffen Freiräume für die Eltern und sind schon deshalb unverzichtbar. Über das Anforderungsprofil geeigneter Sitter erfährt Mann mehr unter www.babysitter.de, www.betreut.de oder www.bambino.de/babysitter.

- *Baden*: Für einige Väter der Lieblingszeitvertreib mit ihrem Zwerg. Über die Badevorbereitungen gibt die Internetseite www.babyundkinderpflege.de unter dem Stichwort »Babybad« Auskunft. Dort ist zu lesen: Badezimmer gut vorheizen, frische Wäsche griffbereit legen, zwei Badehandtücher (Kapuzentücher) anwärmen, Badewasser einlassen und mit Thermometer überprüfen (37° C gelten als ideal). Nachdem das Wasser eingelaufen ist, ein rückfettendes, parfümfreies Babybad hineingeben.
- *Einschlafen*: Ist für viele Zwerge ein echtes Problem. Einige Tricks können helfen, es den Kleinen einfacher zu machen und somit auch die Nerven der Eltern zu schonen. Es ist hilfreich, Licht im Flur brennen oder die Tür offen stehen zu lassen oder aber Stofftiere mit ins Kinderbett zu legen. Manche Kinder werden ruhig, wenn sie die leisen Stimmen der Eltern im Nebenzimmer hören können. (www.familienhandbuch.de/cmain/f_Aktuelles/a_Haeufige_Probleme/s_258.html)
- *Elterngeld*: Ist als staatlicher Anreiz gedacht, um die »Kinderarmut« in Deutschland zu bekämpfen. Elterngeld wird für zwölf bis 14 Monate unmittelbar nach der Geburt eines Kindes oder zehn bis zwölf Monate nach Ende des Mutterschutzes gewährt. Das Elterngeld beträgt 67 Prozent des durchschnittlichen Nettoeinkommens des Elternteils, der das Elterngeld in Anspruch nimmt, höchstens jedoch 1.800 Euro. Wer bis dahin nicht gearbeitet hat, bekommt ein Mindestelterngeld von 300 Euro ausgezahlt. Informationen zu den Anträgen gibt es unter http://de.wikipedia.org/wiki/Elterngeld oder auf der Seite des Bundesministeriums für Familie, Senioren, Frauen und Jugend (http://www.bmfsfj.de/Politikbereiche/familie,did=76746.html).
- *Elternzeit*: Die Elternzeit gibt berufstätigen Eltern die Möglichkeit, sich ihrem Kind zu widmen und gleichzeitig den Kontakt zum Beruf aufrechtzuerhalten. Erlaubt ist in dieser Zeit

eine Teilzeitbeschäftigung von bis zu dreißig Wochenstunden. Durch den Rechtsanspruch auf Teilzeitarbeit sollen Väter die Chance erhalten, sich an der Erziehung ihres Kindes zu beteiligen. Die Elternzeit dauert maximal drei Jahre, wobei Vater und Mutter diese Frist entweder gleichzeitig ausschöpfen oder nacheinander nehmen können.

- *Erste Wörter*: Im ersten Lebenshalbjahr übt der Zwerg die Erzeugung von Lauten und die zum Sprechen wichtigen Muskeln werden trainiert. Ab dem siebten Monat wird experimentiert: Silben werden verdoppelt und der Sprachfluss der Erwachsenen imitiert. Die Zwerge erkennen in dieser Phase, dass den Dingen feste Bezeichnungen zugeordnet werden. Zwischen dem elften und dreizehnten Monat sprechen Kinder in der Regel ihre ersten Worte. Zumeist ist das erste Wort eines Kindes »Mama«. Sollte das erste Wort des Zwergs »Papa« sein, kann er sich mächtig etwas darauf einbilden.
- *Erziehungsgeld*: Wurde Anfang 2007 durch das neu eingeführte Elterngeld ersetzt. Gedacht war es als Ausgleichzahlung für den Elternteil, der das Kind hauptsächlich erzog. Das Bundeserziehungsgeld gilt weiterhin für Kinder, die bis zum 31. Dezember 2006 geboren wurden. Auskünfte gibt es bei den Erziehungsgeldstellen oder auf der Internetseite des Bundesministeriums für Familie, Senioren, Frauen und Jugend (http://www.bmfsfj.de/bmfsfj/static/broschueren/erziehungsgeld/erziehungsgeld.htm).
- *Fernsehen*: Eltern sollten den TV-Konsum ihrer Kleinen weitgehend einschränken oder zumindest bewusst steuern. Beliebte Kindersender sind KIKA, der Kinderkanal von ARD und ZDF, Super RTL sowie Nick. Wichtige Grundregel für alle Eltern: Kleine Kinder dürfen niemals allein vor dem Fernseher sitzen, weil sie eine Ansprechperson brauchen, die ihnen das Gesehene erklärt.

- *Fieber*: Kinder bekommen schnell über 40 Grad Fieber. Wirklich bedrohlich ist das in den meisten Fällen nicht. Eltern sollten mit dem Kind zum Arzt gehen, wenn das Fieber länger als 24 Stunden anhält. Und: Bei Säuglingen kann Fieber das einzige Symptom einer Erkrankung sein. Schon deshalb sollte die Fieberursache bei einem Säugling immer von einem Arzt diagnostiziert werden (www.medizinfo.de/kinder/fieber/allgemein.htm).
- *Flasche*: Für Väter ist vor allem wichtig zu wissen, dass es verschiedene Nuckler-Größen gibt. Ansonsten gibt es auch zu diesem Thema (Welche Milch für welches Kind? Wann Abstillen? Pro oder kontra Plastikflasche) eigene Internetseiten. Zum Beispiel www.meinebabyflasche.de oder www.babyflasche.de.
- *Geburtsvorbereitungskurs:* Umgangssprachlich auch »Hechelkurs« genannt. Bietet viele Informationen und soll Schwangere gezielt auf die Geburt vorbereiten. Von Männern nicht immer geliebt, doch es ist zur Normalität geworden, dass der Partner mitgeht. Auskunft über das Angebot geben Krankenkassen.
- *Gute-Nacht-Geschichte*: Ist ein beliebtes Ritual, um Kinder ans Einschlafen zu gewöhnen. Bildet den Abschluss des Tages – und darf gern vom Vater übernommen werden.
- *Hausarbeit*: Für viele Männer eine lästige Pflicht, um die sie sich gern drücken. Schon um den häuslichen Frieden zu wahren, sollte er sich daran beteiligen. Am besten ist es, Mann macht sich eine Liste, welche Aufgaben er im Haushalt erledigen möchte.
- *Hebamme*: Fachleute raten Schwangeren, sich möglichst frühzeitig eine Hebamme auszusuchen, die oft auch den Vorbereitungskurs leitet und die werdende Mutter bis nach der Geburt begleitet. Informationen unter anderem unter http://www.treffpunkteltern.de/article.php?sid=184.
- *Heißhunger*: Überfällt zahlreiche Schwangere. Wohl auch, weil sie sich oft vornehmen, nicht zu früh zu viel zunehmen zu wol-

len. Dabei fällt der Blutzuckerspiegel auf einen gefährlichen Tiefpunkt, den der Körper mit Heißhungerattacken auszugleichen versucht.

- *Impfungen*: Pflichtimpfungen gibt es in Deutschland generell nicht, doch gänzlich ohne Impfschutz sollten Kinder nicht aufwachsen. Bei der dritten Vorsorgeuntersuchung – der Säugling ist vier bis sechs Wochen alt – wird der Arzt die jungen Eltern wegen Schutzimpfungen ansprechen. Empfohlen werden Impfungen unter anderem gegen Masern, Hirnhautentzündung, Hepatitis B, Kinderlähmung, Diphtherie und Tetanus. Welche Impfungen vorgenommen werden, sollten Eltern im Einzelnen mit dem jeweiligen Kinderarzt abstimmen.
- *Kaiserschnitt*: Bei einem geplanten Kaiserschnitt, der in der Regel sieben bis zehn Tage vor dem errechneten Termin erfolgt, wird die Schwangere für einige Tage stationär im Krankenhaus aufgenommen. Eine Vollnarkose ist während der Geburt bei Einsatz einer Peridural-Anästhesie (PDA) nicht notwendig, die Frau kann also miterleben, wie das Kind zur Welt kommt. Auch der Vater kann bei dieser Art der Geburt dabei sein. Er sollte sich aber vorher klarmachen, dass ein Kaiserschnitt eine Operation ist und dass eine Anwesenheit im OP gute Nerven erfordert. Ein Kaiserschnitt kann auch medizinisch notwendig werden, beispielsweise, wenn das Ungeborene ungewöhnlich groß ist.
- *Kinderarzt/Kinderärztin:* Mann oder Frau des Vertrauens, den/die Eltern mit Bedacht und Sorgfalt auswählen sollten, denn er/sie ist vermutlich einer der wichtigsten Menschen in den ersten Lebensjahren des Zwerges. Hilfe bei der Suche nach einem geeigneten Kinderarzt bietet die Internetseite www.kinderaerzteimnetz.de.
- *Kindergarten*: Mit drei Jahren hat der Zwerg einen rechtlichen Anspruch auf einen Kindergartenplatz. Begehrt sind Ganztagesplätze – leider gibt es republikweit viel zu wenige.

- *Kindergeld*: Grundsätzlich besteht für alle Kinder ab der Geburt bis zur Vollendung des 18. Lebensjahres Anspruch auf Kindergeld. Die Antragstellung und -bearbeitung für alle Kindergeldansprüche erfolgt über die Familienkasse der Agentur für Arbeit. Aktuell gibt es pro Monat 154 Euro für das erste bis dritte Kind.
- *Kinderkrankheiten*: Gehören für Eltern zum Alltag. Es gibt schier unendlich viele Krankheiten, und vor allem im Winterhalbjahr sind sie allgegenwärtig. Zu den bekanntesten Kinderkrankheiten gehören Masern, Mumps, Röteln, Scharlach und Windpocken. Informationen zu Ursachen und Symptomen gibt es auf der Internetseite www.alle-kinderkrankheiten.de. Siehe auch *Impfungen*.
- *Kindersitz*: Gehört in jedes Auto. Es gibt verschiedene Größen für Babys, Kleinkinder und größere Kinder. Im Laufe der Jahre sollten alle Varianten genutzt werden (trotz der daraus resultierenden Kosten), um Kindern einen optimalen Schutz im Auto zu ermöglichen. Es gibt im Internet etliche Vergleichstests, einen davon unter http://www.test.de/themen/auto-verkehr/test/-/1262309/1262309/1265475.
- *Krabbeln*: Folgt auf die erste Art der Fortbewegung, das Robben. Der Zwerg zieht sich an Tischbeinen und anderen Möbelstücken hoch, bis er schließlich laufen lernt. Etwa 60 bis 70 Prozent aller Säuglinge beherrschen diese Fähigkeit an ihrem ersten Geburtstag, andere fangen mit zwölf Monaten gerade erst an zu krabbeln. Das ist kein Grund zur Beunruhigung, jeder Zwerg hat sein eigenes Tempo beim Laufenlernen.
- *Küche*: Statistisch gesehen die Gefahrenquelle Nummer eins im Haus für Kinder. Zu den typischen Gefahrenmomenten gehören Vergiftungen und Verätzungen durch Reinigungsmittel, Verbrennungen am Herd und Verbrühungen beim Herunterreißen heißer Gefäße. Daher dürfen kleine Kinder in der Küche niemals

unbeaufsichtigt sein. Obendrein sollten ätzende Putzmittel generell außer Reichweite von Kleinkindern aufbewahrt werden.

- *Mehrsprachigkeit*: Ist zurzeit ausgesprochen modern. Der Zwerg lernt von klein auf neben Deutsch eine weitere Sprache. Am einfachsten zu realisieren natürlich für Eltern mit zwei Muttersprachen. Aber auch schon für Einjährige gibt es inzwischen Englischkurse.
- *Oma und Opa*: Sind die besten Hilfen, wenn der Zwerg mal eine Betreuung braucht, die nicht Mama oder Papa heißt. Und Kinder lieben »ihre« Omas und Opas, weil sie in der Regel alle Zeit der Welt für sie haben und ihnen (fast) alles erlauben.
- *Schlagen*: Sollte für alle Eltern tabu sein. Wer glaubt, einen Zwerg mit Schlägen erziehen zu können, ist auf einem gefährlichen Irrweg.
- *Schuldgefühle*: Kennt jeder Vater. Vor allem dann, wenn er nicht so viel Zeit für den Zwerg hat, wie er es sich wünscht. Wichtig ist, dass Mann Schuldgefühle nicht in sich hineinfrisst, sondern einen Gesprächspartner findet, mit dem er sich austauschen kann. Im Idealfall ist es die eigene Partnerin, doch auch Freunde können hier Ansprechpartner sein.
- *Sex*: Auch während der Schwangerschaft erlaubt. Und auch mit Zwerg kein Buch mit sieben Siegeln. Werdende Eltern schlafen im Schnitt 1,5 Mal pro Woche miteinander – sagt eine Studie über Sex in der Schwangerschaft, die von der Berliner Charité durchgeführt wurde. Mehr zum Thema gibt es im Internet unter www.eltern.de/schwangerschaft/16-30-woche/sex-schwangerschaft.
- *Stillen*: Ist Sache der Frau. Was den meisten Männern sehr recht ist. Generell gilt: Muttermilch ist die ideale Ernährung fürs Baby. Männer, die sich über Stillpumpen, Stilleinlagen und die Vorzüge des Stillens informieren möchten, haben dazu auf der Internetseite www.babyernaehrung.de/stillen Gelegenheit.

- *Urlaub*: Auch mit Zwerg möglich. Im Internet gibt es diverse Anbieter, die sich auf Urlaub mit Kindern spezialisiert haben, unter anderem http://urlaub.kinder.de, www.bambino-tours.de oder www.familotel.de.
- *Urvertrauen*: Bekommen Kinder quasi von selbst mit, wenn sie in einer harmonischen Umgebung aufwachsen. Für ein Baby ist es besonders wichtig, sauber, satt und gepflegt zu sein. Doch damit nicht genug: Erst durch Zärtlichkeit, Ermutigung und Förderung entwickelt der Zwerg ein gesundes Selbstvertrauen (www.eltern.de).
- *Versicherungen*: Dringend zu empfehlen sind vor allem frühzeitig abzuschließende Unfall- und Haftpflichtversicherungen für den Zwerg. Was sonst noch soll oder kann, muss jedes Elternpaar individuell für sich entscheiden.
- *Vorsorgeuntersuchungen*: Seit 1976 gibt es für Kinder in allen Bundesländern einheitliche Vorsorgeuntersuchungen. Die U 1 findet in der ersten bis vierten Lebensstunde des Säuglings statt, den Abschluss bildet die zweite Jugendgesundheitsuntersuchung (J 2) im Alter von 16 bis 18 Jahren. Die Untersuchungen sind keine Pflicht, aber elementar, um Fehlentwicklungen frühzeitig entdecken zu können.
- *Weinen*: Kann beim Zwerg fast alles bedeuten. Hunger, Müdigkeit oder eine Windel, die dringend gewechselt werden muss. Mann sollte es gelassen nehmen, aber die Tränen keinesfalls ignorieren, denn Kinder weinen niemals grundlos. In den ersten Monaten ihres Lebens schreien Neugeborene im Allgemeinen 1,5 bis zwei Stunden täglich. Etwas weniger, bis zu einer Stunde, wird es gewöhnlich zwischen dem vierten und zwölften Monat. Die Zahlen sagen natürlich nichts darüber aus, wie ausdauernd Ihr Zwerg sich zu Wort meldet. Sie zeigen nur in etwa, wann ein Babyschreien über ein durchschnittliches Maß hinausgeht.

- *Windeln*: Gibt es in der Wegwerfvariante und aus Stoff. Das eine ist bequemer, das andere umweltfreundlicher. Die meisten Eltern entscheiden sich für den einfacheren Weg und greifen zur Wegwerfwindel. Fast alle Kleinkinder bekommen hin und wieder einen wunden Po. Bei roten Stellen kann es sinnvoll sein, Wundschutzsalbe dünn auf die betroffenen Hautpartien aufzutragen. Frische Luft und gründliches Trocknen helfen jedoch oft ebenso gut, die Stellen abheilen zu lassen.
- *Zahnarzt*: Genau wie der Kinderarzt ist auch die Wahl des Zahnarztes Vertrauenssache. Im dritten Lebensjahr ist es für den ersten Besuch keinesfalls zu früh.
- *Zähne*: Zuerst kommen die mittleren unteren Schneidezähne, dann die äußeren Schneidezähne, dann wiederholt sich das Prozedere im Oberkiefer. Einige Zahnärzte empfehlen, bereits nach Durchbrechen des ersten Zahnes mit dem Zähneputzen zu beginnen.

## Wissenswertes aus dem Internet

- www.bdh.de
  (Hebammensuche)
- www.deutschland-wird-kinderfreundlich.de
  (Informationen vom Bundesministerium)
- www.eltern.de/partnerschaft_psychologie/vaeter
  (Internetauftritt der bekannten Zeitschrift, samt Tipps für Väter)
- www.familienhandbuch.de
  (Hilfe rund um alle Familienfragen)
- www.geburtskanal.de
  (Alles rund um Schwangerschaft, Geburt und Leben mit Zwerg)
- www.mannege.de
  (Wegweiser für Männer und Väter)
- www.pappa.com
  (Infos samt rechtlichen Hinweisen)
- www.staatliche-hilfen.de
  (Informationen zu Elternzeit und Elterngeld)
- www.vaeter.de
  (Tipps, Infos, Adressen rund ums Thema Vater-sein)
- www.vaterwerden-vatersein.de
  (Website zum Thema Vaterschaft)

## Literatur zum Thema Vaterfreuden

Die Literatur zum Thema Vater-sein lässt sich grob in zwei Kategorien einteilen: unterhaltsam und informativ. Vor allem unterhalten wollen Werke wie: »Der Bauch ist rund – und Schluss ist, wenn die Hebamme abpfeift. Ein Begleitbuch für werdende Väter« von Robert Meier, erschienen 2005 im Eichborn Verlag, sowie die Bestseller von Kester Schlenz (»Mensch, Papa! Vater werden – Das letzte Abenteuer« und »Locker bleiben, Papa! Vater sein. Das Abenteuer geht weiter«, erschienen 2002/2003 bei Goldmann). Schlenz schildert in Ich-Form Freud und Leid der Vaterschaft.

Vor allem informieren wollen Werke wie »Das Baby-Buch für neue Väter. Was Ihr Kind jetzt von Ihnen braucht« von Lothar Beyer (Goldmann 2005), »Der werdende Vater – Anleitung zur perfekten Vaterschaft. Anregung einer Hebamme sowie Tipps von Vätern und Müttern« von Jens Oenicke (Zeitgeistfactory 2005), »Das Papa-Handbuch« von Robert Richter und Eberhard Schäfer (Gräfe und Unzer 2005), »Mach mich stark fürs Leben. Was nur Väter ihren Kindern geben können« von John Eldredge (Brunnen-Verlag 2005), »Papa ist fertig. Vom Leben mit den lieben Kleinen« von Oskar Holzberg und Peter Gaymann (Diana 2006), »Ich werde Vater! Ein Ratgeber für die Zeit vor und nach der Geburt« von Gerhard Leibold (Humboldt 2006), »Vater werden – Vater sein« von Peter Stanford (Dorling Kindersley 2005), »Vater und Kind. Das etwas andere Babybuch« von Marcus J. Goldman (Goldmann 2006), »Vater werden. Der Wegweiser für ein glückliches Familienleben« von Karin Jäckel (Rowohlt Taschenbuch 2005) und »Vater und Kind. Das etwas andere Babybuch« von Marcus Jacob Goldman (Goldmann 2006).

## Der Autor

Carsten Wittmaack wurde 1968 in Glückstadt in Schleswig-Holstein geboren. Er studierte Politologie, Geschichte und Deutsche Literaturwissenschaft. Er ist gelernter Tageszeitungsredakteur und leitet gemeinsam mit seinem Kompagnon Hanno Baukloh die Hamburger ScriptTeam Medienagentur. Er hat bereits zahlreiche Bücher bei unterschiedlichen Verlagen veröffentlicht. Zuletzt erschien von ihm eine Biographie über Heidi Kabel.

Carsten Wittmaack ist verheiratet und leidenschaftlicher Vater zweier Kinder. Er leitet seine Agentur von zu Hause aus und ist damit ein gelungenes Beispiel für die erfolgreiche Verbindung von Beruf und Vaterschaft.

Carsten Wittmaack
ZWERGENALARM
Das Handbuch für werdende und gewordene Väter

ISBN 978-3-89602-816-7
3. Auflage August 2010

Lektorat: Christiane Lehmann | Titelfoto: © Martin Wasler (martin.wasler@vol.at) / Photocase.com | Covergestaltung: Natalie Reed | 

**Katalog**

Wir senden Ihnen gern kostenlos unseren Katalog
Schwarzkopf & Schwarzkopf Verlag GmbH / Abt. Service
Kastanienallee 32 | 10435 Berlin
Telefon: 030 – 44 33 63 00 | Fax: 030 – 44 33 63 044

**Internet | E-Mail**

www.schwarzkopf-schwarzkopf.de
info@schwarzkopf-schwarzkopf.de